ESO 3

# MATEMÁTICAS
## ORIENTADAS A LAS ENSEÑANZAS
# ACADÉMICAS


J. Colera Jiménez, Mª J. Oliveira González,
I. Gaztelu Albero, R. Colera Cañas


**Inclusión**
Incluimos a todo el alumnado en nuestras aulas.

**Rigor**
Aprendemos y trabajamos con rigor y creatividad.

**Interdisciplinariedad**
Relacionamos y aplicamos lo que aprendemos.

**Familia**
La gran colaboradora en el aprendizaje.

**Pensamiento crítico**
Fomentamos la diversidad de pensamiento.

**Aprendizaje cooperativo**
Cooperamos para afrontar tareas.

**Las TIC**
Usamos las nuevas tecnologías para conectarnos con nuestro mundo.

**Competencias**
Afrontamos desafíos en los que ponemos en práctica nuestras competencias.

**Emprendimiento**
Emprendemos para cambiar nuestro entorno.

**Evaluación**
Ofrecemos la más completa, ambiciosa e innovadora gama de herramientas para la evaluación.


ANAYA

# ÍNDICE

## 9 Funciones lineales y cuadráticas

## 10 Problemas métricos en el plano

## 11 Cuerpos geométricos

## 12 Transformaciones geométricas

## 13 Tablas y gráficos estadísticos

Pág. 250

## 14 Parámetros estadísticos

Pág. 266

## 15 Azar y probabilidad

Pág. 284

# 6 Ecuaciones

## Tanteos iniciales

La búsqueda de métodos para resolver ecuaciones fue un empeño de los matemáticos de la Antigüedad. Los primeros intentos, como es natural, fueron titubeantes, poco sólidos: resoluciones por tanteo o mediante procedimientos solo válidos para casos particulares, pero no generalizables.

Por ejemplo, en un papiro egipcio de 1550 a. C. aparece resuelto el siguiente problema:

*El montón más un séptimo del montón es igual a 24. ¿Cuántos hay en el montón?*

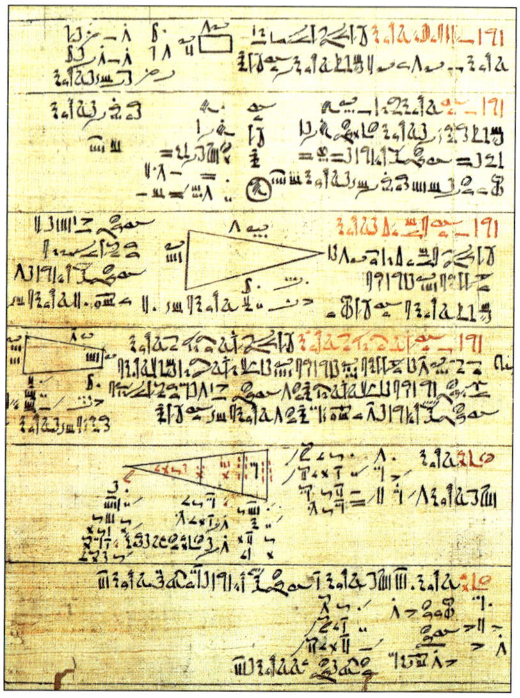

*Papiro de Ahmes (o Rhind). Fue escrito en el siglo XVI a. C. y contiene 84 problemas matemáticos.*

## Se inicia el camino teórico

El primero que lo afrontó de forma rigurosa fue el griego **Diofanto,** en el siglo III. En su libro *Aritmética* trató las resoluciones de ecuaciones de primer grado y algunas de segundo grado. Además, los problemas que propuso prepararon el terreno para consolidar la teoría de ecuaciones, que se desarrolló siglos más tarde.

En su obra aparecen problemas de este tipo:

*Si al número de elefantes que beben en el río le sumo el número de colmillos y el número de patas, obtengo su cuadrado. ¿Cuántos elefantes son?*

## Avances significativos

En el siglo IX, en Bagdag aparece un personaje clave, el árabe **Al-Jwarizmi,** que dio otro importantísimo paso. Su libro *Al-jabr wa-l-muqabala* es un referente fundamental en la historia del álgebra. Fue estudiado y traducido a todos los idiomas en siglos posteriores. El título viene a ser "transposición y cancelación" y alude a los trasiegos que se realizan con los coeficientes para despejar la incógnita. El libro acabó siendo denominado, simplemente, *Al-yabr*, y este nombre finalmente designó la ciencia que contenía (al-jabr ~ álgebra).

*Sello ruso en honor de Al-Jwarizmi.*

## Un problema sobre Diofanto

Cuenta la leyenda que, al morir Diofanto, sus discípulos grabaron sobre la tumba un epitafio, en forma de acertijo, cuya interpretación permitía averiguar la edad que alcanzó a vivir el maestro. Rezaba así:

*Su juventud ocupó la sexta parte de su vida. Durante la siguiente doceava parte, su mejilla se cubrió de vello. Pasó una séptima parte más antes de casarse. Cinco años después tuvo un hijo. Este murió a la mitad de la edad que su padre. Diofanto aún vivió cuatro años después de la muerte de su hijo.*

## Recursos geométricos

Los algebristas árabes ingeniaron curiosos métodos para resolver geométricamente algunos tipos de ecuaciones.

Observa cómo resolvían ecuaciones de segundo grado del tipo $x^2 + 12x = 64$:

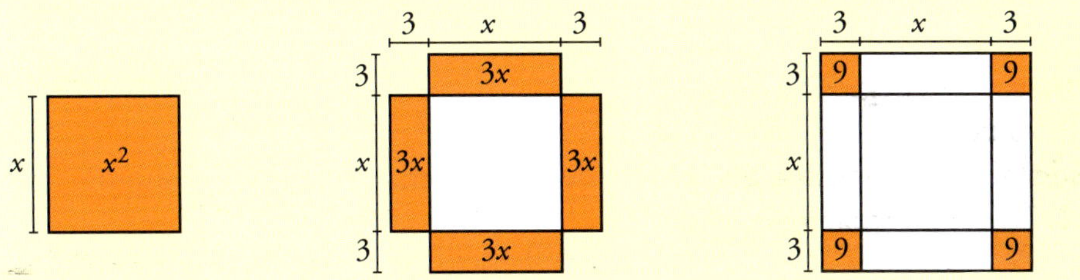


ÁREA: $x^2$ ÁREA: $x^2 + 12x (= 64)$ ÁREA: $64 + 4 \cdot 9 = 100$

El área del último cuadrado es 100.

Por tanto, su lado es 10 y $x = 4$.

## Resuelve

**1.** Traduce a lenguaje algebraico y resuelve por tanteo el problema del papiro egipcio: *El montón más un séptimo del montón…*

**2.** Selecciona, entre las siguientes ecuaciones, la traducción algebraica del problema de los elefantes. Resuélvela primero por tanteo e intenta después resolverla aplicando algún otro método de resolución que conozcas.

(I) $x + x^2 + x^4 = 2x$ (II) $x + 2x + 4x = x^2$ (III) $x + 2x + 4x = (6x)^2$

**3.** ¿Cuál de las siguientes ecuaciones resuelve el epitafio de Diofanto?

(I) $\frac{x}{6} + \frac{x}{12} + \frac{x}{7} + 5 + \frac{x}{2} + 4 = x$ (II) $\frac{x}{6} + \frac{x}{12} + \frac{x}{7} + \frac{5}{x} + \frac{x}{2} + \frac{4}{x} = 1$

¿A qué edad murió?

**4.** Resuelve, mediante el método geométrico expuesto arriba, las siguientes ecuaciones:

a) $x^2 + 8x = 84$ b) $x^2 + 20x = 169$

# 1 Ecuaciones. Solución de una ecuación

**Nomenclatura**

Las expresiones que hay a ambos lados del signo = se llaman **miembros.** En la ecuación que se muestra a la derecha, $x + (x + 1) + (x + 2)$ es el **primer miembro,** y 33, el **segundo miembro.**

*Las alturas de tres árboles son números enteros consecutivos y su suma es 33. Hallar la altura del árbol más bajo.*

Escribiendo el enunciado en lenguaje algebraico, obtenemos la ecuación:

$$x + (x + 1) + (x + 2) = 33$$

Su significado es: "Queremos que $x + (x + 1) + (x + 2)$ sea igual a 33. ¿Para qué valor de $x$ ocurrirá?".

Resolver la ecuación es responder a esta pregunta. Decir que la solución es $x = 10$ equivale a decir que "cuando $x$ vale 10", entonces es cierto que "$x + (x + 1) + (x + 2)$ es igual a 33".

Una **ecuación,** más que una igualdad, es una **propuesta de igualdad** en la que interviene una letra llamada **incógnita.**

Una **solución** de la ecuación es un valor de la incógnita que hace que la igualdad sea cierta.

**Resolver** una ecuación es hallar su solución, o soluciones, o llegar a la conclusión de que no existe solución.

## Tipos de ecuaciones

Te puedes encontrar con ecuaciones de muy diversos tipos. Por ejemplo:

- **Ecuaciones polinómicas.** En ellas, la incógnita aparece solamente en expresiones polinómicas. Las ecuaciones:

  $$3(x - 5) + \frac{x - 3}{2} = 15 \qquad x^2 - 2 = 2(x + 3) \qquad x^3 - 9x = (x + 1)^2 + 3$$

  son polinómicas de primer, segundo y tercer grado, respectivamente.

- **Con radicales.** $\sqrt{x + 17} + 2 = x - 1$
- **Con la $x$ en el denominador.** $\frac{x + 2}{x + 3} - \frac{3}{x - 1} = \frac{1}{8}$
- **Con la $x$ en el exponente.** $2^x = 64$; $3^x = 81$; $x^x = 3\,125$

En esta unidad prestaremos atención especial a las ecuaciones polinómicas de primer y segundo grado.

**Piensa y practica**

**1.** ¿Es 5 solución de alguna de las siguientes ecuaciones? Justifica tu respuesta:

a) $8x + 3 = 11x - 12$ b) $x^4 - x^3 = 500$

c) $3x - 7 = x^2 - 10$ d) $1^x = 5$

e) $x^2 - 12 = 4x - 7$ f) $2^{x-1} = 16$

g) $x^3 + x^2 + 2x + 1 = 161$ h) $10x + 25 = x^3$

i) $x^2 - 20 = 2x - 5$ j) $\sqrt{3x + 1} = 16$

k) $(2x - 3)^2 = 144$ l) $3(x^2 + 3) - 84 = 0$

**2.** En el ejercicio anterior hay varias ecuaciones polinómicas. Escríbelas y di cuál es su grado.

## Resolución de ecuaciones por tanteo

En cursos anteriores aprendiste a resolver ecuaciones por métodos algorítmicos; es decir, mediante una serie de pasos que llevan, con seguridad, a la solución. En los siguientes apartados de esta unidad insistiremos en tales métodos para la resolución de ecuaciones de primer y segundo grado.

Sin embargo, la obtención mediante tanteo de la solución de una ecuación es un método perfectamente válido.

Hay ocasiones en las que recurrimos al tanteo, mentalmente o con calculadora, porque nos parece que va a ser fácil "ver" la solución. Pero habrá casos en los que la ecuación es de tal tipo que solo tanteando podremos resolverla. Si la solución es entera, posiblemente la encontremos con facilidad. Pero si no lo es, tendremos que tantear reiteradamente para obtener una buena aproximación decimal de ella.

Veamos algunos ejemplos.

### Tu profesor es quien sabe

La resolución de ecuaciones por tanteo es un ejercicio muy formativo, pues, aunque lo hagas con calculadora, desarrolla la capacidad de cálculo mental.

No obstante, será tu profesora o profesor quien te indique la conveniencia o no de utilizar este método. Sin duda, es quien mejor sabe lo que conviene para tu formación en cada momento.

### Ejercicio resuelto

***Resolver por tanteo estas ecuaciones:***

***a)*** $x^x = 3\,125$ ***b)*** $x^6 = 1\,200$

a) Tanteando con números enteros encontraremos rápidamente la solución $x = 5$ pues $5^5 = 3\,125$.

b) Dando valores enteros a $x$, observamos que:

$$\left.\begin{array}{l} 3^6 = 729 \\ 4^6 = 4\,096 \end{array}\right\} \text{Por tanto, } x \text{ es mayor que 3 y menor que 4. Es decir, } x = 3,\ldots$$

Damos a $x$ los valores 3,1; 3,2; 3,3; … y observamos que:

$$\left.\begin{array}{l} 3{,}2^6 = 1\,073,\ldots < 1\,200 \\ 3{,}3^6 = 1\,291,\ldots > 1\,200 \end{array}\right\} \text{Por tanto, } x = 3{,}2\ldots$$

Podemos decir que, aproximando hasta las décimas, la solución de la ecuación es $x = 3{,}2$.

### Piensa y practica

**3.** Tanteando, halla la solución entera de estas ecuaciones:

a) $2x^2 = 50$
b) $2x^3 + x^2 = 20$
c) $4 \cdot 10^x = 40\,000$
d) $(x - 12)^4 = 81$
e) $(3 + x)^{(x - 6)} = 121$
f) $\sqrt[3]{x - 23} = 2$
g) $x^3 + x^2 = 150$
h) $3^x = 2\,187$
i) $x^x = 46\,656$
j) $\sqrt{7x + 4} = 9$
k) $5^{x + 1} = 15\,625$
l) $\sqrt{x - 12} = x - 8$

**4.** Encuentra la solución, aproximando hasta las décimas, de las siguientes ecuaciones. Hazlo por tanteo ayudándote de la calculadora.

a) $x^2 = 1\,000$
b) $x^3 + 1 = 100$
c) $x^5 = 1\,500$
d) $x^6 - 40 = 1\,460$
e) $(x - 3)^4 = 35\,027$
f) $x^4 + x^2 = 40$
g) $x^3 + x^2 = 200$
h) $x^3 - x^2 = 200$
i) $\sqrt{x^2 - x} = 5$
j) $x^{x + 1} = 250$

# 2 Ecuaciones de primer grado

A las ecuaciones polinómicas de primer grado se las llama, simplemente, **ecuaciones de primer grado.** En ellas, la $x$ solo aparece elevada a 1 $(x^1 = x)$.

- Son de primer grado: $4x + 7 = 8$; $\frac{2}{3}x - 2{,}5 = 9$; $\sqrt{3}x + 17 = 4 - 2x$
- No son de primer grado: $(6x + 5)^2 = 8$; $\frac{8}{x} = 5x + 3$; $\sqrt{6x} + 1 = 5x$

Las ecuaciones de primer grado tienen una única solución, que se obtiene despejando la incógnita.

Una **ecuación de primer grado** es una expresión que se puede reducir a la forma $ax + b = 0$, siendo $a \neq 0$. Tiene una única solución: $x = -\frac{b}{a}$

### ECUACIONES EQUIVALENTES

Dos ecuaciones son equivalentes si tienen la misma solución o ambas carecen de solución. Así, las ecuaciones $5x - 9 = 51$ y $3x - 7 = 89 - 5x$ son equivalentes porque la solución de ambas es $x = 12$.

### TRANSFORMACIONES QUE MANTIENEN LA EQUIVALENCIA DE ECUACIONES

Para resolver una ecuación, hemos de despejar la $x$ mediante una serie de *pasos*. Cada *paso* consiste en transformar la ecuación en otra equivalente, en la que la $x$ esté más próxima a ser despejada. Recordemos algunas reglas:

| TRANSFORMACIÓN | REGLA PRÁCTICA |
|---|---|
| Sumar o restar la misma expresión en los dos miembros de la igualdad. | Lo que está sumando en un miembro pasa restando al otro miembro, y viceversa. |
| Multiplicar o dividir los dos miembros por el mismo número distinto de cero. | Lo que está multiplicando a todo lo demás de un miembro pasa dividiendo al otro, y viceversa. |

### ECUACIONES ANÓMALAS

Existen expresiones que parecen ecuaciones de primer grado y que, sin embargo, no tienen solución o tienen infinitas soluciones. Por ejemplo:

- $4x - 6 = 4(x + 3) \rightarrow 4x - 6 = 4x + 12 \rightarrow 0 \cdot x = 18$

  No puede ser $0 \cdot x = 18$. Por tanto, la ecuación **no tiene solución.**

- $4x - 6 = 4(x - 2) + 2 \rightarrow 4x - 6 = 4x - 6 \rightarrow 0 \cdot x = 0$

  $0 \cdot x = 0$ es cierto cualquiera que sea $x$, pues $0 = 0$. Por tanto, la ecuación **tiene infinitas soluciones.**

Realmente, estas igualdades no son ecuaciones, pues carecen del término en $x$. Sin embargo, puesto que antes de simplificar no sabemos en qué van a quedar, las trataremos como ecuaciones de primer grado.

**Solución ≡ raíz**

La solución de una ecuación también se llama **raíz.**

**Pasos**

- $15x - \boxed{5} = \boxed{2x} + 4 \rightarrow$ (5: pasa sumando; 2x: pasa restando)

  $\rightarrow 15x - 2x = 4 + 5$

- $\boxed{3}(x + 4) = 8 \rightarrow x + 4 = \frac{8}{3}$ (3: pasa dividiendo)

**Casos especiales**

- **$0x = b$,** con $b \neq 0$

  La ecuación **no tiene solución.**

- **$0x = 0$**

  La ecuación **tiene infinitas soluciones.** Es una identidad.

**En la web**

Iniciación. Resuelve ecuaciones con denominadores muy sencillas.

## Ejemplo

Resolvamos la ecuación:

$$\frac{3x-1}{20} - \frac{2(x+3)}{5} = \frac{4x+2}{15} - 5$$

1 mín.c.m. (20, 5, 15) = 60

Se multiplican por 60 los dos miembros.

$$3(3x-1) - 24(x+3) = $$
$$= 4(4x+2) - 60 \cdot 5$$

2 ↓

$$9x - 3 - 24x - 72 = 16x + 8 - 300$$

3 ↓

$$9x - 24x - 16x = 8 - 300 + 3 + 72$$

4 ↓

$$-31x = -217$$

5 ↓

$x = \frac{-217}{-31}$. *Solución:* $x = 7$

6 ↓

$$\left.\begin{array}{l} \frac{3 \cdot 7 - 1}{20} - \frac{2(7+3)}{5} = -3 \\ \frac{4 \cdot 7 + 2}{15} - 5 = 2 - 5 = -3 \end{array}\right\}$$

Coinciden. La solución es correcta.

## Pasos para resolver ecuaciones de primer grado

Seguramente aprendiste a resolver ecuaciones de primer grado sencillas el curso pasado. Ahora vamos a entrenarnos para resolver ecuaciones de primer grado algo más complejas.

Con frecuencia, las ecuaciones que tendremos que resolver presentan un aspecto complicado. Por ejemplo:

$$\frac{3x-1}{20} - \frac{2(x+3)}{5} = \frac{4x+2}{15} - 5$$

Veamos qué pasos conviene dar para, poco a poco, ir despejando la $x$ (en el margen puedes ver cómo hemos resuelto la ecuación del ejemplo siguiendo los pasos que ahora describimos):

**1.** Quitar denominadores, si los hay. Para ello, se multiplican los dos miembros de la ecuación por un múltiplo común de los denominadores; preferiblemente, su mínimo común múltiplo.

**2.** Quitar paréntesis, si los hay.

**3.** Pasar los términos en $x$ a un miembro y los números al otro miembro.

**4.** Simplificar cada miembro.

**5.** Despejar la $x$. Se obtiene, así, la solución.

**6.** Comprobación: sustituir la solución en cada miembro de la ecuación inicial para comprobar que coinciden los resultados.

Esta secuencia no hay que tomarla como algo rígido, pues habrá ocasiones en que convenga empezar quitando paréntesis, simplificando… El entrenamiento y el sentido común te orientarán sobre cuándo conviene hacer una cosa u otra.

## Piensa y practica

**1.** Resuelve las siguientes ecuaciones:

a) $\frac{3x}{15} - x = -\frac{3x}{3} + \frac{9}{5}$

b) $\frac{x}{3} + \frac{x}{9} - \frac{4x}{27} = \frac{11}{27} - \frac{x}{9}$

c) $\frac{x}{2} + \frac{x-3}{8} + \frac{2x+2}{16} = \frac{x-2}{2}$

d) $\frac{13+x}{20} - \frac{5x}{2} = \frac{10+x}{5} + \frac{1-12x}{10}$

e) $3x - \frac{x+3}{4} = 13$

f) $4 - \frac{x+2}{4} = x - 4$

g) $\frac{x}{2} - \frac{2(x+2)}{7} = \frac{x-3}{4}$

h) $\frac{1-x}{25} - \frac{x}{6} + \frac{x+7}{9} = \frac{2}{5} - \frac{3x}{15}$

i) $\frac{(1+x)^2}{5} = \frac{2x+4}{25} + \frac{x^2}{5} + \frac{1}{5}$

j) $\frac{x-4}{8} + \frac{9-x}{12} - \frac{2x-7}{24} + 5 = x - 8$

k) $x + \frac{9(5+x)}{5} = 9 - x$

l) $\frac{(2x-1)(2x+1)}{4} = \frac{3(4x^2+1)}{12} - x$

m) $(x-3)(x+3) = \frac{3(x-1)}{2} + x^2$

n) $\frac{x-7}{4} + \frac{25(x-2)}{3} = \frac{5x+35}{4} + \frac{5}{2}(x-7)$

# 3 Ecuaciones de segundo grado

**En la web**

- Ayuda al razonamiento. Obtención de la fórmula que resuelve la ecuación de segundo grado.
- Ayuda para resolver ecuaciones de segundo grado.

Una ecuación de segundo grado es de la forma:

$$ax^2 + bx + c = 0, \text{ con } a \neq 0$$

Para despejar la $x$, se sigue un largo y complicado proceso que no vamos a ver aquí. El resultado final es la fórmula siguiente:

**Soluciones de una ecuación de segundo grado**

$$x = \frac{-b \pm \sqrt{b^2 - 4ac}}{2a}$$

El doble signo (±) quiere decir que puede haber dos soluciones:

$$x_1 = \frac{-b + \sqrt{b^2 - 4ac}}{2a} \qquad x_2 = \frac{-b - \sqrt{b^2 - 4ac}}{2a}$$

Estas dos soluciones pueden reducirse a una o a ninguna, según los casos.

**Ejemplo**

$$3x^2 - 5x - 2 = 0$$

es una ecuación de segundo grado donde:

$$a = 3, \; b = -5, \; c = -2$$

$$x = \frac{5 \pm \sqrt{(-5)^2 - 4 \cdot 3 \cdot (-2)}}{2 \cdot 3} = \frac{5 \pm \sqrt{49}}{6} = \frac{5 \pm 7}{6} = \begin{cases} 2 \\ -\frac{1}{3} \end{cases}$$

$$\Delta = (-5)^2 - 4 \cdot 3 \cdot (-2) = 49 > 0$$

Por eso, esta ecuación tiene dos soluciones.

## Número de soluciones

La expresión que está dentro de la raíz en las soluciones de una ecuación de segundo grado, $\Delta = b^2 - 4ac$, se llama **discriminante** de la ecuación. El número de soluciones depende del signo de $\Delta$:

- Si $\Delta > 0$, la ecuación tiene **dos soluciones:**

  $$x_1 = \frac{-b + \sqrt{\Delta}}{2a} \quad \text{y} \quad x_2 = \frac{-b - \sqrt{\Delta}}{2a}$$

- Si $\Delta = 0$, solo hay una solución: $x = \frac{-b}{2a}$. Se dice que es una **solución doble.**
- Si $\Delta < 0$, $\sqrt{\Delta}$ carece de sentido. La ecuación **no tiene solución.**

### Ejercicio resuelto

***Resolver estas ecuaciones:***

***a)*** $x^2 - 6x + 5 = 0$

***b)*** $4x^2 + 4x + 1 = 0$

***c)*** $3x^2 + 2x + 7 = 0$

a) $x = \frac{6 \pm \sqrt{(-6)^2 - 4 \cdot 1 \cdot 5}}{2 \cdot 1} = \frac{6 \pm \sqrt{36 - 20}}{2} = \frac{6 \pm \sqrt{16}}{2} = \frac{6 \pm 4}{2} \begin{cases} x_1 = 5 \\ x_2 = 1 \end{cases}$

b) $x = \frac{-4 \pm \sqrt{4^2 - 4 \cdot 4 \cdot 1}}{2 \cdot 4} = \frac{-4 \pm 0}{8} = -\frac{1}{2}$ Solución doble.

c) $x = \frac{-2 \pm \sqrt{2^2 - 4 \cdot 3 \cdot 7}}{2 \cdot 3} = \frac{-2 \pm \sqrt{-80}}{6}$ No tiene solución.

### Piensa y practica

**1.** Resuelve las siguientes ecuaciones:

a) $x^2 - 5x + 6 = 0$ b) $9x^2 + 6x + 1 = 0$ c) $9x^2 - 6x + 1 = 0$ d) $5x^2 - 7x + 3 = 0$

e) $2x^2 + 5x - 3 = 0$ f) $6x^2 - 5x + 1 = 0$ g) $x^2 - 3x + 15 = 0$ h) $x^2 - 0{,}1x + 0{,}2 = 0$

**En la web**

Clasificación de ecuaciones de segundo grado.

**Ten en cuenta**

- Si $x^2 = 25$, entonces $x = \pm 5$, pues 25 tiene dos raíces cuadradas, 5 y –5.
- Para que un producto de dos factores sea igual a cero, es necesario que sea 0 alguno de ellos:

$$x \cdot (7x + 11) = 0$$

$x = 0$ o bien $7x + 11 = 0$

**En la web**

- Practica las ecuaciones incompletas con $b = 0$.
- Practica las ecuaciones incompletas con $c = 0$.

## Ecuaciones de segundo grado incompletas

Las ecuaciones de segundo grado $ax^2 + bx + c = 0$ en las que los coeficientes $b$ o $c$ son cero se llaman **incompletas:** $ax^2 + c = 0$ y $ax^2 + bx = 0$.

Aunque pueden resolverse aplicando la fórmula general, es posible encontrar sus soluciones de forma mucho más sencilla. Por ejemplo:

- $3x^2 - 75 = 0 \rightarrow x^2 = \dfrac{75}{3} = 25 \rightarrow x = \pm\sqrt{25} = \pm 5$
- $7x^2 + 11x = 0 \rightarrow x(7x + 11) = 0 \rightarrow \begin{cases} x = 0 \\ 7x + 11 = 0 \rightarrow x = -\dfrac{11}{7} \end{cases}$

**Ecuaciones del tipo $ax^2 + c = 0$**

Para resolver las ecuaciones del tipo $ax^2 + c = 0$ no es necesario aplicar la fórmula general, pues se puede despejar $x$ con toda sencillez:

$$x^2 = -\frac{c}{a} \rightarrow x = \pm\sqrt{-\frac{c}{a}}$$

**Ecuaciones del tipo $ax^2 + bx = 0$**

Para resolver las ecuaciones del tipo $ax^2 + bx = 0$ no es necesario aplicar la fórmula general, pues se puede sacar la $x$ como factor común e igualar a cero cada uno de los dos factores:

$$x \cdot (ax + b) = 0 \rightarrow \text{Soluciones: } x_1 = 0,\ x_2 = -\frac{b}{a}$$

## Ejercicio resuelto

***Resolver:***

***a)*** $\boldsymbol{2x^2 - 98 = 0}$

***b)*** $\boldsymbol{2x^2 + 98 = 0}$

***c)*** $\boldsymbol{5x^2 + 95x = 0}$

a) $2x^2 - 98 = 0 \rightarrow 2x^2 = 98 \rightarrow x^2 = \dfrac{98}{2} = 49 \rightarrow x = \pm\sqrt{49} = \pm 7$

Las soluciones son $x_1 = 7$, $x_2 = -7$.

b) $2x^2 + 98 = 0 \rightarrow 2x^2 = -98 \rightarrow x^2 = -\dfrac{98}{2} = -49$

No tiene solución, porque el cuadrado de un número no puede ser negativo.

Es decir, $\sqrt{-49}$ no tiene sentido.

c) $5x^2 + 95x = 0 \rightarrow x(5x + 95) = 0 \rightarrow \begin{cases} x_1 = 0 \\ 5x + 95 = 0 \rightarrow x_2 = -\dfrac{95}{5} = -19 \end{cases}$

## Piensa y practica

**2.** Resuelve estas ecuaciones:

a) $7x^2 - 28 = 0$ b) $7x^2 + 28 = 0$ c) $4x^2 - 9 = 0$ d) $3x^2 + 42x = 0$

e) $3x^2 = 42x$ f) $11x^2 - 37x = 0$ g) $2(x + 5)^2 + (x - 3)^2 = 14(x + 4)$ h) $7x^2 + 5 = 68$

**En la web**

Ayuda para resolver ecuaciones de segundo grado.

### Ten en cuenta

- $\mathbf{ax^2 + bx + c = 0}$ $(a \neq 0,\ b \neq 0,\ c \neq 0)$ → Aplica la fórmula:

$$x = \frac{-b \pm \sqrt{b^2 - 4ac}}{2a}$$

- $\mathbf{ax^2 + c = 0}$ → Despeja $x^2$…
- $\mathbf{ax^2 + bx = 0}$ → Saca la $x$ como factor común…

## Reglas para resolver ecuaciones de segundo grado

- Si la ecuación de segundo grado está completa (tiene todos sus términos), aplica la fórmula.
- Si es una ecuación incompleta, tal como hemos visto en el apartado anterior, podrás resolverla con facilidad sin aplicar la fórmula.
- Si tiene una fisonomía complicada, arréglala: quita denominadores, suprime paréntesis, agrupa términos y pásalos todos al primer miembro.

  Solo cuando esté simplificada, aplica uno de los consejos anteriores.
- Comprueba las soluciones. Si la ecuación proviene de un problema con enunciado, haz la comprobación sobre él, pues es posible que alguna de las soluciones carezca de sentido real, como veremos en la página 112.

  Si la ecuación de partida tiene la $x$ en el denominador cuida no dar como solución ningún valor que anule a algún denominador. Si se diera este caso, hay que rechazar esa solución.

## Ejercicios resueltos

**1.** ***Resolver la siguiente ecuación:***

$$\boldsymbol{(2x-1)(3x-2) + (2x-3)^2 = 3(4x-4) - (x-2)^2 + 3}$$

$(2x-1)(3x-2) + (2x-3)^2 = 3(4x-4) - (x-2)^2 + 3$

- Desarrollamos los cuadrados y realizamos los productos:

$$6x^2 - 4x - 3x + 2 + 4x^2 - 12x + 9 = 12x - 12 - (x^2 - 4x + 4) + 3$$

- Quitamos paréntesis:

$$6x^2 - 4x - 3x + 2 + 4x^2 - 12x + 9 = 12x - 12 - x^2 + 4x - 4 + 3$$

- Agrupamos los términos pasándolos todos previamente al primer miembro de la ecuación:

$$6x^2 - 4x - 3x + 2 + 4x^2 - 12x + 9 - 12x + 12 + x^2 - 4x + 4 - 3 = 0 \rightarrow$$

$$\rightarrow 6x^2 + 4x^2 + x^2 - 4x - 3x - 12x - 12x - 4x + 2 + 9 + 12 + 4 - 3 = 0 \rightarrow$$

$$\rightarrow 11x^2 - 35x + 24 = 0$$

- Aplicamos la fórmula teniendo en cuenta que $a = 11,\ b = -35,\ c = 24$:

$$x = \frac{35 \pm \sqrt{(-35)^2 - 4 \cdot 11 \cdot 24}}{2 \cdot 11} = \frac{35 \pm \sqrt{169}}{22} = \frac{35 \pm 13}{22} \begin{cases} x_1 = \dfrac{24}{11} \\ x_2 = 1 \end{cases}$$

- Comprobamos que tanto para $x = \frac{24}{11}$ como para $x = 1$, el valor que toma el primer miembro de la ecuación inicial coincide con el valor que toma el segundo miembro.

## Piensa y practica

**3.** Resuelve las siguientes ecuaciones:

a) $3x^2 - 2(x + 5) = (x + 3)^2 - 19$

b) $(3x + 4)(5x - 7) = (2x + 7)^2 + 53$

c) $(2x + 4)(x - 1) + (3x + 5)^2 = 3(2x + 5)^2 + x$

d) $(x - 2)(4x + 2) + (3 - 3x)^2 = 4(5x + 1)^2 - (x - 1)$

## Ejercicios resueltos

**2.** ***Resolver la ecuación siguiente:***

$$\frac{x^2+3}{6}+\frac{x^2-7}{4}=\frac{(x+4)^2}{2}-\frac{1-9x}{12}$$

$$\frac{x^2+3}{6}+\frac{x^2-7}{4}=\frac{(x+4)^2}{2}-\frac{1-9x}{12} \qquad \text{mín.c.m. } (6, 4, 2, 12) = 12$$

- Quitamos denominadores multiplicando por 12:

$$2(x^2+3)+3(x^2-7)=6(x+4)^2-(1-9x)$$

- Desarrollamos los cuadrados, simplificamos y quitamos paréntesis:

$$2x^2+6+3x^2-21=6(x^2+8x+16)-1+9x \ \rightarrow$$

$$\rightarrow \ 2x^2+6+3x^2-21=6x^2+48x+96-1+9x$$

- Agrupamos los términos, pasándolos todos al primer miembro:

$$2x^2+3x^2-6x^2-48x-9x+6-21-96+1=0 \ \rightarrow$$

$$\rightarrow \ -x^2-57x-110=0 \ \rightarrow \ x^2+57x+110=0$$

- Aplicamos la fórmula:

$$x=\frac{-57\pm\sqrt{57^2-4\cdot1\cdot110}}{2\cdot1}=\frac{-57\pm\sqrt{2\,809}}{2}=\frac{-57\pm53}{2} \begin{cases} x_1=-2 \\ x_2=-55 \end{cases}$$

- Comprobamos las soluciones en la ecuación inicial.

**3.** ***Resolver esta ecuación:***

$$\frac{x+3}{2}-\frac{1}{x}=\frac{x-3}{x}+\frac{7-x^2}{2x}$$

$$\frac{x+3}{2}-\frac{1}{x}=\frac{x-3}{x}+\frac{7-x^2}{2x} \qquad \text{mín.c.m. } (2, x, 2x) = 2x$$

- Multiplicamos por $2x$ para eliminar denominadores:

$$2x\left(\frac{x+3}{2}-\frac{1}{x}\right)=2x\left(\frac{x-3}{x}+\frac{7-x^2}{2x}\right) \ \rightarrow$$

$$\rightarrow \ x(x+3)-2=2(x-3)+(7-x^2)$$

- Eliminamos paréntesis y pasamos todo al primer miembro:

$$x^2+3x-2=2x-6+7-x^2 \ \rightarrow \ 2x^2+x-3=0$$

- Aplicamos la fórmula:

$$x=\frac{-1\pm\sqrt{1^2-4\cdot2\cdot(-3)}}{2\cdot2}=\frac{-1\pm\sqrt{25}}{4}=\frac{-1\pm5}{4} \begin{cases} x_1=1 \\ x_2=-3/2 \end{cases}$$

- Comprobamos las soluciones en la ecuación inicial (si hubiéramos obtenido $x=0$ como solución, habría que desecharla, ya que anularía algunos denominadores).

## Piensa y practica

**4.** Resuelve las siguientes ecuaciones:

a) $3x(x+1)-\dfrac{(x-2)^2}{2}=(x+1)(x-1)+15$

b) $\dfrac{(x+1)^2}{2}-\dfrac{3(x-1)}{4}+\dfrac{3x(x+1)}{2}=\dfrac{3}{2}$

c) $\dfrac{3x}{2}-\dfrac{1}{x}=\dfrac{3}{2}$

d) $\dfrac{x}{3}-1+\dfrac{1}{x}=1-\dfrac{2}{3x}$

En la web — Practica la resolución de ecuaciones de segundo grado.

# 4 Resolución de problemas con ecuaciones

Plantear una ecuación a partir de un problema es traducir a lenguaje algebraico las condiciones que ligan lo que se sabe con lo que se desea conocer. Conviene proceder de forma organizada, por lo que es útil dar estos pasos:

**Observación**

En la próxima unidad, al estudiar sistemas de ecuaciones, podrás utilizar más de una incógnita. Verás que así se simplifica la tarea de traducir un enunciado a ecuaciones.

1. Identificar los datos conocidos y lo que deseamos conocer. Dar nombre a la incógnita.
2. Relacionar mediante una igualdad (ecuación) lo conocido con lo desconocido.
3. Resolver la ecuación.
4. Interpretar la solución ajustándola al enunciado.

## Problemas resueltos

**1.** ***En un triángulo rectángulo, un cateto mide 2 cm menos que la hipotenusa y 14 cm más que el otro cateto. Calcular la longitud de los tres lados.***

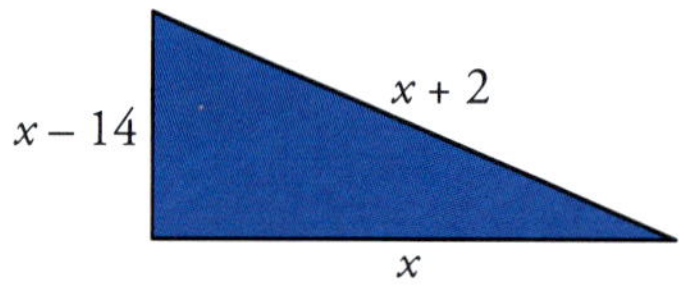


Para relacionar las tres longitudes, aplicamos el teorema de Pitágoras:

$$(x-14)^2 + x^2 = (x+2)^2$$

Desarrollamos: $x^2 - 28x + 196 + x^2 = x^2 + 4x + 4$

Simplificamos: $x^2 - 32x + 192 = 0$

Resolvemos la ecuación:

$$x = \frac{32 \pm \sqrt{32^2 - 4 \cdot 192}}{2} = \frac{32 \pm \sqrt{256}}{2} = \frac{32 \pm 16}{2} \begin{cases} x_1 = 24 \\ x_2 = 8 \end{cases}$$

- $x_1 = 24$. *Solución:* los lados miden 10 cm, 24 cm y 26 cm.
- $x_2 = 8$. *No es solución* válida, porque uno de los lados tendría una medida negativa.

**2.** ***Con 14 m de listones puedo colocar el rodapié a lo largo de toda una habitación rectangular. ¿Qué dimensiones tiene la habitación sabiendo que su superficie es de 12 m²?***

Tenemos una habitación rectangular cuyo perímetro es de 14 m. Sus dimensiones serán, por tanto, las que se indican en la figura:

$\frac{14-2x}{2} = 7 - x$

La habitación tiene una superficie de 12 m², por tanto:

$$x \cdot (7-x) = 12 \rightarrow 7x - x^2 = 12 \rightarrow x^2 - 7x + 12 = 0$$

Resolvemos la ecuación:

$$x = \frac{7 \pm \sqrt{(-7)^2 - 4 \cdot 1 \cdot 12}}{2 \cdot 1} = \frac{7 \pm \sqrt{1}}{2} = \frac{7 \pm 1}{2} \begin{cases} x_1 = 4 \\ x_2 = 3 \end{cases}$$

- $x_1 = 4$. *Solución:* los lados miden 4 m y 3 m.
- $x_2 = 3$. *Solución:* los lados miden 3 m y 4 m; es decir, es la misma solución.

## Piensa y practica

**1.** La base de un rectángulo es 9 cm mayor que su altura. Su área mide 400 cm². Calcula las dimensiones de este rectángulo.

**2.** Al aumentar 10 m de radio, una finca circular aumenta unos 3 456 m² de superficie. ¿Qué diámetro tiene la finca ampliada?

En la web — Refuerza la resolución de problemas mediante ecuaciones.

## Problemas resueltos

**3.** ***Un repostero ha mezclado 12 kg de azúcar de 1,10 €/kg con una cierta cantidad de miel de 4,20 €/kg. La mezcla sale a 2,34 €/kg. ¿Cuánta miel puso?***

| | CANTIDAD (kg) | PRECIO (€/kg) | COSTE (€) |
|---|---|---|---|
| AZÚCAR | 12 | 1,10 | $1{,}10 \cdot 12 = 13{,}20$ |
| MIEL | $x$ | 4,20 | $4{,}20x$ |
| MEZCLA | $12 + x$ | 2,34 | $2{,}34(12 + x)$ |

Relación: COSTE DEL AZÚCAR + COSTE DE LA MIEL = COSTE DE LA MEZCLA

$$13{,}20 + 4{,}20x = 2{,}34(12 + x) \rightarrow 13{,}20 + 4{,}20x = 28{,}08 + 2{,}34x \rightarrow$$
$$\rightarrow 1{,}86x = 14{,}88 \rightarrow x = 14{,}88/1{,}86 = 8 \text{ kg de miel.}$$

**4.** ***La distancia entre dos ciudades, A y B, es 280 km. Un tren sale de A hacia B a 80 km/h, y media hora más tarde sale un coche de B hacia A que tarda 1,2 horas en cruzarse con el tren. ¿Qué velocidad lleva el coche?***

Como el tren sale media hora antes, cuando el coche se pone en marcha, el tren ha recorrido ya 40 km. Por tanto, están a 240 km de distancia.

Llamamos $x$ a la velocidad del coche. El coche y el tren se acercan a $(x + 80)$ km/h y en 1,2 h recorren 240 km. Esto se traduce en la siguiente ecuación:

$$\text{Velocidad} = \frac{\text{Espacio}}{\text{Tiempo}} \rightarrow x + 80 = \frac{240}{1{,}2} \rightarrow 1{,}2x + 96 = 240 \rightarrow x = 120$$

El coche va a 120 km/h.

**5.** ***Tres amigos trabajan 20, 30 y 50 días en un negocio. Al cabo de tres meses se reparten los beneficios y al tercero le corresponden 300 € más que al segundo. ¿Cuál es la cantidad repartida?***

Al que ha trabajado 30 días le corresponden $x$ € de beneficios, y al que ha trabajado 50 días le corresponden $x + 300$ € de beneficios. Esto se traduce así:

$$\frac{x + 300}{50} = \frac{x}{30} \rightarrow 30x + 9\,000 = 50x \rightarrow x = 450 \text{ €}$$

Ahora hallamos lo que le corresponde al primero, $p$:

$$\frac{450}{30} = \frac{p}{20} \rightarrow p = 300 \text{ €}$$

Por tanto, la cantidad repartida es 300 + 450 + 750 = 1 500 €.

**6.** ***Dos grifos llenan un depósito en 3 horas. Si solo se abre uno de ellos, tardaría 5 horas. ¿Cuánto tardará el otro grifo en llenar el depósito?***

Un grifo tarda 5 horas en llenar el depósito, por tanto, llena 1/5 de depósito cada hora. El otro grifo llena $x$ partes de depósito cada hora. Entre los dos llenan $x + 1/5$ de depósito cada hora, que corresponde a 1/3 de depósito por hora. Así:

$$x + \frac{1}{5} = \frac{1}{3} \rightarrow 15x + 3 = 5 \rightarrow x = \frac{2}{15}$$

Como el otro grifo llena 2/15 de depósito por hora, tarda 15/2 = 7,5 horas, es decir, 7 horas y 30 minutos en llenar el depósito.

## Piensa y practica

**3.** Se ha fundido un lingote de oro de 3 kg de peso y 80 % de pureza, junto con otro lingote de oro de 1 kg de peso. ¿Cuál era la pureza del segundo, si la de la mezcla resultante es del 67 %?

**4.** Un coche tarda 5 h en cubrir el trayecto entre A-B. Un camión, que ha salido a la misma hora, y realiza el trayecto B-A, tarda 2 h y 55 min en cruzarse con el coche. ¿Cuánto durará el viaje completo del camión?

**5.** Dos albañiles que trabajan asociados reciben 1 400 € como pago de cierto trabajo. ¿Cuánto debe cobrar cada uno si el primero trabajó las dos quintas partes de lo que trabajó el otro?

**6.** Un grifo tarda el triple que otro en llenar un depósito. Abriendo los dos a la vez, tardan una hora. ¿Cuánto tardará cada uno de ellos por separado en llenar el depósito?

En la web Resuelve el problema "Los pájaros".

# Ejercicios y problemas resueltos

## 1. ¿Cuántos socios son?

***De los socios de un club deportivo, los 2/5 juegan al fútbol; 1/3 de los que quedan, al baloncesto; 28, al balonmano, y aún queda 1/6 que hacen atletismo.***

***¿Cuántos socios son?***

Llamamos $x$ al número de socios.

$$\frac{2}{5}x \text{ juegan al fútbol} \rightarrow \text{quedan } \frac{3}{5}x$$

$$\frac{1}{3} \cdot \frac{3}{5}x = \frac{1}{5}x \text{ juegan al baloncesto} \rightarrow \text{quedan } \frac{2}{5}x$$

Si a estos les restamos los 28 que juegan al balonmano nos quedarán los que hacen atletismo: $\frac{2}{5}x - 28 = \frac{1}{6}x$

Resolvemos: $12x - 840 = 5x \rightarrow x = 120$ son los socios del club.

## 2. ¿Qué edad tiene cada uno?

***La edad actual de un padre es el triple que la de su hijo y dentro de 14 años será el doble. ¿Qué edad tiene cada uno?***

| EDAD | HOY | DENTRO DE 14 AÑOS |
|---|---|---|
| HIJO | $x$ | $x + 14$ |
| PADRE | $3x$ | $3x + 14$ |

Dentro de 14 años, la edad del padre será el doble que la del hijo:

$$3x + 14 = 2(x + 14) \rightarrow 3x + 14 = 2x + 28 \rightarrow x = 14$$

El hijo tiene 14 años, y el padre, 42.

## 3. Interés compuesto

***La diferencia entre invertir una cantidad al 4 % anual durante 3 años o colocarla al 6 % anual durante un año y medio, con periodos de capitalización mensual, es de 618 €. Calcular dicha cantidad.***

Con la primera opción, la cantidad $x$ se convierte en $1{,}04^3x$.

Con la segunda opción, un 6 % anual significa un $\frac{6}{12} = 0{,}5$ % mensual. Como un año y medio son 18 meses, con esta opción la cantidad $x$ se covierte en:

$$x\left(1 + \frac{0{,}5}{100}\right)^{18} = 1{,}005^{18}\,x$$

Por tanto: $1{,}04^3x - 1{,}005^{18}x = 618 \rightarrow 0{,}0309x = 618 \rightarrow x = 20\,000$

La cantidad invertida es de 20 000 €.

## 4. Cuadrado

***En el cuadrado ABCD de lado 6 cm señalamos los puntos P, Q, R y S. ¿Cuál debe ser el valor de $x$ para que el área del cuadrilátero PQRS sea igual a 20 cm²?***

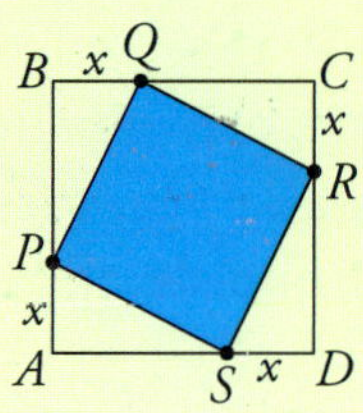


Calculamos el área del cuadrilátero $PQRS$ restando del área del cuadrado inicial el área de los triángulos rectángulos, de catetos $x$ y $6 - x$, que se han formado en cada uno de sus vértices.

$$36 - 4\frac{x(6 - x)}{2} = 20 \rightarrow 36 - 12x + 2x^2 = 20 \rightarrow x^2 - 6x + 8 = 0$$

$$x = \frac{6 \pm \sqrt{36 - 32}}{2} = \frac{6 \pm \sqrt{4}}{2} = \frac{6 \pm 2}{2} \begin{cases} x_1 = 2 \\ x_2 = 4 \end{cases}$$

Hay dos soluciones: el valor de $x$ puede ser 2 cm o bien 4 cm.

**Hazlo tú.** En esta misma figura, calcula el valor de $x$ para que el lado del cuadrado coloreado sea igual a $\sqrt{26}$ cm.

# Ejercicios y problemas

## Practica

### Resolución mental y por tanteo

**1.** Resuelve mentalmente y explica con palabras el proceso seguido.

a) $(x + 2)^2 = 64$

b) $7 - \frac{x + 2}{3} = 5$

c) $\frac{5x + 1}{8} = 2$

d) $\frac{(x + 1)^2}{3} - 10 = 2$

e) $3 - 2^{x - 5} = 2$

f) $\sqrt{x - 7} = 2$

**2.** Busca por tanteo una solución exacta de cada una de las siguientes ecuaciones:

a) $3^{x - 5} = 27$

b) $\sqrt{x + 9} = 13$

c) $(x + 1)^3 = 216$

d) $x^3 - x^2 - x = 15$

**3.** Busca por tanteo una solución aproximada de las siguientes ecuaciones:

a) $x^3 = 381$

b) $x^4 - x^2 = 54$

c) $x - \sqrt{x + 5} = 0$

d) $3^{x - 1} = 0{,}005$

e) $5x = 0{,}32$

f) $x^{0{,}75} = 17$

### Ecuaciones de primer grado

**4.** Resuelve las siguientes ecuaciones y comprueba la solución de cada una:

a) $3x - 2(x + 3) = x - 3(x + 1)$

b) $4 + x - 4(1 - x) + 5(2 + x) = 0$

c) $2x + 7 - 2(x - 1) = 3(x + 3)$

d) $4(2x - 7) - 3(3x + 1) = 2 - (7 - x)$

**5.** Resuelve las siguientes ecuaciones:

a) $\frac{x - 3}{5} = \frac{x + 1}{3} - 2$

b) $1 = \frac{x + 3}{3} - \frac{x}{2}$

c) $\frac{3x + 4}{5} = \frac{x + 2}{2}$

d) $\frac{5x - 16}{6} = -\frac{x + 8}{12} + \frac{x + 1}{3}$

e) $\frac{2x - 4}{3} = 3 - \frac{4 + x}{2}$

**6.** Resuelve y comprueba la solución de cada una de las siguientes ecuaciones:

a) $\frac{x + 2}{2} - \frac{x + 3}{3} = -\frac{x - 4}{4} + \frac{x - 5}{5}$

b) $\frac{3x + 2}{5} - \frac{4x - 1}{10} + \frac{5x - 2}{8} = \frac{x + 1}{4}$

c) $\frac{x + 5}{5} - \frac{x + 5}{24} = \frac{x + 6}{10} + \frac{x + 4}{60}$

d) $2x - \frac{1}{2}(1 + 3x) - \frac{3}{5}(x - 2) = \frac{1}{4}(3 - x)$

**7.** Comprueba que las siguientes ecuaciones son de primer grado y halla sus soluciones:

a) $(4x - 3)(4x + 3) - 4(3 - 2x)^2 = 3x$

b) $2x(x + 3) + (3 - x)^2 = 3x(x + 1)$

c) $\frac{x(x + 1)}{2} - \frac{(2x - 1)^2}{8} = \frac{3x + 1}{4} - \frac{1}{8}$

**8.** Algunas de las siguientes ecuaciones no tienen solución y otras tienen infinitas soluciones. Resuélvelas y comprueba los resultados.

a) $4(2x + 1) - 3(x + 3) = 5(x - 2)$

b) $2(x - 3) + 1 = 3(x - 1) - (2 + x)$

c) $\frac{3x + 1}{2} = 2x - \frac{1 - x}{2}$

d) $x + \frac{2x - 7}{4} = 2x + \frac{x - 1}{2}$

**9.** Solo una de las siguientes ecuaciones tiene solución única. Resuélvelas y compruébalo.

a) $\frac{x + 1}{2} = 2 + \frac{2x - 3}{4}$

b) $\frac{4x - 3}{12} - \frac{2x + 1}{4} = \frac{x - 1}{3} - \frac{3x + 1}{6}$

c) $\frac{1 + x}{3} - \frac{x + 3}{5} = \frac{26}{15} - \frac{4 + x}{2}$

d) $\frac{(x + 1)^2}{16} - \frac{1 + x}{2} = \frac{(x - 1)^2}{16} - \frac{2 + x}{4}$

**10.** Resuelve.

a) $\frac{2}{3}(x - 3) + \frac{1}{5}(x - 5) = \frac{3}{5}\left(x + \frac{2}{3}\right) + \frac{4x}{15}$

b) $\frac{3x - 1}{4} - 2x = \frac{8x - 7}{8} - (3x - 1)$

c) $\frac{4}{3}(2 - x) - \frac{3}{4}(2x - 1) = 4x - 7\left(x - \frac{1}{2}\right) - \frac{3}{4}$

d) $x(8x - 1) - (3x - 4)^2 = x(7 - x) - 2(x - 4)$

# Ejercicios y problemas

## Ecuaciones de segundo grado

**11.** Resuelve las siguientes ecuaciones de segundo grado sin utilizar la fórmula de resolución:

a) $3x^2 - 12x = 0$ b) $x - 3x^2 = 0$

c) $2x^2 - 5x = 0$ d) $2x^2 - 8 = 0$

e) $9x^2 - 25 = 0$ f) $4x^2 + 100 = 0$

g) $16x^2 = 100$ h) $3x^2 - 6 = 0$

**12.** Resuelve.

a) $x^2 + 4x - 21 = 0$ b) $x^2 + 9x + 20 = 0$

c) $9x^2 - 12x + 4 = 0$ d) $x^2 + x + 3 = 0$

e) $4x^2 + 28x + 49 = 0$ f) $x^2 - 2x + 3 = 0$

g) $4x^2 - 20x + 25 = 0$ h) $-2x^2 + 3x + 2 = 0$

**13.** Resuelve igualando a cero cada factor:

a) $x(3x - 1) = 0$ b) $3x(x + 2) = 0$

c) $(x + 1)(x + 3) = 0$ d) $(x - 5)(x + 5) = 0$

e) $(x - 5)^2 = 0$ f) $(2x - 5)^2 = 0$

**14.** Opera y resuelve.

a) $(x - 2)(3x + 2) = (x - 4)(2x + 1)$

b) $(x - 1)^2 + (1 - x)(x + 2) = 0$

c) $(x + 1)^2 = (x + 1)(2x - 3)$

d) $5(x + 2)^2 - (7x + 3)(x + 2) = 0$

**15.** Resuelve las siguientes ecuaciones:

a) $(2x + 1)(x - 3) = (x + 1)(x - 1) - 8$

b) $(2x - 3)(2x + 3) - x(x + 1) - 5 = 0$

c) $(2x + 1)^2 = 4 + (x + 2)(x - 2)$

d) $(x + 4)^2 - (2x - 1)^2 = 8x$

**16.** Resuelve las ecuaciones siguientes:

a) $\frac{(5x-4)(5x+4)}{4} = \frac{(3x-1)^2 - 9}{2}$

b) $\frac{x}{3}(x-1) - \frac{x}{4}(x+1) + \frac{3x+4}{12} = 0$

c) $\frac{(x-1)(x+2)}{12} - \frac{(x+1)(x-2)}{6} - 1 = \frac{x-3}{3}$

d) $\frac{(x-1)^2 - 3x + 1}{15} + \frac{x+1}{5} = 0$

e) $\frac{x+1}{2} - \frac{(x-1)^2}{4} - \frac{x+2}{3} + \frac{(x-2)^2}{6} = \frac{1}{6}$

**17.** Resuelve.

a) $\frac{7(x-5)}{8} + x - 2 = \left(x - \frac{9}{2}\right)(x+1)$

b) $\frac{x+3}{3} - \frac{(4-x)^2}{9} = \frac{1}{3}$

c) $\frac{(3x+1)(2x+3)}{21} + \frac{x^2+3}{7} = \frac{x^2+x-2}{3}$

d) $\frac{x^2-4}{3} + \frac{(2x-2)^2}{8} = \frac{7x^2-10}{12}$

**18.** Resuelve las siguientes ecuaciones:

a) $5x - \frac{3}{x} = \frac{x+1}{x}$

b) $\frac{x+2}{3} - \frac{1}{x} = \frac{x-3}{x} + \frac{4-x^2}{2x}$

c) $\frac{2x^2}{x+1} = x - \frac{x-4}{x+1}$

d) $\frac{15}{x} = \frac{72-6x}{2x^2} + 2$

## Aplica lo aprendido

**19.** La suma de tres números naturales consecutivos es igual al quíntuple del menor menos 11. ¿Cuáles son esos números?

**20.** Calcula un número tal que sumándole su mitad se obtiene lo mismo que restando 6 a los 9/5 de ese número.

**21.** Halla tres números impares consecutivos tales que su suma sea 117.

*Cualquier número impar se puede escribir de la forma $2x + 1$.*

**22.** He pagado 14,30 € por un bolígrafo, un cuaderno y una carpeta. Si el precio de la carpeta es 5 veces el del cuaderno y este cuesta el doble que el bolígrafo, ¿cuál es el precio de cada artículo?

**23.** Calcula la altura de un árbol que es un metro más corto que un poste que mide el doble que el árbol.

**24.** El precio de unos zapatos ha subido un 15 % en diciembre y ha bajado un 20 % en enero. De esta forma, el precio inicial ha disminuido en 6,96 €. ¿Cuál era el precio inicial?

**25.** Con 3,50 € más del dinero que tengo, podría comprar la camiseta de mi equipo. Si tuviera el doble, me sobrarían 7,25 €. ¿Cuánto dinero tengo?

**26.** Si al cuadrado de un número le restamos su triple obtenemos 130. ¿Cuál es el número?

**27.** Halla dos números enteros consecutivos tales que la suma de sus cuadrados es 145.

**28.** Si al producto de un número natural por su siguiente le restamos 31 obtenemos el quíntuple de la suma de ambos. ¿De qué número se trata?

## Resuelve problemas

**29.** Del dinero de una cuenta bancaria retiramos 1/7; ingresamos después 2/15 de lo que quedó y aún faltan 12 € para tener la cantidad inicial. ¿Cuánto dinero había en la cuenta?

**30.** Un padre de 43 años tiene dos hijos de 9 y 11 años. ¿Cuántos años han de transcurrir para que entre los dos hijos igualen la edad del padre?

**31.** Estamos haciendo bocadillos de chorizo para llevar de excursión. Si ponemos 4 rodajas en cada uno, sobran 12, y si ponemos 5, nos faltan 8. ¿Cuántos bocadillos queremos preparar?

**32.** En una fiesta celebrada en un restaurante gallego se sirvieron cigalas (un plato para cada dos personas), almejas (un plato para cada tres) y percebes (un plato para cada cuatro). Si en total se sirvieron 65 platos, ¿cuántas personas había?

**33.** ¿Cuántos litros de aceite de orujo de 1,60 €/*l* tenemos que añadir a 60 *l* de aceite de oliva de 2,80 €/*l* para obtener una mezcla de 2,50 €/*l*?

**34.** Al mezclar 30 kg de pintura con 50 kg de otra de calidad inferior, obtenemos una mezcla a 3,30 €/kg. Si el precio de la barata es la mitad que el de la otra, ¿cuál es el precio de cada pintura?

**35.** Una marca de café de 14,15 €/kg se elabora con un 30 % de café colombiano de 18 €/kg, y el resto, con otro. ¿Cuál es el precio de ese otro?

**36.** Un centro escolar contrató un autobús para una salida al campo. Con todas las plazas ocupadas, el precio del billete es de 12 €; pero quedaron 4 plazas libres, por lo que el viaje costó 13,5 €. ¿Cuántas plazas tiene el autobús?

**37.** Un grupo de amigos se van a repartir un premio y les toca a 15 € a cada uno. Deciden compartirlo con cuatro amigos más y de esta forma les toca a 3 € menos a cada uno. ¿Cuántos son en total a repartir?

**38.** Si un número aumenta en un 10 %, resulta 42 unidades mayor que si disminuye en un 5 %. ¿Cuál es ese número?

**39.** Un inversor, que dispone de 28 000 €, coloca parte de su capital en un banco al 4 %, y el resto, en otro banco al 3,5 %. Si la primera parte le produce anualmente 220 € más que la segunda, ¿cuánto colocó en cada banco?

**40.** Dos ciudades, A y B, distan 250 km. Un camión sale de A hacia B a 90 km/h. A la misma hora sale de B hacia A un coche que tarda una hora y cuarto en encontrarse con el camión. ¿Qué velocidad lleva el coche?

**41.** Un ciclista que va a 21 km/h tarda tres cuartos de hora en alcanzar a otro que le lleva una ventaja de 2,25 km. ¿Qué velocidad lleva el que va delante?

**42.** Ana sale en su coche a 80 km/h. Se para 15 min para echar gasolina y después conduce un buen rato a 100 km/h. Cuando llega a su destino, comprueba que hizo 250 km en 3 horas, contando la parada. ¿Cuánto tiempo condujo a 80 km/h?

**43.** Calcula los lados de un rectángulo cuya diagonal mide 10 cm y en el que la base mide 2 cm más que la altura.

**44.** Los catetos de un triángulo rectángulo suman 18 cm y su área es de 40 $cm^2$. Halla las medidas de los catetos de este triángulo.

**45.** La base de un rectángulo mide 5 cm más que la altura. Si disminuimos la altura en 2 cm, el área del nuevo rectángulo será de 60 $cm^2$. ¿Cuánto miden los lados del rectángulo?

# Ejercicios y problemas

**46.** Un patio rectangular, que mide 8 m menos de ancho que de largo, tiene un estanque central, también rectangular, rodeado por una zona de paso de 2 m de ancho. Si sabemos que el área de esa zona es de 112 $m^2$, ¿cuáles serán las dimensiones del patio y del estanque?

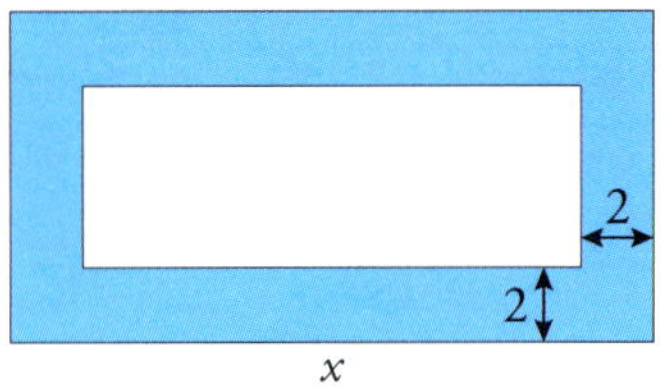


**47.** ¿Cuánto debe valer $x$ para que el área de esa figura sea 82 $cm^2$?

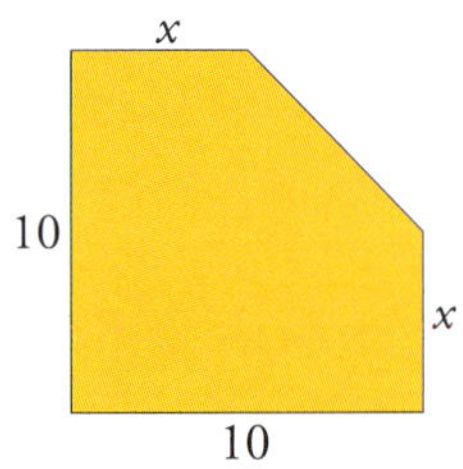


**48.** Calcula dos números naturales que sumen 85 y tales que al dividir el cuadrado del mayor entre el cuadrado del menor se obtenga 5 de cociente y 101 de resto.

**49.** Si a un número de dos cifras le restamos el que resulta de invertir el orden de estas, el resultado es 18. Averigua cuál es el número sabiendo que la cifra de las unidades es 2.

**50.** Un depósito de agua para riego tiene un grifo de abastecimiento y un desagüe. El grifo llena el depósito en 9 horas. Si además del grifo se abre el desagüe, el depósito tarda 36 horas en llenarse. Averigua cuánto tarda el desagüe en vaciar el depósito lleno, estando cerrado el grifo.

**51.** Un grifo tarda el doble que otro en llenar un depósito. Abriendo los dos a la vez, tardan 8 horas. ¿Cuánto tardará cada uno de ellos en llenarlo?

**52.** Un albañil tarda 9 horas en poner los azulejos de una cocina, mientras que otro tarda 10 horas. Se sabe que si trabajan juntos, entre los dos ponen 6 azulejos menos que si trabajan por separado. Un día que reformaron otra cocina trabajando juntos completaron el trabajo en 5 horas. ¿Cuántos azulejos hay que poner en cada cocina?

## Problemas "+"

**53.** Ana, en su camino diario al colegio, ha comprobado que si va andando a 4 km/h llega 5 minutos tarde, pero si se da prisa y va a 5 km/h llega 10 minutos antes de la hora. ¿Cuál es la distancia al colegio? ¿Llegará puntual si hace la mitad del camino a 4 km/h y la otra mitad a 5 km/h?

**54.** Tenemos tres tipos de tetrabriks con forma de prisma rectangular cuyas bases miden 4 cm × 6 cm, 3 cm × 6 cm y 2 cm × 6 cm, y cuyas alturas son, respectivamente, $a$, $b$ y $c$. El primero tiene doble capacidad que el segundo; y el segundo, doble que el tercero. Si la suma de las alturas es 39 cm, ¿cuánto medirá cada una?

**55.** Luis y Miguel van a visitar a sus abuelos. Como solo tienen una bicicleta, acuerdan que Miguel la lleve hasta la mitad del camino y la deje allí hasta que Luis, que sale andando, la recoja. La segunda mitad, Miguel caminará y Luis irá en bicicleta. De esta forma tardan una hora en llegar a su destino. El que camina va a 4 km/h y el que va en bicicleta, a 12 km/h. ¿Cuál es la distancia que han recorrido? ¿Cuánto tiempo estuvo parada la bicicleta?

**56.** Una empresa constructora está diseñando dos tipos, A y B, de viviendas unifamiliares con jardín.

Tipo A: Parcela rectangular que mide 25 m menos de ancho que de largo. Dentro de la parcela, la vivienda ocupa un cuadrado de 50 m de lado.

Tipo B: Vivienda del mismo tamaño que en A, y zona de jardín rectangular con el mismo largo que en A y 20 m menos de ancho.

a) Calcula la medida de la base $x$ de ambas parcelas para que la superficie del jardín sea la misma.

b) Para ese valor de $x$, halla la superficie de cada parcela y la del jardín correspondiente.

**57.** En las dos orillas de un río hay dos palmeras. La más alta mide 30 codos; la otra, 20 codos, y la distancia entre ambas es de 50 codos. En la copa de cada palmera hay un pájaro. Al descubrir los dos pájaros un pez en la superficie del río, se lanzan rápidamente, alcanzando al pez al mismo tiempo.

¿A qué distancia del tronco de la palmera más alta apareció el pez?

**58.** Carmen hace cuentas sobre las compras que ha hecho y observa que el abrigo le ha costado el triple que el bolso; el bolso, 5 € menos que la camisa; la camisa, 6 € más que los deportivos; los deportivos, el doble que el estuche; el estuche, la mitad que el pantalón, y este, 120 € menos que la suma de todos los demás artículos. Calcula el precio de cada compra y el dinero que se gastó Carmen.

## Reflexiona sobre la teoría

**59.** ¿Es 3 o –2 solución de alguna de las siguientes ecuaciones? Compruébalo.

a) $\frac{3-x}{5}+\frac{x}{3}=\frac{1}{3}$

b) $2^x+2^{x-1}-2^{x+1}=-4$

c) $\sqrt{14-x}=4$

d) $(2-x)^3+3x=x^2-1$

**60.** ¿Verdadero o falso? Razona las respuestas.

a) La ecuación $5x=0$ no tiene solución.

b) Si multiplicamos por –3 los dos miembros de una ecuación, su solución no varía.

c) La ecuación $0x=4$ tiene infinitas soluciones.

d) El discriminante de una ecuación de segundo grado es $-b^2+4ac$.

e) La ecuación $ax^2+c=0$ no tiene solución si $c>0$.

**61.** ¿Son equivalentes estas ecuaciones?:

$$2(x-1)+x+1=2x+1$$

$$2x-1-(x-1)=2(3x-5)$$

¿Y $x^2-2x=0$ y $2x-4=0$?

Justifica las respuestas.

**62.** En la ecuación $5t^2-3t+2=2t+2$ indica:

a) Cuál es la incógnita.

b) Cuáles son los valores de $a$, $b$ y $c$.

c) Cuál es el segundo miembro.

d) Si es una ecuación completa o incompleta.

**63.** En la ecuación $3x-a(x-2)=b$:

a) ¿Cuáles deben ser los valores de $a$ y de $b$ para que tenga infinitas soluciones?

b) ¿Y para que no tenga solución?

**64. Ejercicio resuelto**

***Inventar una ecuación de segundo grado cuyas soluciones sean $x=\frac{1}{2}$ y $x=-1$.***

**Resolución**

Si queremos que las soluciones sean $x=\frac{1}{2}$ y $x=-1$, haremos:

$$\left(x-\frac{1}{2}\right)(x+1)=0 \rightarrow x^2+\frac{1}{2}x-\frac{1}{2}=0 \rightarrow$$

$$\rightarrow 2x^2+x-1=0$$

**65.** Inventa ecuaciones de segundo grado con:

a) Dos soluciones: $x=-2$ y $x=3$

b) Dos soluciones: $x=3$ y $x=-\frac{2}{3}$

c) Dos soluciones: $x=0$ y $x=-5$

d) Una solución: $x=4$

e) Ninguna solución.

**66.** Si el discriminante de una ecuación de segundo grado es $\Delta=5$, ¿qué podemos decir del número de soluciones de la ecuación? ¿Y si $\Delta=0$?

**67.** En la ecuación $x^2-14x+m=0$:

a) ¿Qué valor debe tomar $m$ para que tenga dos soluciones iguales?

b) ¿Y para que sean distintas?

c) ¿Y para que no tenga solución?

**68.** ¿Cuál debe ser el valor de $a$ para que $x=2$ sea solución de la ecuación $(x-3)^2-x^3+a=0$?

Justifica tu respuesta.

# Taller de matemáticas

## Infórmate

### Sabías que...

**Ecuación** viene del término latino *aequatio*, que, a su vez, se deriva de *aequare* (igualar) o *aequus* (igual).

A la derecha tienes otras palabras del castellano con la misma raíz.

- Busca otras cuatro palabras que tengan la misma raíz que **ecuación.**

## Utiliza tu ingenio

### En perfecto equilibrio

Si cada bola pesa un kilo, ¿cuánto pesa cada caja?

### Usa la equis

Completa esta tabla de forma que sumando los números de dos casillas consecutivas obtengas el número de la siguiente:

| | | | | | | |
|---|---|---|---|---|---|---|
| 5 | | | | | | 81 |

### Ingéniatelas como puedas...

...para buscar una solución de esta ecuación:

$$7+\sqrt{1+\sqrt{5-\sqrt{30-\sqrt{13+\sqrt{x}}}}}=8$$

emprender aprender

## Interpreta, describe, exprésate

Escribe un número cualquiera de tres cifras: *abc*

Escribe el mismo número invertido: *cba*

Resta al mayor el menor y suma las cifras de la diferencia obtenida.

¡Esta suma es siempre 18!

a) Comprueba, con ejemplos, que siempre se cumple la afirmación anterior. ¿Sabrías justificar por qué ocurre?

b) Analiza y explica el proceso que se expone a continuación.

Sea *abc* un número de tres cifras. Supongamos que $a > c$.

PASO 1

| | | | |
|---|---|---|---|
| | $a$ | $b$ | $c$ |
| − | $c$ | $b$ | $a$ |
| | | | $c-a<0$ |

PASO 2

| | | | |
|---|---|---|---|
| | $a$ | $b-1$ | $c+10$ |
| − | $c$ | $b$ | $a$ |
| | | | $10+c-a$ |

PASO 3

| | | | |
|---|---|---|---|
| | $a-1$ | $10+b-1$ | $c+10$ |
| − | $c$ | $b$ | $a$ |
| | $a-1-c$ | 9 | $10+c-a$ |

Sumamos las cifras de la diferencia y...

# Entrénate resolviendo problemas

- Un granjero, tras recoger en una cesta su cosecha de huevos, piensa:

— Si los envaso por docenas, me sobran 5.

— Si tuviera uno más, podría envasarlos, exactamente, en cajas de 10.

— Casi he recogido 100 huevos.

¿Cuántos huevos recogió el granjero?

- El reloj de una torre tarda 15 segundos en dar las seis. ¿Cuánto tardará en dar las doce?

- Calcula la superficie del cuadrado verde.

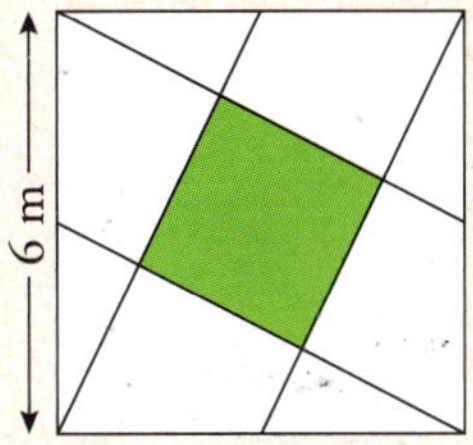


# Autoevaluación

En la web Resoluciones de estos ejercicios.

**1.** Resuelve mentalmente las siguientes ecuaciones y explica el proceso seguido:

a) $(x + 13)^2 = 25$  b) $\sqrt{x^2 + 15} = 8$

**2.** Resuelve, por tanteo, con ayuda de la calculadora.

a) $(x - 14)^3 = x + 10$  b) $\sqrt{x^4 - x^2} = 5$

**3.** Resuelve.

a) $\dfrac{3x - 2}{5} - \dfrac{3(x + 1)}{10} = \dfrac{3 - x}{4} - \dfrac{9}{10}$

b) $\dfrac{x + 1}{2} = x - \dfrac{2x + 3}{4}$

c) $\dfrac{x}{2} + 1 - \dfrac{3 + x}{3} = \dfrac{x}{6}$

**4.** Resuelve las ecuaciones siguientes:

a) $\dfrac{5}{2}x^2 - 2x = 0$

b) $4x^2 + 25 = 0$

c) $(x + 3)(x - 3) - 25x = 9x - 298$

c) $\dfrac{(x - 2)(x - 3)}{6} - \dfrac{(x - 1)^2}{4} = 2 - x$

**5.** Mezclamos 6 kg de harina de 1,30 €/kg con otra de 0,70 €/kg para obtener una mezcla de 1,10 €/kg. ¿Qué cantidad tenemos que poner del segundo tipo de harina?

**6.** Un tren sale de A hacia B a 135 km/h. Una hora más tarde sale de B hacia A otro tren a 115 km/h. Si la distancia entre A y B es de 485 km, ¿cuánto tardarán en cruzarse?

**7.** Tres amigos cobran 540 € por hacer un trabajo. El primero trabajó 12 horas y el segundo, que trabajó 2 horas más que el tercero, recibió 180 €. ¿Cuántas horas y cuánto dinero corresponden a cada uno?

**8.** Con una cuerda de 24 m de longitud hacemos un triángulo rectángulo en el que uno de los catetos mide 6 m. ¿Cuánto medirán el otro cateto y la hipotenusa?

**9.** Para embaldosar un salón de 48 m² de área se han utilizado 375 baldosas rectangulares en las que un lado mide 8 cm menos que el otro. Halla las dimensiones de las baldosas.

# 7 Sistemas de ecuaciones

Relieve de Hammurabi, rey babilonio del siglo XVIII a. C.

## Sistemas de ecuaciones en la antigua Mesopotamia

*Toros alados androcéfalos del palacio de Khorsabad (Irak).*

El desarrollo de la resolución de sistemas de ecuaciones se hizo a la par que el de las ecuaciones.

Los babilonios plantearon y resolvieron, entre otras cosas, sistemas de ecuaciones lineales con varias incógnitas. A estas las llamaban longitud, anchura, área, volumen..., aunque el problema no tuviera nada que ver con cuestiones geométricas.

*Campesinos chinos tamizando arroz.*

## Avances en China

En el siglo I a. C. apareció en China el *Libro de los nueve capítulos*, en el que se incluyen 246 problemas de la vida cotidiana sobre agrimensura, ingeniería, repartos, fiscalidad, etc.

En el capítulo octavo se proponen problemas que dan lugar a sistemas de hasta cuatro ecuaciones con cuatro incógnitas. Y se resuelven mediante métodos muy avanzados.

## También los griegos

Cuatro siglos más tarde, en Alejandría, **Diofanto** planteó problemas algebraicos que se podían traducir fácilmente a sistemas de ecuaciones. Pero él los resolvía designando una incógnita, hábilmente escogida, de modo que pudiera plantear, directamente, una única ecuación. Diofanto proponía problemas como este:

*Obtener dos números que suman 20 y cuyos cuadrados suman 208.*

DIOPHANTI
ALEXANDRINI
ARITHMETICORVM
LIBRI SEX,
ET DE NVMERIS MVLTANGVLIS
LIBER VNVS.
Nunc primùm Græcè & Latinè editi, atque absolutissimis Commentariis illustrati.
AVCTORE CLAVDIO GASPARE BACHETO
MEZIRIACO SEBVSIANO, V.C.
LVTETIAE PARISIORVM,
Sumptibus SEBASTIANI CRAMOISY, via Iacobæa, sub Ciconiis.
M. DC. XXI.
CVM PRIVILEGIO REGIS.

*Portada del libro sexto de la "Arithmetica" de Diofanto, en una edición de 1621.*

## Un problema babilonio

El método de los babilonios para resolver ecuaciones era por puro tanteo: probaban con distintas cantidades hasta que daban con la que resolvía su problema.

En una de sus tablillas aparece el siguiente problema:

$$\frac{1}{4}\text{ anchura} + \text{longitud} = 7\text{ manos}$$
$$\text{anchura} + \text{longitud} = 10\text{ manos}$$

## Un problema chino

*En nuestros campos se cultivan tres clases de trigo; tres gavillas de la primera clase, dos de la segunda clase y una de la tercera hacen 20 medidas; dos de la primera, tres de la segunda y una de la tercera hacen 19 medidas; y una de la primera, dos de la segunda y tres de la tercera hacen 16 medidas. ¿Cuántas medidas de grano se obtienen de una gavilla de cada clase?*

$$3x + 2y + z = 20$$
$$2x + 3y + z = 19$$
$$x + \ldots = \ldots$$

## Otro problema de Diofanto

También en la obra de Diofanto aparecen problemas más complejos, cuya resolución exige conocimientos de las relaciones numéricas, de las ecuaciones… y una dosis de tanteo. Aquí tienes un ejemplo:

*Un comerciante compró vino en cántaras de 8 dracmas y de 5 dracmas, y pagó por ellas un número cuadrado, cuya raíz coincide con el número de cántaras. ¿Cuántas cántaras compró de 8 dracmas y cuántas de 5?*

## Resuelve

**1.** Traduce a lenguaje algebraico el problema de la tablilla babilónica y calcula, por tanteo, la longitud y la anchura medidas en manos.

**2.** El problema chino de las gavillas de trigo se resuelve con un sistema de tres ecuaciones con tres incógnitas. Completa el que ves en el enunciado de arriba.

**3.** Plantea un sistema de ecuaciones para el problema de Diofanto que aparece en la página anterior y encuéntrale una solución.

**4.** El problema de Diofanto que se muestra en esta página, el de las cántaras de vino, podría traducirse algebraicamente en el sistema de ecuaciones de la derecha, siendo $a$, $b$ y $c$ números enteros.

$$\left.\begin{aligned} 8a + 5b &= c^2 \\ a + b &= c \end{aligned}\right\}$$

¿Qué harías para encontrar una solución?

# 1 Ecuaciones con dos incógnitas. Soluciones

**Nomenclatura**

A las incógnitas se las suele designar con las letras $x$, $y$. Sin embargo, pueden usarse otras letras. Por ejemplo, si una corresponde al tiempo y otra a la velocidad, podemos designarlas mediante $t$ y $v$, respectivamente.

En esta unidad vamos a tratar con ecuaciones lineales con dos incógnitas. Por ejemplo, $2x - 3y = 3$ es una ecuación lineal con dos incógnitas, $x$ e $y$. El par de valores $x = 6$, $y = 3$ es solución de esta ecuación porque $2 \cdot 6 - 3 \cdot 3$ es igual a 3. También son soluciones $x = 3$, $y = 1$ o $x = 9$, $y = 5$.

**Solución** de una ecuación con dos incógnitas es todo par de valores que hacen cierta la igualdad. Las **ecuaciones lineales** son polinómicas de primer grado: $ax + by = c$. Una ecuación lineal con dos incógnitas tiene infinitas soluciones.

## Representación gráfica

Para obtener soluciones de una ecuación lineal con dos incógnitas, se despeja una de ellas y se le dan valores a la otra:

$$2x - 5y = 7 \rightarrow y = \frac{2x - 7}{5} \rightarrow$$

| x | 1 | 3,5 | 6 | 11 | 0 |
|---|---|---|---|---|---|
| y | –1 | 0 | 1 | 3 | –1,4 |

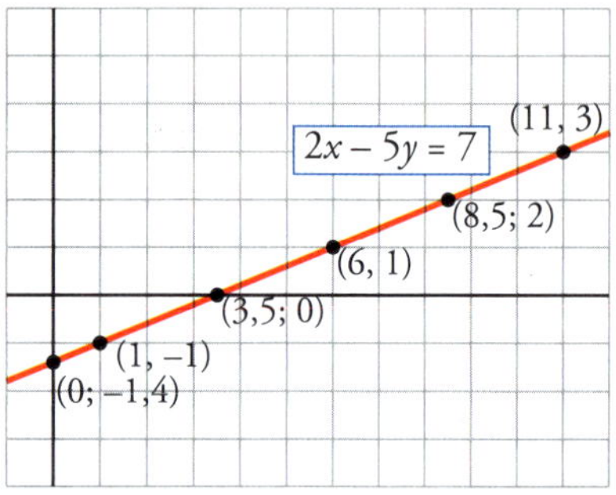


Si las soluciones se interpretan como puntos del plano, entonces la ecuación se representa mediante una recta y sus soluciones son los puntos de esta recta. Por eso, una solución como $x = 6$, $y = 1$ se designa también así: (6, 1).

La ecuación $ax + by = c$ **se representa mediante una recta.** La expresión $ax + by = c$ es la ecuación de la recta. Sus puntos $(x = m, y = n)$ son soluciones de la ecuación; es decir, $am + bn = c$.

## Ejercicio resuelto

***Representar las rectas siguientes:***

$$\boldsymbol{2x - 3y = 3}$$
$$\boldsymbol{5x + 3y = 18}$$

$$2x - 3y = 3 \rightarrow y = \frac{2x - 3}{3}$$

| x | –3 | 0 | 3 | 6 | 9 | … |
|---|---|---|---|---|---|---|
| y | –3 | –1 | 1 | 3 | 5 | … |

$$5x + 3y = 18 \rightarrow y = \frac{18 - 5x}{3}$$

| x | 0 | 1 | 2 | 3 | 6 | … |
|---|---|---|---|---|---|---|
| y | 6 | 13/3 | 8/3 | 1 | –4 | … |

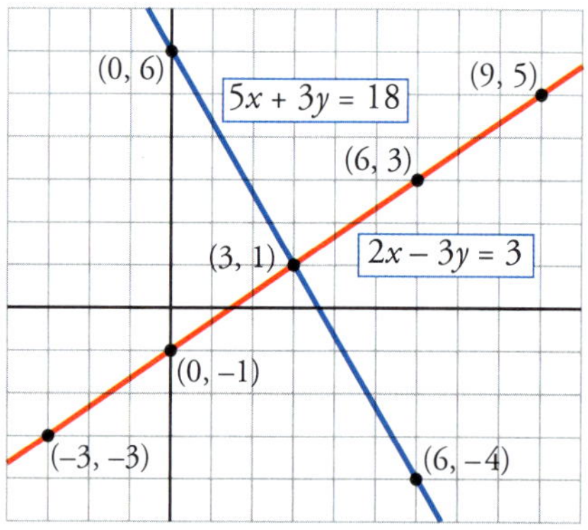


El punto donde se cortan las rectas, (3, 1), es la solución común de ambas ecuaciones: $x = 3$, $y = 1$.

## Piensa y practica

**1.** Comprueba si cada uno de los pares de valores siguientes son solución de la ecuación $4x - 3y = 12$:

a) $x = 6$, $y = 4$  b) $x = 6$, $y = 12$  c) $x = 0$, $y = -4$

**2.** Representa las rectas de ecuaciones:

$$2x - y = 6 \qquad x + y = 0$$

¿Cuál es la solución común a ambas ecuaciones?

# 2 Sistemas de ecuaciones lineales

Dos ecuaciones forman un **sistema de ecuaciones** cuando lo que pretendemos de ellas es encontrar su solución común.

Cuando dos ecuaciones forman un sistema, las ponemos de esta forma:

$$\begin{cases} ax + by = c \\ a'x + b'y = c' \end{cases}$$

Se llama **solución** de un sistema de ecuaciones a la solución común a ambas.

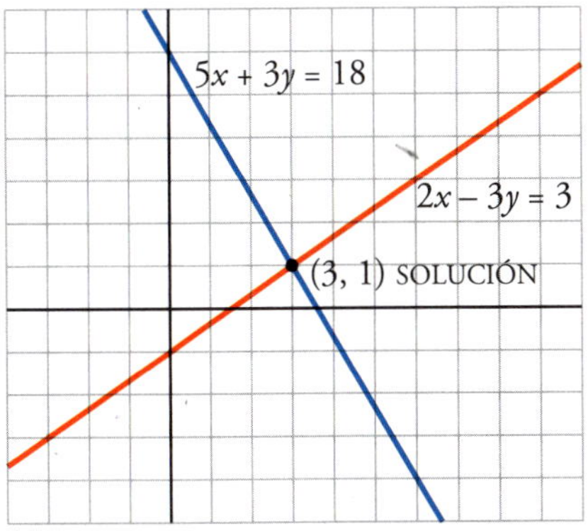


La solución de un sistema de ecuaciones lineales es el punto donde se cortan las dos rectas que lo forman.

Si tomamos las dos ecuaciones del ejercicio resuelto de la página anterior como un sistema de ecuaciones, las pondremos del siguiente modo:

$$\begin{cases} 2x - 3y = 3 \\ 5x + 3y = 18 \end{cases}$$ La solución del sistema es $x = 3$, $y = 1$, porque es solución de ambas ecuaciones.

A veces, en lugar de decir **sistema de ecuaciones** diremos, simplemente, **sistema.** Si ambas ecuaciones del sistema son lineales, lo llamaremos **sistema lineal.** Ocasionalmente, encontraremos sistemas formados por más de dos ecuaciones.

## Ejercicio resuelto

***Estudiar si $x = -3$, $y = 5$ o $x = 2$, $y = \frac{1}{2}$ son solución de alguno de los siguientes sistemas:***

*a)* $\begin{cases} 5x + 6y = 15 \\ 3x + 4y = 8 \end{cases}$

*b)* $\begin{cases} 3x - \ \ y = -14 \\ 9x + 10y = 23 \end{cases}$

*c)* $\begin{cases} 7x - 20y = 4 \\ 9x + 10y = 23 \end{cases}$

Recuerda que un par $x$ e $y$ es solución de un sistema cuando lo es de ambas ecuaciones.

a) $\begin{cases} 5x + 6y = 15 \\ 3x + 4y = 8 \end{cases}$
- $x = -3,\ y = 5$ $\begin{cases} -15 + 30 = 15 & \text{SÍ} \\ -9 + 20 = 11 & \text{NO} \end{cases}$ NO ES SOLUCIÓN.
- $x = 2,\ y = \frac{1}{2}$ $\begin{cases} 10 + 3 = 13 & \text{NO} \\ 6 + 2 = 8 & \text{SÍ} \end{cases}$ NO ES SOLUCIÓN.

b) $\begin{cases} 3x - \ \ y = -14 \\ 9x + 10y = 23 \end{cases}$
- $x = -3,\ y = 5$ $\begin{cases} -9 - 5 = -14 & \text{SÍ} \\ -27 + 50 = 23 & \text{SÍ} \end{cases}$ SÍ ES SOLUCIÓN.
- $x = 2,\ y = \frac{1}{2}$ $\begin{cases} 6 - (1/2) = 11/2 & \text{NO} \\ 18 + 5 = 23 & \text{SÍ} \end{cases}$ NO ES SOLUCIÓN.

c) $\begin{cases} 7x - 20y = 4 \\ 9x + 10y = 23 \end{cases}$
- $x = -3,\ y = 5$ $\begin{cases} -21 - 100 = -121 & \text{NO} \\ -27 + 50 = 23 & \text{SÍ} \end{cases}$ NO ES SOLUCIÓN.
- $x = 2,\ y = \frac{1}{2}$ $\begin{cases} 14 - 10 = 4 & \text{SÍ} \\ 18 + 5 = 23 & \text{SÍ} \end{cases}$ SÍ ES SOLUCIÓN.

El par $(-3, 5)$ es solución de b) y el par $\left(2, \frac{1}{2}\right)$ es solución de c).

## Piensa y practica

**1.** Di si los pares $x = -1$, $y = 4$ o $x = 7$, $y = 8$ son solución de alguno de los siguientes sistemas:

a) $\begin{cases} -6x + 5y = 26 \\ x - 2y = -9 \end{cases}$ b) $\begin{cases} -2x + 4y = 18 \\ 3x - 2y = 5 \end{cases}$ c) $\begin{cases} 5x + y = 43 \\ 3x + y = 1 \end{cases}$ d) $\begin{cases} x + y = 15 \\ x - y = -1 \end{cases}$

# 3 Sistemas equivalentes

Los sistemas de ecuaciones: a) $\begin{cases} 5x + 4y = 32 \\ x - \ \ y = 1 \end{cases}$ b) $\begin{cases} \ \ x - 4y = -8 \\ 3x + \ \ y = 15 \end{cases}$

tienen la misma solución: $x = 4$, $y = 3$. Compruébalo.

Por eso se dice que son equivalentes.

Dos **sistemas** de ecuaciones son **equivalentes** cuando tienen la misma solución.

Veamos su interpretación gráfica:

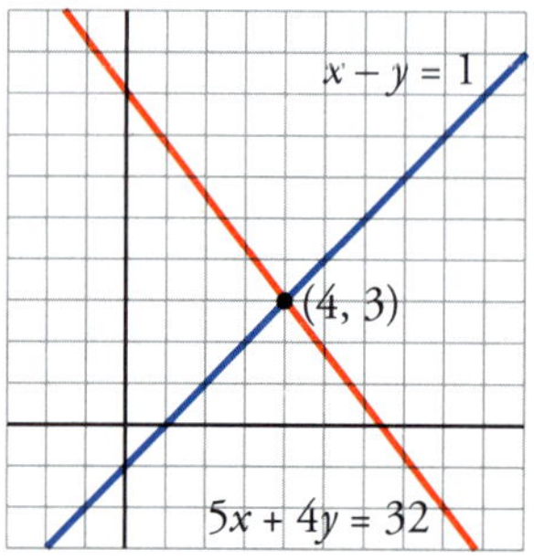


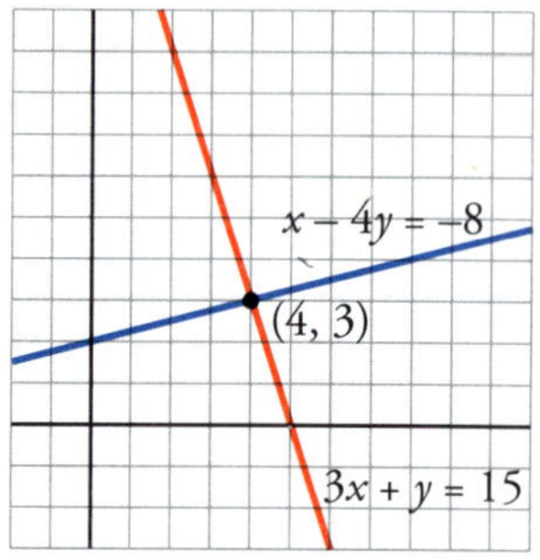


**Observa**

Las rectas que representan a los dos sistemas equivalentes son distintas, pero en ambos casos se cortan en el mismo punto (4, 3), que es la solución de ambos sistemas.

Para resolver un sistema, vamos obteniendo otros equivalentes al original, y cada vez más sencillos. Se llega así a uno de la forma:

$\begin{cases} x = a \\ y = b \end{cases}$ Esta es la solución del sistema.

En próximos apartados aprenderemos a resolver sistemas por métodos rápidos y eficaces.

**Notación**

Observa que en estos sistemas la llave se ha puesto a la derecha. También se pueden poner de esta forma.

## Ejercicio resuelto

***Interpretar gráficamente los pasos que se dan para resolver el sistema de la izquierda:***

$\left.\begin{matrix} \boldsymbol{x + y = 5} \\ \boldsymbol{x - y = 1} \end{matrix}\right\} \rightarrow \left.\begin{matrix} \boldsymbol{x + y = 5} \\ \boldsymbol{2x \quad = 6} \end{matrix}\right\} \rightarrow \left.\begin{matrix} \boldsymbol{x = 3} \\ \boldsymbol{y = 2} \end{matrix}\right\}$

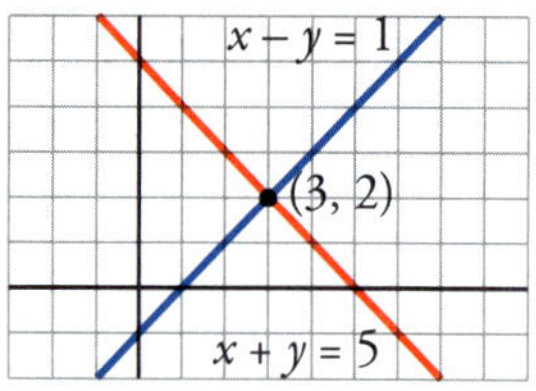


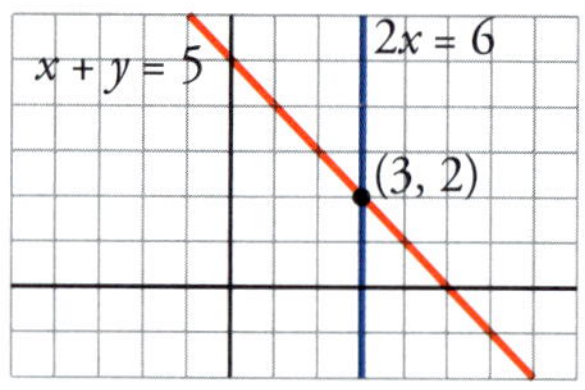


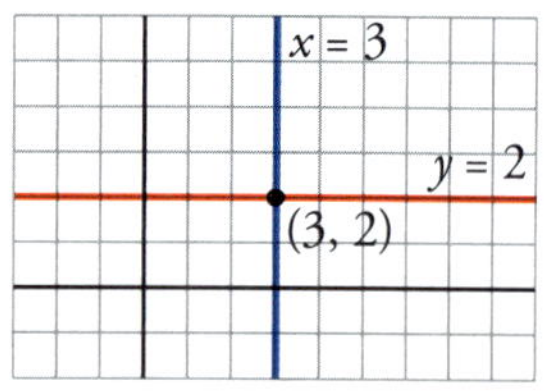


## Piensa y practica

**1.** Representa estos tres sistemas equivalentes que se obtienen para resolver el primero de ellos:

$\begin{cases} x + y = 9 \\ x - y = 3 \end{cases} \rightarrow \begin{cases} x + y = 9 \\ 2x \quad = 12 \end{cases} \rightarrow \begin{cases} x = 6 \\ y = 3 \end{cases}$

**2.** Representa los pares de rectas correspondientes a cada sistema y di si son equivalentes:

a) $\begin{cases} \ \ x - 2y = -2 \\ 2x + 2y = 8 \end{cases}$ b) $\begin{cases} y - x = 0 \\ y \quad\ \ = 2 \end{cases}$

# 4 Número de soluciones de un sistema lineal

En general, un sistema de dos ecuaciones lineales con dos incógnitas tiene una única solución, el punto donde se cortan las dos rectas. Sin embargo, no siempre ocurre esto. Veamos, a continuación, los demás casos que pueden darse.

## Sistemas sin solución

Hay sistemas cuyas ecuaciones dicen cosas contradictorias. Por ejemplo:

a) $\begin{cases} 2x + 3y = 15 \\ 2x + 3y = 9 \end{cases}$ b) $\begin{cases} 2x + 3y = 15 \\ 4x + 6y = 18 \end{cases}$

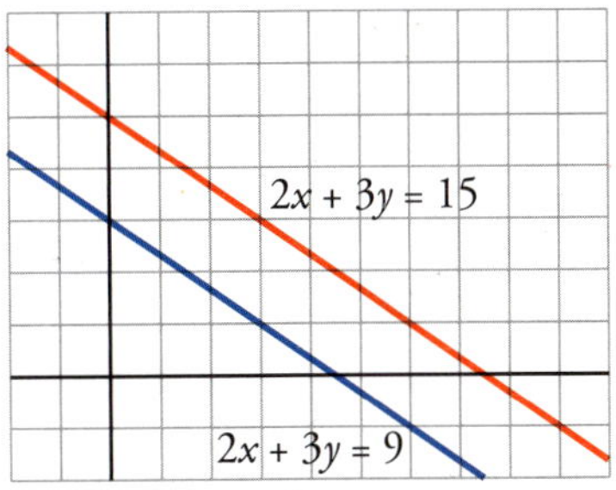


**Sistema incompatible**

En ambos casos es imposible conseguir que las dos igualdades sean ciertas para los mismos valores de $x$ y de $y$:

En a), si $2x + 3y$ es igual a 15, no puede ser, a la vez, igual a 9.

En b), como $4x + 6y$ es el doble de $2x + 3y$, debería ser igual a 30 y no a 18.

Se dice que estos sistemas son incompatibles.

> Los sistemas que no tienen solución se llaman **incompatibles.** Gráficamente, son dos rectas paralelas: no tienen ningún punto en común.

## Sistemas con infinitas soluciones

Hay sistemas cuyas ecuaciones dicen lo mismo. Es decir, son dos veces la misma ecuación. Por ejemplo:

a) $\begin{cases} 2x + 3y = 15 \\ 2x + 3y = 15 \end{cases}$ b) $\begin{cases} 2x + 3y = 15 \\ 4x + 6y = 30 \end{cases}$

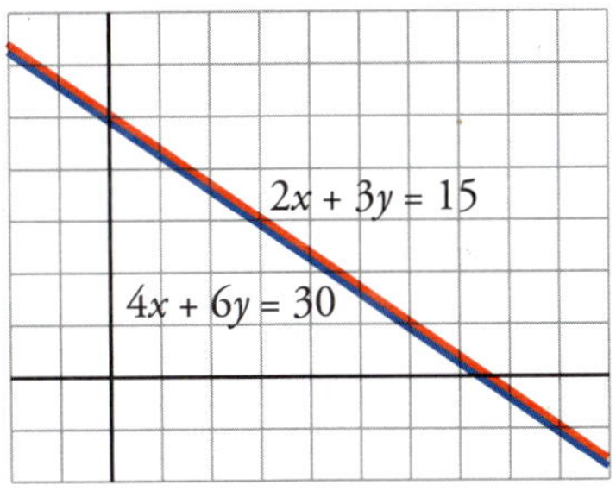


**Sistema indeterminado**

Las soluciones del sistema son las de cualquiera de las dos ecuaciones. Como sabemos, una ecuación con dos incógnitas tiene infinitas soluciones.

Estos sistemas se llaman indeterminados.

> Los sistemas que tienen infinitas soluciones se llaman **indeterminados.** Gráficamente, son dos rectas coincidentes: todos sus puntos son comunes.

## Piensa y practica

**1.** Fijándote en sus ecuaciones, di cuál de estos sistemas tiene una solución, cuál es incompatible y cuál indeterminado. Compruébalo representando las rectas:

a) $\begin{cases} 2x + y = 7 \\ 2x + y = 0 \end{cases}$ b) $\begin{cases} 2x + y = 7 \\ -2x + 5y = 10 \end{cases}$

c) $\begin{cases} 2x + y = 7 \\ 4x + 2y = 14 \end{cases}$ d) $\begin{cases} 2x + y = 7 \\ 2x - y = 1 \end{cases}$

**2.** Completa estos sistemas para que el primero tenga la solución $x = 6$, $y = -1$; el segundo sea incompatible, y el tercero y el cuarto sean indeterminados:

a) $\begin{cases} x - 4y = \dots \\ 2x \quad \dots = 13 \end{cases}$ b) $\begin{cases} 2x + y = 8 \\ 4x + 2y = \dots \end{cases}$

c) $\begin{cases} 2x + y = 8 \\ 4x \quad \dots = \dots \end{cases}$ d) $\begin{cases} 5x + 11y = \dots \\ \dots + 33y = 9 \end{cases}$

# 5 Métodos de resolución de sistemas

## Método de sustitución

Este método de resolución de un sistema de ecuaciones consiste en despejar una incógnita en una de las ecuaciones y "sustituirla" en la otra.

En la práctica, al aplicar este método, solo se escribe en cada paso la ecuación que se transforma, en lugar de escribir el sistema completo cada vez. Describamos los pasos que conviene dar para aplicar este método:

① Se despeja una incógnita en una de las ecuaciones.

② Se sustituye la expresión de esta incógnita en la otra ecuación, obteniendo una ecuación con una sola incógnita.

③ Se resuelve esta ecuación.

④ El valor obtenido se sustituye en la ecuación en la que aparecía la incógnita despejada.

⑤ Se obtiene, así, la solución del sistema.

### Ejemplo

Resolver por sustitución el sistema:

$$\begin{cases} 3x + 2y = 18 \\ x - 3y = -5 \end{cases}$$

① Despejamos $x$ en la 2.ª ecuación:

$$x = 3y - 5$$

② Sustituimos en la 1.ª ecuación:

$$3(3y - 5) + 2y = 18$$

$$\Downarrow$$

③ $9y - 15 + 2y = 18 \rightarrow y = 3$

$$\Downarrow$$

④ $x = 3 \cdot 3 - 5 = 4$

⑤ *Solución:* $x = 4,\ y = 3$

## Ejercicio resuelto

***Resolver por el método de sustitución el siguiente sistema:***

$$\begin{cases} 5x + \ \ y = -2 \\ 3x + 2y = 3 \end{cases}$$

① Despejamos la $y$ en la 1.ª ecuación:

$$y = -2 - 5x$$

② Sustituimos la expresión $-2 - 5x$ por la $y$ en la 2.ª ecuación:

$$3x + 2(-2 - 5x) = 3$$

③ Resolvemos la ecuación resultante:

$$3x - 4 - 10x = 3 \rightarrow -7x = 7 \rightarrow x = -1$$

④ Sustituimos el valor de $x$ en la ecuación con la $y$ despejada:

$$y = -2 - 5x \rightarrow y = -2 - 5 \cdot (-1) = -2 + 5 = 3$$

⑤ Se ha obtenido la solución $x = -1,\ y = 3$.

Comprobamos que la solución es correcta sustituyendo en el sistema original la $x$ y la $y$ por los valores obtenidos:

$$\begin{cases} 5(-1) + 3 = -5 + 3 = -2 \\ 3(-1) + 2 \cdot 3 = -3 + 6 = 3 \end{cases}$$

**En la web**

- Repasa la resolución de sistemas por el método de sustitución.
- Refuerza la resolución de sistemas por el método de sustitución.

## Piensa y practica

**1.** Resuelve por el método de sustitución los siguientes sistemas. ¿Cuál de ellos crees que es más complicado de resolver por este método?

a) $\begin{cases} x + 3y = 5 \\ 5x + 7y = 13 \end{cases}$

b) $\begin{cases} 6x + 3y = 0 \\ 3x - \ y = 3 \end{cases}$

c) $\begin{cases} 3x + 9y = 4 \\ 2x + 3y = 1 \end{cases}$

d) $\begin{cases} x - 4y = 11 \\ 5x + 7y = 1 \end{cases}$

**En la web** Practica el método de sustitución.

## Ejemplo

Resolver por igualación el sistema:

$$\begin{cases} 3x + 2y = 18 \\ x - 3y = -5 \end{cases}$$

① Despejamos $x$ en cada ecuación:

$$x = \frac{18 - 2y}{3}, \quad x = -5 + 3y$$

② Igualamos ambas expresiones:

$$\frac{18 - 2y}{3} = -5 + 3y$$

$$\Downarrow$$

③ $18 - 2y = 3(-5 + 3y) \rightarrow y = 3$

$$\Downarrow$$

④ $x = -5 + 3 \cdot 3 = 4$

⑤ *Solución:* $x = 4, \ y = 3$

## Método de igualación

Consiste en despejar la misma incógnita en ambas ecuaciones e "igualar" las expresiones resultantes.

Describamos, a continuación, los pasos que conviene dar para aplicar este método de resolución:

① Se despeja la misma incógnita en ambas ecuaciones.

② Se igualan las expresiones dando lugar a una ecuación con una sola incógnita.

③ Se resuelve esta ecuación.

④ El valor obtenido se sustituye en cualquiera de las dos expresiones en las que aparecía despejada la otra incógnita.

⑤ Se obtiene, así, la solución del sistema.

## Ejercicio resuelto

***Resolver por el método de igualación el siguiente sistema:***

$$\begin{cases} 5x + 12y = 6 \\ 3x + \ \ 2y = 2 \end{cases}$$

① Despejamos la $x$ en cada una de las ecuaciones: $x = \dfrac{6 - 12y}{5}, \ x = \dfrac{2 - 2y}{3}$

② Igualamos ambas expresiones:

$$\frac{6 - 12y}{5} = \frac{2 - 2y}{3}$$

③ Resolvemos la ecuación resultante:

$$3(6 - 12y) = 5(2 - 2y) \rightarrow 18 - 36y = 10 - 10y \rightarrow$$

$$\rightarrow -36y + 10y = 10 - 18 \rightarrow -26y = -8 \rightarrow$$

$$\rightarrow y = \frac{-8}{-26} = \frac{4}{13}$$

④ Sustituimos el valor de $y$ en cualquiera de las expresiones del primer paso:

$$x = \frac{2 - 2 \cdot \left(\frac{4}{13}\right)}{3} = \frac{6}{13}$$

⑤ Hemos obtenido la solución: $x = \dfrac{6}{13}, \ y = \dfrac{4}{13}$.

Puedes hacer la comprobación igual que en la página anterior.

**En la web**

- Repasa la resolución de sistemas por el método de igualación.
- Refuerza la resolución de sistemas por el método de igualación.

## Piensa y practica

**2.** Resuelve por el método de igualación los siguientes sistemas:

a) $\begin{cases} 3x + 8y = 5 \\ 2x - 2y = 7 \end{cases}$ b) $\begin{cases} 5x + 3y = 28 \\ 7x + 2y = -7 \end{cases}$ c) $\begin{cases} 3x - \ \ 5y = -1 \\ 7x + 10y = 2 \end{cases}$ d) $\begin{cases} 2x + \ \ 9y = -1 \\ 3x + 15y = -1 \end{cases}$

## Método de reducción

Observa atentamente cómo resolvemos el sistema siguiente:

$$\begin{cases} 3x + 2y = 7 \\ 4x - 3y = 15 \end{cases} \quad \begin{matrix} \xrightarrow{\text{multiplicamos los dos miembros por 4}} \\ \xrightarrow{\text{multiplicamos los dos miembros por }-3} \end{matrix} \quad \begin{matrix} 12x + 8y = 28 \\ -12x + 9y = -45 \end{matrix}$$

Sumamos miembro a miembro las dos ecuaciones $\longrightarrow$ $17y = -17$

La incógnita $y$ la tenemos despejada $\longrightarrow$ $y = -1$

Sustituimos el valor de $y$ en una de las ecuaciones iniciales y resolvemos:

$3x + 2 \cdot (-1) = 7 \rightarrow 3x = 7 + 2 \rightarrow x = 3 \rightarrow$ *Solución:* $x = 3, \ y = -1$

En esencia, este método consiste en preparar las dos ecuaciones para que una de las incógnitas tenga el mismo coeficiente en ambas, pero con distinto signo. Sumando las ecuaciones resultantes, miembro a miembro, se obtiene una ecuación con solo una incógnita (se ha "reducido" el número de incógnitas). En resumen:

① Se preparan las dos ecuaciones (multiplicándolas por los números que convenga).

② Al sumarlas, desaparece una de las incógnitas.

③ Se resuelve la ecuación resultante.

④ El valor obtenido se sustituye en una de las ecuaciones iniciales y se resuelve.

⑤ Se obtiene, así, la solución del sistema.

### Ten en cuenta

Hemos multiplicado:

- La 1.ª ecuación por el coeficiente de la $x$ en la 2.ª.
- La 2.ª ecuación por el coeficiente de la $x$ en la 1.ª cambiado de signo.

De ese modo se obtienen dos ecuaciones con el mismo coeficiente de la $x$, pero con distinto signo. Al sumarlas, desaparece esta incógnita.

### En la web

Refuerza la resolución de sistemas por el método de reducción.

### En la web

Practica el método de reducción.

## Ejercicio resuelto

***Resolver por el método de reducción estos sistemas:***

***a)*** $\begin{cases} 5x + 7y = -1 \\ 3x - 7y = 33 \end{cases}$

***b)*** $\begin{cases} 2x + 5y = 10 \\ 7x + 10y = 20 \end{cases}$

a) Sumando ambas ecuaciones desaparece la $y$:

$$8x = 32 \rightarrow x = 4$$

Sustituimos el valor de $x$ en la 1.ª ecuación: $5 \cdot 4 + 7y = -1 \rightarrow y = -3$

*Solución:* $x = 4, \ y = -3$

b) Multiplicando la 1.ª ecuación por –2 obtenemos los mismos coeficientes en la $y$, pero con distintos signos:

$$\begin{cases} -4x - 10y = -20 \\ 7x + 10y = 20 \end{cases}$$

Sumando: $3x \quad = 0 \rightarrow x = 0$

Sustituyendo: $2 \cdot 0 + 5y = 10 \rightarrow y = 2$

*Solución:* $x = 0, \ y = 2$

## Piensa y practica

**3.** Resuelve por el método de reducción los siguientes sistemas:

a) $\begin{cases} 3x + 5y = 11 \\ 4x - 5y = 38 \end{cases}$ b) $\begin{cases} x + 3y = 5 \\ 5x + 7y = 13 \end{cases}$ c) $\begin{cases} x - 4y = 11 \\ 5x + 7y = 1 \end{cases}$ d) $\begin{cases} 6x + 3y = 0 \\ 3x - y = 3 \end{cases}$

## Reglas prácticas para resolver sistemas lineales

Si una o las dos ecuaciones del sistema tienen un aspecto complicado, empieza por "arreglarlas" hasta llegar a la expresión $ax + by = c$.

Recordemos algunas ventajas de los métodos aprendidos:

- El método de sustitución es especialmente útil cuando una de las incógnitas tiene coeficiente 1 o –1 en alguna de las ecuaciones.
- El método de igualación es parecido al de sustitución y se suele utilizar en las mismas circunstancias que este.
- El método de reducción es muy cómodo de aplicar cuando una incógnita tiene el mismo coeficiente en las dos ecuaciones o bien sus coeficientes son uno múltiplo del otro.

**En la web**

Refuerza la resolución de sistemas por el método más adecuado.

**En la web**

Practica la resolución de sistemas.

## Ejercicios resueltos

**1. *Resolver este sistema:***

$$\begin{cases} \dfrac{x-1}{5} - \dfrac{x-y}{3} = \dfrac{2x+9y}{15} - 5 \\ -5(x+y-8) + 13 = -3y - 7 \end{cases}$$

SUPRIMIMOS DENOMINADORES EN LA 1.ª ECUACIÓN

$$\begin{cases} 3(x-1) - 5(x-y) = 2x + 9y - 15 \cdot 5 \\ -5(x+y-8) + 13 = -3y - 7 \end{cases}$$

SUPRIMIMOS PARÉNTESIS

$$\begin{cases} 3x - 3 - 5x + 5y = 2x + 9y - 75 \\ -5x - 5y + 40 + 13 = -3y - 7 \end{cases}$$

AGRUPAMOS TÉRMINOS Y SIMPLIFICAMOS

$$\begin{cases} x + y = 18 \\ 5x + 2y = 60 \end{cases}$$

RESOLVEMOS POR CUALQUIER MÉTODO

*Solución:* $\begin{cases} x = 8 \\ y = 10 \end{cases}$

**2. *Resolver por reducción:***

$$\begin{cases} 3x + 7y = 14 \\ 5x - 8y = -9 \end{cases}$$

Podemos evitar las operaciones con fracciones aplicando dos veces el método de reducción para despejar una y otra incógnitas. Esto es muy útil cuando los coeficientes de las incógnitas son números grandes.

Para despejar la $x$:

(1.ª) · 8, (2.ª) · 7 → $\begin{cases} 24x + 56y = 112 \\ 35x - 56y = -63 \end{cases}$

Sumamos: $59x = 49$

Para despejar la $y$:

(1.ª) · 5, (2.ª) · (–3) → $\begin{cases} 15x + 35y = 70 \\ -15x + 24y = 27 \end{cases}$

Sumamos: $59y = 97$

La solución, ahora, es inmediata: $x = \dfrac{49}{59}$, $y = \dfrac{97}{59}$

## Piensa y practica

**4.** Resuelve este sistema simplificando previamente:

$$\begin{cases} 5(x+3) - 2(y-1) = 3(5x-y) - 8x \\ \dfrac{x+1}{7} - \dfrac{y}{5} = 2 \end{cases}$$

**5.** Resuelve este sistema aplicando dos veces el método de reducción:

$$\begin{cases} 7x + 5y = 11 \\ 35x - 12y = 129 \end{cases}$$

# 6 Sistemas de ecuaciones no lineales

Cuando alguna de las ecuaciones de un sistema no es lineal, se dice que el **sistema de ecuaciones** es **no lineal.** Estos son algunos ejemplos de sistemas no lineales:

$$\begin{cases} x + y = 5 \\ x^2 + y^2 = 12 \end{cases} \qquad \begin{cases} x = 2y + 1 \\ \sqrt{x+1} - \sqrt{x-y} = 2 \end{cases} \qquad \begin{cases} \frac{1}{x} + \frac{1}{y} = 1 - \frac{1}{xy} \\ xy = 6 \end{cases}$$

En este curso solo resolveremos sistemas no lineales con ecuaciones cuadráticas (de segundo grado). A estos sistemas los llamaremos **sistemas cuadráticos.**

Los métodos que has estudiado para resolver sistemas lineales nos permitirán, casi sin esfuerzo adicional, resolver sistemas cuadráticos. Veamos dos ejemplos:

## Ejercicios resueltos

**1.** ***Resolver por el método más conveniente:***

$$\begin{cases} y - x = 1 \\ x^2 + y^2 = 5 \end{cases}$$

Utilizamos el método de sustitución.

Despejamos $y$ en la 1.ª ecuación: $y = x + 1$

Sustituimos en la 2.ª ecuación: $x^2 + (x + 1)^2 = 5$

Desarrollamos el paréntesis: $x^2 + x^2 + 2x + 1 - 5 = 0$

Agrupamos y simplificamos: $2x^2 + 2x - 4 = 0 \rightarrow x^2 + x - 2 = 0$

Resolvemos: $x = \dfrac{-1 \pm \sqrt{1+8}}{2} = \dfrac{-1 \pm 3}{2} \begin{cases} x = 1 \\ x = -2 \end{cases}$

Si $x = 1$, entonces: $y = 1 + 1 = 2$

Si $x = -2$, entonces: $y = -2 + 1 = -1$

*Solución:* $\begin{cases} x_1 = 1, \; y_1 = 2 \\ x_2 = -2, \; y_2 = -1 \end{cases}$

**2.** ***Resolver este sistema:***

$$\begin{cases} x^2 + y^2 = 58 \\ x^2 - y^2 = 40 \end{cases}$$

Utilizamos el método de reducción.

Sumamos las dos ecuaciones: $2x^2 = 98 \rightarrow x^2 = 49 \rightarrow x = 7, \; x = -7$

Si $x = 7$, entonces: $y^2 = 58 - 7^2 = 9 \rightarrow y = 3, \; y = -3$

Si $x = -7$, entonces: $y^2 = 58 - (-7)^2 = 9 \rightarrow y = 3, \; y = -3$

*Solución:* $\begin{cases} x_1 = 7, \; y_1 = 3 \\ x_2 = 7, \; y_2 = -3 \\ x_3 = -7, \; y_3 = 3 \\ x_4 = -7, \; y_4 = -3 \end{cases}$

## Piensa y practica

**1.** Resuelve estos sistemas dando su solución o señalando que no la tienen:

a) $\begin{cases} x + y = 6 \\ x^2 + y^2 = 20 \end{cases}$ b) $\begin{cases} x^2 + y^2 = 41 \\ x^2 - y^2 = 9 \end{cases}$ c) $\begin{cases} x + y = 16 \\ x^2 + y^2 = 64 \end{cases}$ d) $\begin{cases} x - y = 4 \\ x^2 - y^2 = 64 \end{cases}$

# 7 Resolución de problemas mediante sistemas

Al traducir a lenguaje algebraico un problema algo complejo, suele ser más sencillo recurrir a un sistema de ecuaciones que a una única ecuación con una incógnita. Veamos los pasos que conviene dar:

**Ten en cuenta**

Un buen esquema sirve para relacionar los datos y las incógnitas.

① Identificar los elementos que intervienen y nombrar las incógnitas.

② Expresar mediante ecuaciones las relaciones existentes.

③ Resolver el sistema de ecuaciones resultante.

④ Interpretar la solución ajustándola al enunciado.

**En la web**

Refuerza la traducción de enunciados.

## Problemas resueltos

**1.** ***Dos estaciones A y B distan 255 km. Un tren sale de A hacia B a una velocidad constante de 60 km/h. Simultáneamente, sale de B hacia A otro tren a 110 km/h. Calcular el tiempo que tardan en cruzarse y la distancia que ha recorrido cada uno hasta ese instante.***

¡ATENCIÓN! Este problema se puede resolver aritméticamente. Es decir, sin recurrir al álgebra:

Los trenes se aproximan a

$110 + 60 = 170$ km/h

Por tanto, se cruzarán en

$\frac{255}{170} = 1{,}5$ horas

Etcétera.

① Identificamos los elementos y nombramos las incógnitas ayudándonos de un esquema.

| | DISTANCIA | TIEMPO | VELOCIDAD |
|---|---|---|---|
| 1.er TREN | $x$ | $t$ | 60 |
| 2.º TREN | $255 - x$ | $t$ | 110 |

② Expresamos mediante ecuaciones las relaciones existentes.

Como *espacio* = *velocidad* · *tiempo*: $\begin{cases} 1.^{er} \text{ tren: } x = 60t \\ 2.^{o} \text{ tren: } 255 - x = 110t \end{cases}$

③ Resolvemos el sistema de ecuaciones resultante:

$$\begin{cases} x = 60t \\ 255 - x = 110t \end{cases}$$

Sumando: $255 = 170t \rightarrow t = \frac{255}{170} = 1{,}5$

Sustituyendo: $x = 60t = 60 \cdot 1{,}5 = 90$

④ *Solución:* Los trenes se encuentran 1 h 30 min después de salir. El 1.er tren recorre 90 km, y el 2.º tren, 255 – 90 = 165 km.

## Piensa y practica

**1.** Dos poblaciones A y B distan 25 km. Un peatón sale de A hacia B a una velocidad de 4 km/h. Simultáneamente, sale de B hacia A otro peatón a 6 km/h. Calcula el tiempo que tardan en cruzarse y la distancia que ha recorrido cada uno hasta ese instante.

**2.** Dos poblaciones distan 120 km. En el mismo instante salen un peatón de A hacia B a una velocidad de 6 km/h y un ciclista de B hacia A a 24 km/h. ¿Cuánto tardan en encontrarse? ¿Qué distancia recorre el peatón?

**En la web** Resuleve los problemas "Las latas" y "Las mezclas".

**2.** ***Un bodeguero ha mezclado dos garrafas de vino, la primera, de mejor calidad, a 3 €/l y la segunda, de calidad inferior, a 2,20 €/l. De esta forma ha obtenido 16 l de un vino de calidad intermedia que sale a 2,50 €/l. ¿Qué cantidad de vino había en cada garrafa?***

Sean $x$ los litros de vino de mejor calidad e $y$ los de calidad inferior.

- Como hay 16 *l* de mezcla: $x + y = 16$
- Como la mezcla sale a 2,50 €/*l*, entonces: $3x + 2{,}20y = 2{,}50 \cdot 16$

Resolvemos el sistema: $\begin{cases} x + y = 16 \\ 3x + 2{,}20y = 40 \end{cases} \rightarrow \begin{cases} x = 16 - y \\ 3x + 2{,}20y = 40 \end{cases} \rightarrow$

$\rightarrow 3(16 - y) + 2{,}20y = 40 \rightarrow 48 - 3y + 2{,}20y = 40 \rightarrow 0{,}8y = 8 \rightarrow y = 10$

Sustituimos el valor de $y$ en la 1.ª ecuación: $x = 16 - 10 = 6$

Había 6 *l* de vino en la primera garrafa y 10 *l* en la segunda.

**3.** ***Mariluz ha comprado un abrigo que estaba rebajado un 15 %. Jorge ha comprado otro abrigo 25 € más caro, pero ha conseguido una rebaja del 20 %, con lo que solo ha pagado 8 € más que Mariluz. ¿Cuál era el precio original de cada abrigo?***

Llamamos $x$ al precio sin rebajar del abrigo de Mariluz e $y$ al del abrigo de Jorge sin rebajar.

- Como el abrigo de Jorge es 25 € más caro que el de Mariluz: $y = x + 25$
- Como ha pagado 8 € más que Mariluz: $0{,}80y = 0{,}85x + 8$

Resolvemos el sistema: $\begin{cases} y = x + 25 \\ 0{,}80y = 0{,}85x + 8 \end{cases} \rightarrow 0{,}80(x + 25) = 0{,}85x + 8 \rightarrow$

$\rightarrow 0{,}80x + 20 = 0{,}85x + 8 \rightarrow 0{,}05x = 12 \rightarrow x = 240$

Sustituimos el valor de $x$ en la 1.ª ecuación: $y = 240 + 25 = 265$

El abrigo de Mariluz costaba 240 €, y el de Jorge, 265 €.

**4.** ***La diagonal de un rectángulo mide 26 m, y el perímetro, 68 m. Calcular la medida de sus lados.***

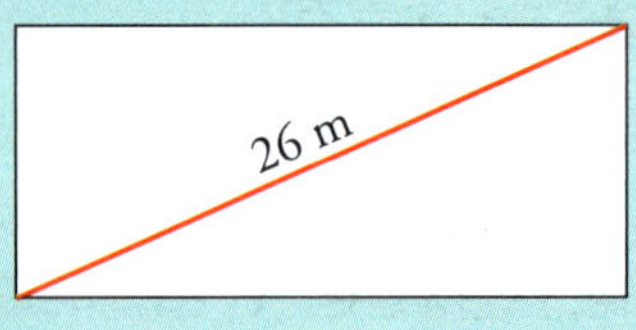


Llamamos $x$ a la base del rectángulo e $y$ a la altura.

- Como la diagonal mide 26 m, por el teorema de Pitágoras, $x^2 + y^2 = 26^2$.
- Como el perímetro mide 68 m, entonces $2x + 2y = 68 \rightarrow x + y = 34$

Resolvemos el sistema: $\begin{cases} x^2 + y^2 = 26^2 \\ x + y = 34 \end{cases} \rightarrow \begin{cases} x^2 + y^2 = 26^2 \\ x = 34 - y \end{cases} \rightarrow$

$\rightarrow (34 - y)^2 + y^2 = 26^2 \rightarrow 2y^2 - 68y + 480 = 0 \rightarrow y = 24,\ y = 10$

Sustituimos estos valores de $y$ en la 2.ª ecuación:

Si $y = 24 \rightarrow x = 34 - 24 = 10$

Si $y = 10 \rightarrow x = 34 - 10 = 24$

Aunque haya dos soluciones, en realidad se trata de la misma. Los lados del rectángulo miden 24 m y 10 m.

## Piensa y practica

**3.** Hemos mezclado aceite de oliva de 3,50 €/*l* con aceite de girasol de 2 €/*l* para obtener 50 *l* de mezcla a 3,08 €/*l*. Calcula la cantidad de aceite de oliva y de aceite de girasol que hemos mezclado.

**4.** He pagado 90,50 € por una camisa y un jersey que costaban, entre los dos, 110 €. En la camisa me han rebajado un 20 %, y en el jersey, un 15 %. ¿Cuál era el precio original de cada artículo?

**5.** El perímetro de un triángulo isósceles es de 36 cm. La altura relativa al lado desigual mide 12 cm. Calcula la medida de los lados iguales.

*Si llamas $x$ a la mitad de la base, se simplifican mucho los cálculos.*

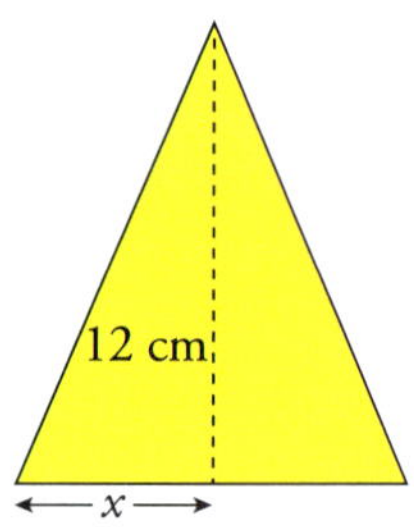

# Ejercicios y problemas resueltos

## 1. ¿Cuánto cuesta alquilar un coche?

***El precio del alquiler de un coche depende del número de días que se alquila y de los kilómetros recorridos. Por 4 días y 580 km, pagué 151 €. Otra vez, por 3 días y 650 km, pagué 145,50 €. ¿Cuánto pagaré por 6 días y 350 km?***

Llamamos $x$ al precio por día de alquiler e $y$ al precio por kilómetro recorrido.

- Por 4 días y 580 km pago 151 € $\rightarrow$ $4x + 580y = 151$
- Por 3 días y 650 km pago 145,50 € $\rightarrow$ $3x + 650y = 145,50$

Resolvemos el sistema por reducción:

$$\left.\begin{array}{l} 4x+580y=151 \\ 3x+650y=145,50 \end{array}\right\} \xrightarrow[\times 4]{\times(-3)} \left.\begin{array}{r} -12x-1\,740y=-453 \\ 12x+2\,600y=582 \end{array}\right\}$$

$$860y = 129 \rightarrow y = 0,15$$

Sustituimos el valor de $y$ en cualquiera de las ecuaciones y obtenemos $x = 16$.

El precio es 16 €/día y 0,15 €/km. Por 6 días y 350 km pagaré 148,50 €.

## 2. ¿Cuántos amigos son?

***Un grupo de amigos quieren comprar un regalo a Tomás y les toca a 12 € cada uno. Se suman tres amigos más, y poniendo cada uno 2 € menos, pueden comprar un regalo que es 14 € más caro. ¿Cuántos amigos son en total? ¿Cuánto ha costado el regalo?***

Al principio son $x$ amigos y el regalo que eligen cuesta $y$ euros.

- Si cada uno pone 12 €, entonces: $12x = y$
- Después son $x + 3$ amigos, ponen 10 € cada uno y compran un regalo de $y + 14$ €. Por tanto: $10(x + 3) = y + 14$

Resolvemos el sistema por igualación:

$$\begin{cases} 12x = y \\ 10(x+3) = y+14 \end{cases} \rightarrow \begin{cases} y=12x \\ y=10x+16 \end{cases} \rightarrow 12x = 10x + 16 \rightarrow x = 8$$

Sustituyendo el valor de $x$ en la 1.ª ecuación: $y = 12 \cdot 8 = 96$

En total son 11 amigos y el regalo ha costado 110 €.

**Hazlo tú.** Queremos comprar un regalo entre un grupo de amigos. Si ponemos 4 € cada uno, sobran 2 €. Y si ponemos 3 €, faltan 6 €. ¿Cuántos amigos somos y cuánto cuesta el regalo?

## 3. Edades

***Hace tres años, la edad de Miguel era el doble de la de su hermana Ana. Dentro de siete años será los 4/3 de los que entonces tenga Ana. ¿Cuál es la edad actual de cada uno?***

| | HOY | HACE 3 AÑOS | DENTRO DE 7 AÑOS |
|---|---|---|---|
| EDAD MIGUEL | $x$ | $x-3$ | $x+7$ |
| EDAD ANA | $y$ | $y-3$ | $y+7$ |

Expresamos las condiciones del problema en lenguaje algebraico y resolvemos el sistema obtenido:

$$\begin{cases} x-3=2(y-3) \\ x+7=\dfrac{4}{3}(y+7) \end{cases} \rightarrow \begin{cases} x=2y-3 \\ 3x-4y=7 \rightarrow 3(2y-3)-4y=7 \rightarrow 2y=16 \rightarrow y=8 \end{cases}$$

Sustituimos el valor de $y$ en la 1.ª ecuación: $x = 2 \cdot 8 - 3 \rightarrow x = 13$

Miguel tiene 13 años, y Ana, 8.

En la web Resuelve problemas de móviles.

# Ejercicios y problemas

## Practica

**1.** Resuelve gráficamente los siguientes sistemas de ecuaciones:

a) $\begin{cases} 3x - y = 1 \\ x + 2y = 5 \end{cases}$ b) $\begin{cases} 3x - y = 0 \\ 3x + y = -6 \end{cases}$

c) $\begin{cases} x + 3y = -5 \\ 2x - y = 4 \end{cases}$ d) $\begin{cases} 2x - 3y = -4 \\ x + 8y = -2 \end{cases}$

**2.** Resuelve por sustitución.

a) $\begin{cases} x + 3y = 0 \\ 2x + y = -5 \end{cases}$ b) $\begin{cases} 8x - 3y = -25 \\ x - 5y = -17 \end{cases}$

c) $\begin{cases} 7x - y = -6 \\ 4x + 3y = 3 \end{cases}$ d) $\begin{cases} 2x + 16 = 2y \\ 2y - 3x = 16 \end{cases}$

**3.** Resuelve por igualación.

a) $\begin{cases} x = 4 \\ x - y = 6 \end{cases}$ b) $\begin{cases} x + 3y = -4 \\ x - 2y = 6 \end{cases}$

c) $\begin{cases} y = 6x \\ 7x = 2y - 5 \end{cases}$ d) $\begin{cases} 3x - 4y = -4 \\ 2x + y = -1 \end{cases}$

**4.** Resuelve por reducción.

a) $\begin{cases} 4x - 3y = 2 \\ 2x + y = -4 \end{cases}$ b) $\begin{cases} x + 2y = 1 \\ 3x - y = 7 \end{cases}$

c) $\begin{cases} x - 3y = 1 \\ 3x + 6y = 2 \end{cases}$ d) $\begin{cases} 3x + 2y = 3 \\ x + y = 7/6 \end{cases}$

**5.** Resuelve los siguientes sistemas de ecuaciones aplicando dos veces el método de reducción para despejar cada una de las incógnitas:

a) $\begin{cases} 13x - 8y = 15 \\ 7x - 14y = 9 \end{cases}$ b) $\begin{cases} 9x - 13y = 54 \\ 11x - 7y = 22 \end{cases}$

**6.** Resuelve los siguientes sistemas. Indica si alguno de ellos es incompatible o indeterminado:

a) $\begin{cases} 2x - 5y = -2 \\ 3,25x - 2,5y = 8 \end{cases}$ b) $\begin{cases} 0,2x - 1,7y = 6,1 \\ 1,23x + 0,8y = 3,75 \end{cases}$

c) $\begin{cases} 3(x-1) + y = 0 \\ 3(x+1) + y = -5 \end{cases}$ d) $\begin{cases} x + y = 4 - y \\ 3x - 5 = 7 - 6y \end{cases}$

**7.** Observa las ecuaciones que forman los siguientes sistemas y di cuál de ellos tiene una única solución, cuál no tiene solución y cuál tiene infinitas soluciones. Compruébalo representando las rectas que los forman:

a) $\begin{cases} 2x - y = 1 \\ 4x - 2y = 8 \end{cases}$ b) $\begin{cases} x - 2y = 5 \\ 2x - 4y = 10 \end{cases}$

c) $\begin{cases} 5x + 2y = -1 \\ 4x - y = 7 \end{cases}$ d) $\begin{cases} x - 2y = 5 \\ 2x - 4y = -3 \end{cases}$

**8.** Resuelve los sistemas siguientes:

a) $\begin{cases} 2x + y = 0 \\ 5x - 3 = 9y - 3 \end{cases}$ b) $\begin{cases} 2(3x-2) = y - 1 \\ 3(x+y) + 2(x-y) = 8 \end{cases}$

c) $\begin{cases} \dfrac{x}{3} - \dfrac{y}{2} = 4 \\ \dfrac{x}{2} + \dfrac{y}{4} = 2 \end{cases}$ d) $\begin{cases} x + \dfrac{y-2}{4} = 1 \\ x - \dfrac{3}{2}y = 5 \end{cases}$

e) $\begin{cases} \dfrac{2-x}{3} + \dfrac{3+y}{6} = 2 \\ \dfrac{8-3x}{6} - \dfrac{2+y}{9} = 2 \end{cases}$ f) $\begin{cases} \dfrac{x-1}{2} + \dfrac{y+1}{4} = 1 \\ \dfrac{2x-1}{2} - \dfrac{2y+1}{6} = 1 \end{cases}$

**9.** Resuelve los siguientes sistemas:

a) $\begin{cases} \dfrac{x}{7} = \dfrac{y}{5} \\ 3x - y = 24 \end{cases}$ b) $\begin{cases} \dfrac{2x}{3} = \dfrac{3y}{4} \\ x + 2y = 50 \end{cases}$

c) $\begin{cases} \dfrac{7}{3}x + \dfrac{3}{4}y = 41 \\ -\dfrac{3}{5}x + \dfrac{5}{2}y = 11 \end{cases}$ d) $\begin{cases} \dfrac{1}{5}x - 0,3y = \dfrac{6}{5} \\ 0,4x + \dfrac{7}{5}y = -1,6 \end{cases}$

e) $\begin{cases} \dfrac{x+15}{8} + \dfrac{3(y+1)}{16} = 3 \\ \dfrac{7-x}{2} - \dfrac{1+y}{12} = 3 \end{cases}$ f) $\begin{cases} \dfrac{3x+11}{4} - \dfrac{y+1}{3} = \dfrac{23}{6} \\ \dfrac{2x-1}{2} - \dfrac{y+3}{4} = \dfrac{1}{4} \end{cases}$

**10.** Resuelve por sustitución.

a) $\begin{cases} x - y = 2 \\ x^2 - y^2 = 16 \end{cases}$ b) $\begin{cases} x + y = 1 \\ 2x^2 - y^2 = 2 \end{cases}$

c) $\begin{cases} x - y = 5 \\ (x-3)^2 + 2y^2 = 11 \end{cases}$ d) $\begin{cases} x + y = 9 \\ x^2 + y^2 = 41 \end{cases}$

## Aplica lo aprendido

**11.** Aplica el método de sustitución para resolver estos sistemas:

a) $\begin{cases} x + y = 8 \\ xy + x^2 = 24 \end{cases}$ b) $\begin{cases} 2x + y = 1 \\ xy = -3 \end{cases}$

c) $\begin{cases} 2x - 3y = 1 \\ 2xy = 24 \end{cases}$ d) $\begin{cases} 3x - 2y = 0 \\ xy = 24 \end{cases}$

**12.** Aplica el método de reducción para resolver los siguientes sistemas de ecuaciones:

a) $\begin{cases} 2x^2 - y^2 = 2 \\ x^2 + y^2 = 25 \end{cases}$ b) $\begin{cases} x^2 + 3y^2 = 13 \\ 2x^2 - y^2 = -2 \end{cases}$

c) $\begin{cases} 3x^2 - 2y^2 = -2 \\ 2x^2 + 3y^2 = 3 \end{cases}$ d) $\begin{cases} x^2 + y^2 = 17 \\ x^2 - y^2 = -25 \end{cases}$

**13.** Una cooperativa ha envasado 2 000 *l* de aceite en botellas de 1,5 *l* y de 2 *l*. Sabemos que han utilizado 1 100 botellas en total. ¿Cuántas se han necesitado de cada clase?

**14.** Una botella llena de leche pesa 1 220 g. Cuando está por la mitad, pesa 854 g. ¿Cuánto pesa la botella vacía?

**15.** Halla dos números naturales tales que su suma sea 154, y su cociente, 8/3.

**16.** Un examen tipo test consta de 50 preguntas y hay que contestar a todas. Por cada acierto se obtiene un punto y por cada fallo se restan 0,5 puntos. Si mi nota ha sido 24,5, ¿cuántos aciertos y cuántos fallos he tenido?

**17.** Si la base mayor es la suma de los lados oblicuos y el perímetro es 38 m, ¿cuánto mide cada lado de este trapecio isósceles?

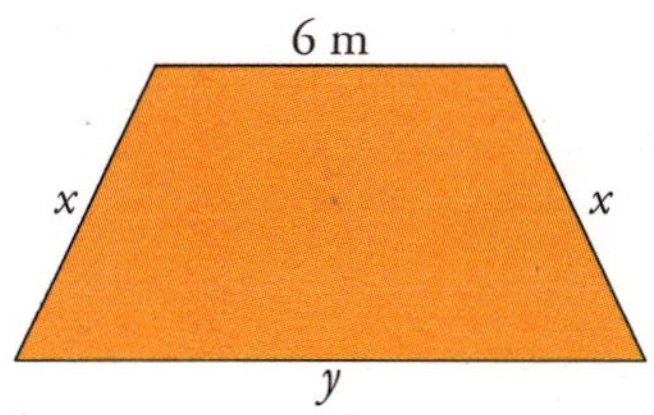


**18.** Los estudiantes de un centro escolar son 420 entre ESO y Bachillerato. El 42 % de los alumnos de ESO y el 52 % de Bachillerato son chicas, lo que supone un total de 196 mujeres. Calcula cuántos estudiantes hay en ESO y cuántos en Bachillerato.

**19.** He pagado 55,72 € por una camiseta y un pantalón que costaban 70 € entre los dos. La camiseta tenía un 18 % de descuento, y el pantalón, un 22 %. ¿Cuál era el precio original de cada artículo?

**20.** Halla una fracción tal que si se le suma una unidad al numerador y se deja el mismo denominador la fracción es igual a 1/2. Y si se mantiene el numerador inicial y se suman 3 unidades al denominador, la fracción es igual a 1/3.

**21.** Sabemos que dos números suman 34. Si al mayor lo dividimos entre 3 y al menor entre 4, los resultados obtenidos se diferencian en 2 unidades. Halla dichos números.

## Resuelve problemas

**22.** Halla dos números naturales que sumen 140 y tales que al dividir el mayor entre el menor obtengamos 2 de cociente y 14 de resto.

**23.** La suma de las edades de una madre y de su hijo son 56 años. Hace 10 años, la edad de la madre era el quíntuple de la edad que tenía el hijo. ¿Cuál es la edad actual de cada uno?

**24.** La edad de Carmen es el triple de la de su hija Maite. Pero dentro de 15 años será el doble de la que entonces tenga su hija. ¿Cuál es la edad de cada una?

**25.** Entre dos autobuses viajan 120 personas. Si del que lleva más pasajeros se trasladan los 2/5 al otro, los dos llevarán el mismo número de personas. ¿Cuántos viajeros llevaba cada autobús?

**26.** Una empresa recibe el encargo de fabricar cierto número de macetas para una fecha determinada. Al planificar la producción, el gerente advierte que si se fabricasen 250 macetas diarias, faltarían 150 macetas al concluir el plazo. Pero que si se fabricasen 260 macetas diarias, sobrarían 80. ¿Cuántos días de plazo tenían y cuántas macetas les encargaron?

# Ejercicios y problemas

**27.** Por un pantalón y unos zapatos, he pagado 126 €. Si el precio del pantalón aumentara en un 14 %, entonces sería el 75 % del precio de los zapatos. ¿Cuánto pagué por cada uno?

**28.** Si te doy 4 de los libros que tengo, entonces tú tendrás el doble que yo. Si tú me das 6 de los tuyos, entonces seré yo el que tenga el doble que tú. ¿Cuántos libros tenemos cada uno?

**29.** Un comerciante compró 35 juegos de un tipo y 25 de otro pagando por ellos 1 220 €. Con la venta de los primeros ganó un 25 % y con la venta de los segundos perdió un 5 %, de forma que obtuvo 170 € de ganancia sobre el precio de compra. Calcula el precio de compra de cada tipo de juego.

**30.** Un autobús sale de A a 90 km/h. Cuando ha recorrido 25 km, sale de A un coche a 110 km/h que quiere alcanzar al autobús. ¿Cuánto tiempo tarda en hacerlo y qué distancia recorre hasta conseguirlo?

**31.** Un tren regional sale de una estación a una velocidad de 85 km/h. Media hora más tarde sale otro más rápido en la misma dirección a 110 km/h. Calcula el tiempo que tardará en alcanzarlo y la distancia recorrida hasta lograrlo.

**32.** Dos ciudades, A y B, distan 234 km. De A sale un autobús en dirección a B y simultáneamente sale de B un tren en dirección a A. Tardan en cruzarse 1 hora y 30 minutos. ¿Cuál es la velocidad de cada uno sabiendo que la del autobús supera a la del tren en 5 km/h?

**33.** Un autobús escolar hace la ruta entre dos pueblos, A y B. Cuando va con niños lleva una velocidad media de 60 km/h y tarda un cuarto de hora más que si va vacío. Si sabemos que cuando va sin niños lleva una velocidad de 100 km/h, ¿cuál es la distancia entre A y B?

**34.** Si en un depósito que contiene agua a 50 °C añadimos agua a 15 °C, obtenemos 150 $l$ a 36 °C. ¿Cuántos litros había en el depósito y cuántos hemos añadido?

**35.** Se ha fundido una cadena de oro del 80 % de pureza con un anillo del 64 % de pureza. Así se han obtenido 12 gramos de oro de una pureza del 76 %. ¿Cuántos gramos pesaba la cadena y cuántos el anillo?

**36.** Si a un número de dos cifras le restamos el que resulta de invertir el orden de estas, obtenemos el doble de la cifra de las decenas del número inicial.

Hállalo sabiendo que sus cifras suman 16.

**37.** La diferencia de dos números es 2, y la de sus cuadrados, 20. Halla esos números.

**38.** La diagonal de un rectángulo mide 15 cm, y su perímetro, 42 cm. Calcula sus lados.

**39.** En un triángulo rectángulo, la diferencia entre la medida de sus catetos es de 6 cm. Si la hipotenusa mide 30 cm, ¿cuánto miden los catetos?

**40.** Las medidas de las diagonales de un rombo suman 22 cm y su área son 56 cm². ¿Cuanto mide cada diagonal?

**41.** Un rectángulo tiene 44 m de perímetro. Si la base aumenta 3 m y la altura se reduce 2 m, su área no varía. ¿Cuáles son las dimensiones del rectángulo?

**42.** Si la base de un rectángulo disminuye 80 cm y su altura aumenta 20 cm, se convierte en un cuadrado. Y si la base disminuye 60 cm y la altura aumenta 20 cm, su área disminuye 400 cm². Halla las dimensiones del rectángulo.

## Problemas "+"

**43.** Los cuatro primeros términos de una progresión aritmética son $a$, 9, $3a - b$ y $3a + b$. ¿Cuál es el término que ocupa el lugar 187 en esta progresión?

**44.** Seis personas $a, b, c, d, e$ y $f$, están sentadas en una mesa redonda. Cada una de ellas escribe un número y se lo enseña a las dos que tiene a su lado. Después, cada uno dice en voz alta la media de los dos números que le han enseñado. Si los resultados fueron 5, 6, 7, 8, 9 y 10, ¿cuáles fueron los números que escribieron?

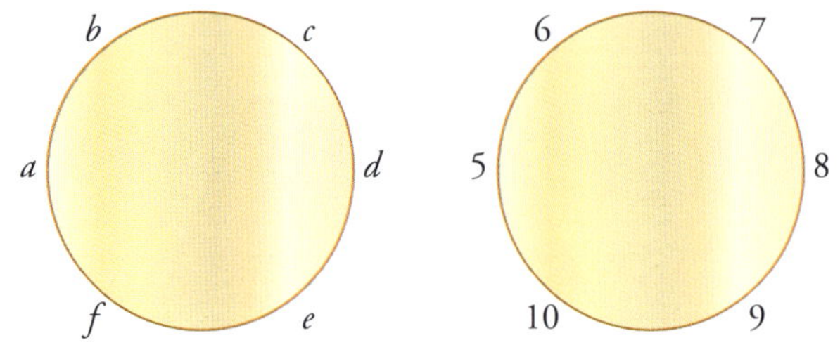

**45.** En el triángulo $ABC$ de lados $\overline{AB} = 15$ cm, $\overline{CA} = 14$ cm y $\overline{BC} = 13$ cm, ¿cuánto mide la altura que parte de $B$?

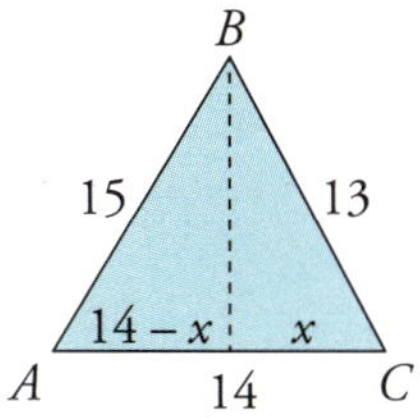


**46.** Un tren sale de una ciudad con 134 pasajeros, entre hombres, mujeres y niños. Hace varias paradas y en cada una bajan dos hombres y una mujer, y suben cuatro niños. Llega a su destino con 143 pasajeros, de los cuales los hombres representan los 2/3 de los niños, y las mujeres, los 3/4 de los hombres.

¿Cuántas paradas hizo el tren? ¿Cuántos hombres, mujeres y niños hay al llegar? ¿Y al partir?

## Reflexiona sobre la teoría

**47.** Escribe un sistema de dos ecuaciones con dos incógnitas cuya única solución sea $x = 2$, $y = -1$.

**48.** ¿Cuál debe ser el valor de $m$ para que los sistemas a) y b) sean equivalentes?

a) $\begin{cases} 2x - 3y = 1 \\ x + y = 8 \end{cases}$ b) $\begin{cases} x - y = m \\ y = 3 \end{cases}$

**49.** Comprueba si $x = 3$, $y = 1$ es solución de alguno de estos sitemas de ecuaciones:

a) $\begin{cases} x + y = 4 \\ x - 2y = 1 \\ 2x - 6y = 0 \end{cases}$ b) $\begin{cases} x - y = 2 \\ 2x - 3y = 3 \\ x + y = 5 \end{cases}$

**50.** Completa los siguientes sistemas de modo que el primero tenga la solución $x = 3$, $y = -2$; el segundo sea incompatible, y el tercero y el cuarto sean indeterminados:

a) $\begin{cases} 3x + 2y = \dots \\ \dots - y = 8 \end{cases}$ b) $\begin{cases} x + y = 5 \\ 2x + 2y = \dots \end{cases}$

c) $\begin{cases} 3x - 2y = 4 \\ 6x - 4y = \dots \end{cases}$ d) $\begin{cases} -x + 2y = 7 \\ \dots - 4y = \dots \end{cases}$

**51.** ¿Verdadero o falso? Justifica tus respuestas.

a) La ecuación $\frac{x}{3} - \frac{1}{x} = 1$ es una ecuación lineal.

b) El sistema $\begin{cases} 3x - y = 5 \\ -6x + 2y = -10 \end{cases}$ es indeterminado.

c) Los sistemas $S_1$: $\begin{cases} x + y = 3 \\ x - 2y = 6 \end{cases}$ y $S_2$: $\begin{cases} x + y = 3 \\ 2x - y = 9 \end{cases}$ son equivalentes.

d) La ecuación $5x + 3y = 18$ no tiene solución.

**52.** Observa la representación de las rectas $r_1$, $r_2$, $r_3$ y $r_4$ y responde sin resolver.

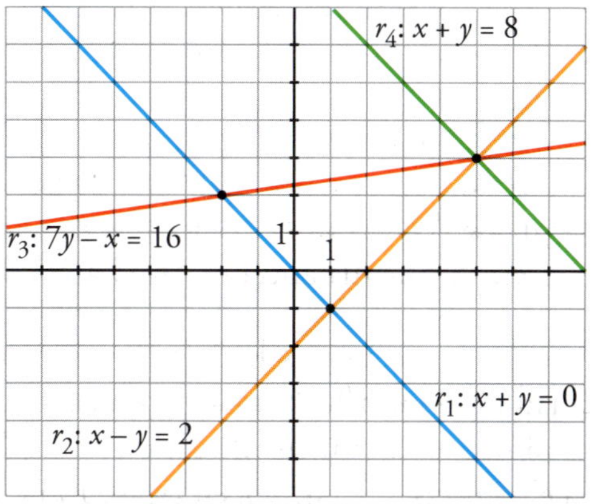


a) ¿Cuál es la solución de los siguientes sistemas de ecuaciones? ¿Alguno es incompatible o indeterminado?

*i)* $\begin{cases} x + y = 0 \\ x - y = 2 \end{cases}$ *ii)* $\begin{cases} x - y = 2 \\ 7y - x = 16 \end{cases}$ *iii)* $\begin{cases} x + y = 0 \\ x + y = 8 \end{cases}$

b) ¿Alguno de estos sistemas tiene solución?

*I)* $\begin{cases} x + y = 0 \\ x - y = 2 \\ 7y - x = 16 \end{cases}$ *II)* $\begin{cases} x + y = 8 \\ x - y = 2 \\ 7y - x = 16 \end{cases}$

**53.** ¿Qué valores deben tomar $a$ y $b$ para que el siguiente sistema tenga infinitas soluciones?

$$\begin{cases} 3x + 2y = 5 \\ ax + by = 15 \end{cases}$$

Escribe tres soluciones del sistema.

**54.** ¿Qué condición deben cumplir $c$ y $d$ para que este sistema no tenga solución?

$$\begin{cases} 3x + 2y = c \\ 6x + 4y = d \end{cases}$$

# Utiliza el lenguaje algebraico

## Peaje solo para algunos

Hace muchos, muchos años, allá en el tiempo de las espadas, había un poderoso señor cuyo castillo dominaba el único puente sobre el río del lugar.

Un buen día colocó en la entrada del puente el cartel de la derecha.

Un campesino, algo ambicioso, reunió sus ahorros y se empeñó en pasar varias veces por el puente. Pero a la tercera se encontró con la bolsa vacía.

Sin embargo, un rico comerciante intentó hacer lo mismo pero el capitán, al ver su bolsa, le dijo que el trato era solo para campesinos. Que los ricos comerciantes debían pagar tres doblones y marchar, sin más.

Sabiendo que el campesino reunió más de 10 pero menos de 20 doblones, responde:

— ¿Cuántas monedas tomaba cada vez el señor del castillo?

— ¿Cuántas monedas llevaba, al menos, el rico comerciante?

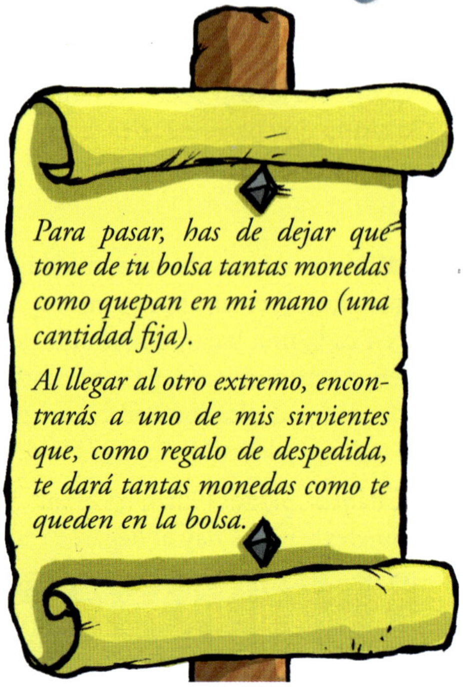


*Quizá te resulte más fácil si utilizas el lenguaje algebraico.*

| | ENTRA CON... | PEAJE | TRAS EL PEAJE | SALE CON... |
|---|---|---|---|---|
| PRIMERA VEZ | $x$ | $a$ | $x - a$ | $2x - 2a$ |
| SEGUNDA VEZ | $2x - 2a$ | $a$ | $2x - 3a$ | ? |
| TERCERA VEZ | ? | ? | ? | 0 |

# Investiga

## Cuadrado mágico

Ya sabes que en un cuadrado mágico, filas, columnas y diagonales suman lo mismo. Trata ahora de completar las casillas vacías para que el cuadrado de la derecha resulte mágico.

| | | |
|---|---|---|
| 3 | | |
| | | 1 |
| | 5 | |

*Ayuda:*

| | | |
|---|---|---|
| 3 | | |
| | $a$ | 1 |
| | 5 | $b$ |

→

| | | |
|---|---|---|
| 3 | $b - 2$ | $a + 2$ |
| $b + 2$ | $a$ | 1 |
| $a - 2$ | 5 | $b$ |

→ $3 + a + b = (a - 2) + a + (a + 2)$

*Si profundizas en el problema, descubrirás la relación que debe existir entre a y b. Y eso te permitirá encontrarle muchas soluciones.*

## Entrénate resolviendo problemas

- En un salón de té solo se sirve té y tarta. Cada té vale 1,10 € y cada ración de tarta 2,10 €. Varios amigos realizan, todos ellos, la misma consumición. La cuenta asciende a un total de 30,10 €. ¿Cuántos eran? ¿Qué tomó cada uno?
- Un hacendado contrata a un sirviente por un sueldo anual de una capa y 25 monedas de oro. A los cinco meses se despide, y recibe como pago la capa y cuatro monedas de oro. ¿En cuántas monedas está valorada la capa?
- Estas nueve bolas de billar tienen exactamente el mismo tamaño y todas pesan lo mismo salvo una que pesa un poco más.

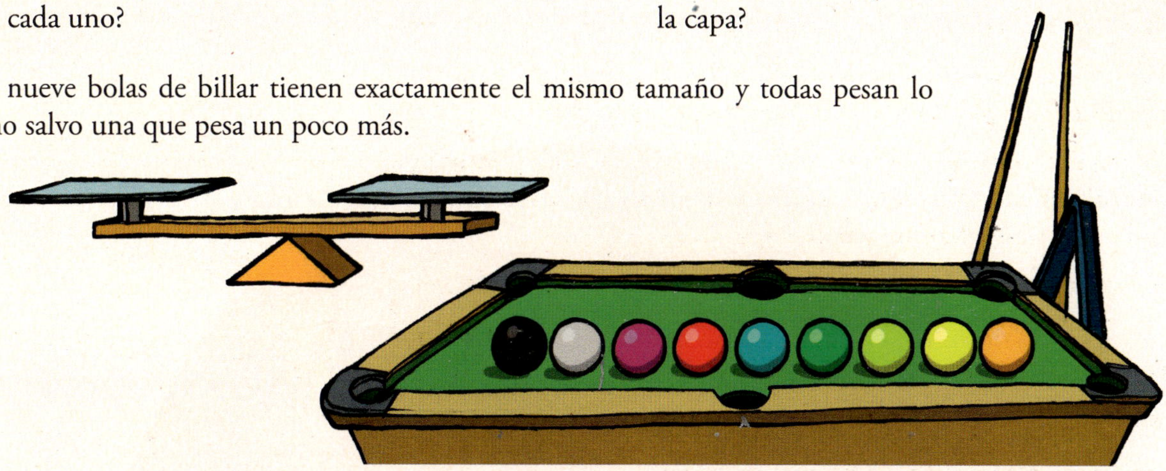

¿Cuántas pesadas necesitarías hacer para descubrir, con absoluta seguridad, cuál es la bola que pesa más?

## Autoevaluación

En la web Resoluciones de estos ejercicios.

**1.** Di cuál de los siguientes sistemas tiene una solución, cuál es incompatible y cuál es indeterminado:

a) $\begin{cases} 6x - 3y = 9 \\ 2x - y = 3 \end{cases}$ b) $\begin{cases} x - y = 2 \\ 2x + y = 7 \end{cases}$

c) $\begin{cases} x + 3 = 0 \\ 2y + 6 = 0 \end{cases}$ d) $\begin{cases} 2x + y = 5 \\ 4x + 2y = 9 \end{cases}$

**2.** Resuelve los siguientes sistemas:

a) $\begin{cases} 3x - 2y = 10 \\ x - 3y = 15 \end{cases}$ b) $\begin{cases} \dfrac{x+1}{3} + y = 1 \\ \dfrac{x-3}{4} + 2y = 1 \end{cases}$

c) $\begin{cases} 1,5x + 0,25y = -2 \\ 2x - 0,5y = -6 \end{cases}$ d) $\begin{cases} x^2 - y^2 = 0 \\ 3x - y = 4 \end{cases}$

**3.** Aplica el método de reducción para resolver el sistema siguiente:

$$\begin{cases} 7x + 2y = 12 \\ 11x - 3y = -61 \end{cases}$$

**4.** La diferencia entre las longitudes de las bases de un trapecio isósceles es de 4 cm; su altura mide 9 cm y su área es de 72 $cm^2$. Calcula la medida de las bases.

**5.** Un agricultor comprueba que en el segundo de sus dos depósitos de agua para riego hay 10 litros más que en el primero. Traspasa 18 litros del segundo al primero y así este se queda con el doble que el segundo. Calcula la cantidad de agua que tenía cada depósito.

**6.** Ana sale a caminar y lo hace a 4 km/h. Un cuarto de hora más tarde sale su hijo a correr por el mismo sendero y lo hace a 7 km/h. ¿Cuánto tardará en alcanzarla?

**7.** He pagado 83 € por una cazadora y unos deportivos. En la cazadora me han rebajado el 20 % y en los deportivos el 10 %, y así me he ahorrado 17 €. ¿Cuáles eran los precios sin rebajar?

**8.** Las medidas de las diagonales de un rombo suman 68 cm y su lado mide 26 cm. Halla las medidas de las diagonales de este rombo.

# FUNCIONES

Funciones y gráficas

Funciones lineales y cuadráticas

# 8 Funciones y gráficas

## Observación de los fenómenos físicos

Sin duda, el origen de las funciones se debe a la necesidad de dar explicación a los fenómenos físicos. En la Antigüedad, la explicación de estos era fruto de la observación y la especulación. Esta actitud se mantuvo durante muchos siglos.

## Llega la medición y la cuantificación

No fue hasta finales del siglo XVI cuando el italiano **Galileo** dio un paso más: consideró imprescindible medir, valorar cuantitativamente causas y efectos, y buscar alguna relación matemática que describiera con sencillez un fenómeno.

*Galileo enseñando el uso del telescopio al Dux de Venecia en 1609.*

Aunque Galileo no fue el primero en manifestar esta actitud experimental hacia la ciencia (entre otros, **Arquímedes** ya lo hizo dieciocho siglos antes), sí la desarrolló de manera más sistemática y, además, lo supo exponer y transmitir con gran elocuencia.

*Galileo Galilei (1564-1642).*

## Aparición de las funciones

Las investigaciones de Galileo sobre las relaciones matemáticas entre dos variables ($x$ e $y$, causas y efectos) son un antecedente muy claro del concepto de función que, como objeto de estudio independiente, va tomando forma a lo largo del siglo XVII (**Descartes, Newton** y **Leibniz**) y finalmente queda definido por **Euler** ya en el XVIII.

*Sello suizo en honor de Leonhard Euler (1707-1783).*

*Isaac Newton (1643-1727).*

## Un experimento de Galileo

Galileo, con 17 años, mientras asistía a misa en la catedral de Pisa, se distrajo observando las oscilaciones de una inmensa lámpara que colgaba del techo. Intentó cuantificar el tiempo de cada oscilación tomando sus pulsaciones como unidad de medida. Más tarde, en su casa, completó la experimentación con péndulos de distintas longitudes.

## Resuelve

**1.** Busca información: ¿Qué matemático introdujo la notación $f(x)$ para las funciones?

**2.** Supón que realizamos un experimento similar al del joven Galileo, con el péndulo, y obtenemos los siguientes resultados (siendo "$l$" la longitud del péndulo y "$n$" el número de oscilaciones por minuto):

| | | | | | | | | |
|---|---|---|---|---|---|---|---|---|
| $l$ | 2 | 1,50 | 1,20 | 1 | 0,80 | 0,60 | 0,40 | 0,20 |
| $n$ | 21 | 24,5 | 27,5 | 30 | 33,5 | 38,5 | 47,5 | 67 |

Representa estos datos en tu cuaderno elaborando un sistema de referencia como el que te presentamos a continuación. Observa que los valores de la tabla responden bastante bien a la relación: $n = \dfrac{30}{\sqrt{l}}$

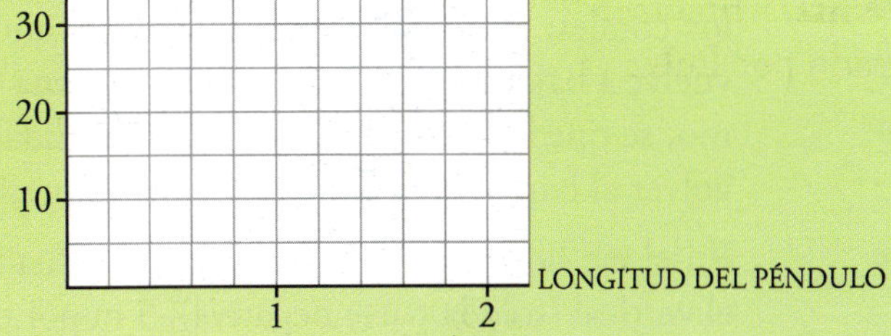

# 1 Las funciones y sus gráficas

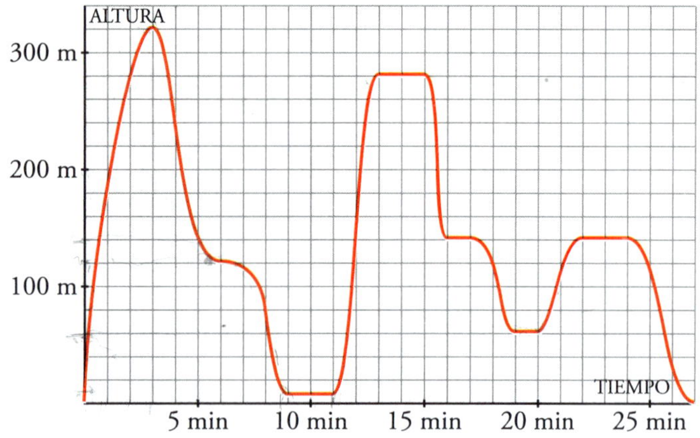


En la extinción de un incendio, un helicóptero realiza los siguientes movimientos: sale de la base; sube a localizar un embalse; viaja hasta el embalse más cercano; baja a repostar, y vuelve a subir para dirigirse al incendio. Una vez allí, desciende un poco para estudiar por dónde va a atacar el fuego y luego baja a apagarlo. Después, como ya concluye la misión, vuelve a la base.

La gráfica que describe el vuelo del helicóptero relaciona dos variables: el tiempo, $t$, que ha transcurrido desde que salió de la base, y la altura, $a$, a la que se encuentra el aparato.

$$\text{tiempo } (t) \rightarrow \text{altura } (a)$$

### ■ DOS VARIABLES, DOS EJES

La representación se ha hecho en un diagrama cartesiano:

- En el **eje horizontal,** el tiempo, $t$.
- En el **eje vertical,** la altura, $a$.

Cada punto de la gráfica representa un *tiempo* y una *altura,* y significa que en ese instante el helicóptero está a esa altura. Analizando la gráfica, apreciamos las subidas y bajadas del aparato en su vuelo, y podríamos describirlas con cierto detalle.

En cada eje de la gráfica hay una **escala:**

- En el eje horizontal, un cuadradito significa 1 minuto.
- En el eje vertical, un cuadradito significa 20 metros.

Las escalas de los ejes nos permiten no solo describir cualitativamente el vuelo, sino también cuantificarlo. Por ejemplo: la altura máxima alcanzada por el helicóptero durante la misión es de 320 m, y la alcanza a los 3 minutos.

Esta gráfica se extiende en el tramo 0-27. Solo tenemos información del vuelo del helicóptero en este intervalo de tiempo.

El intervalo 0-27 se llama **dominio de definición** de la función.

La altura a la que se encuentra el helicóptero oscila entre 0 m y 320 m. Al tramo 0-320 se le llama **recorrido** de la función.

**No lo olvides**

En la **descripción cualitativa** se atiende a **cómo** varía una variable respecto a la otra.

En la **descripción cuantitativa** se puede precisar **cuánto** varía.

## Piensa y practica

**1.** Observa la gráfica del helicóptero y responde:

a) ¿Qué altura lleva cuando va del embalse al incendio?

b) ¿A qué altura estaba a los 20 min? ¿A qué altura baja para coger agua? ¿Y para apagar el fuego?

c) ¿Cuánto tiempo necesita para llenar de agua el depósito? ¿Y para soltarla sobre el fuego?

d) ¿A qué velocidad media (en m/min) sube desde que sale de la base hasta que llega a 320 m de altura?

**2.** Representa en unos ejes cartesianos los 30 minutos que ha estado en inmersión un buceador: sale del barco; baja hasta 36 m; se queda un rato recreándose con los corales; sube un poco y juega con unos delfines; vuelve a bajar porque ha visto una morena y, por último, se queda 2 min a 10 m de profundidad, antes de volver al barco, para realizar la descompresión.

En el eje horizontal, da 2 min a cada cuadradito. En el vertical (solo la parte negativa), 5 m por cuadradito.

## Definiciones

Una **función** es una relación entre dos variables a las que, en general, llamaremos $x$ e $y$.

- $x$ es la **variable independiente** (en el ejemplo del helicóptero, el tiempo).
- $y$ es la **variable dependiente** (en el ejemplo del helicóptero, la altura).
- La función asocia a cada valor de $x$ un único valor de $y$. Se dice que $y$ **es función** de $x$.

### Función de...

La expresión "es función de..." significa "depende de...".

La distancia recorrida **es función** del tiempo (depende del tiempo).

La temperatura del aire **es función** de la altura (depende de la altura).

El área de un cuadrado **es función** de su lado (depende del lado).

Las funciones sirven para describir fenómenos físicos, económicos, biológicos, sociológicos o, simplemente, para expresar relaciones matemáticas:

— La *distancia recorrida* por un móvil al pasar el *tiempo*.

— La *temperatura* del aire al variar la *altura*.

— El *área* de un cuadrado al variar la *longitud de su lado*.

## Representación gráfica

Visualizamos el comportamiento de una función con su representación gráfica:

- Sobre unos **ejes cartesianos** representamos las dos variables:
  — La $x$ sobre el eje horizontal (eje de **abscisas**).
  — La $y$ sobre el eje vertical (eje de **ordenadas**).
- Cada punto de la gráfica tiene dos **coordenadas,** su abscisa $x$ y su ordenada $y$.
- El tramo de valores de $x$ para los cuales hay valores de $y$ se llama **dominio de definición** de la función. Y el conjunto de los valores $y$ que toma la función se llama **recorrido.**
- Los ejes deben estar graduados en sendas escalas, de modo que se puedan cuantificar los valores de las dos variables.

**En la web**

Refuerza: funciones e interpretación de sus gráficas.

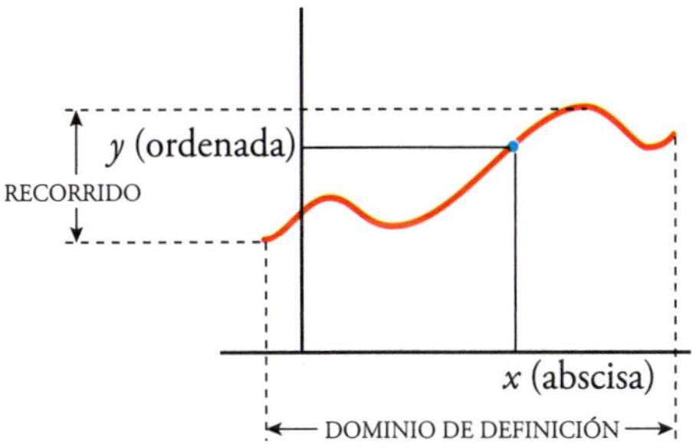


## Piensa y practica

**3.** Cuatro hermanos de una familia van al mismo centro de estudios. Observa la gráfica distancia ($d$) - tiempo ($t$) de cada uno:

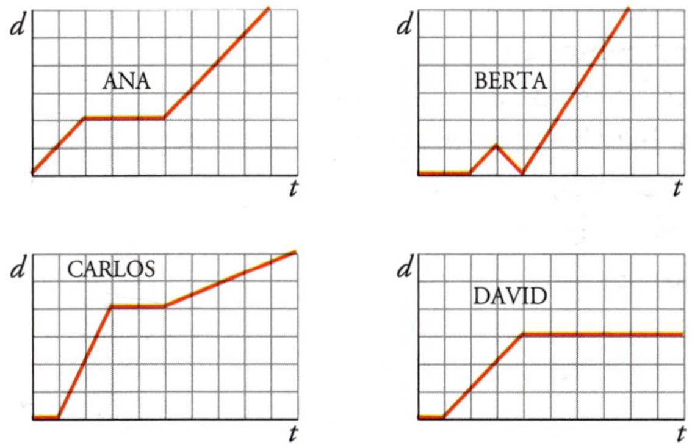


A la vista de las gráficas, contesta a las siguientes preguntas:

a) ¿Quién ha salido antes?

b) ¿Quién ha llegado más tarde?

c) Dos de ellos han ido a buscar a sus amigos para ir juntos a clase. ¿Quiénes son?

d) ¿A cuál de ellos se le ha olvidado algo en casa?

e) ¿Cuál no ha ido hoy a clase?

f) ¿Quién ha andado más lento en algún momento?

g) ¿Quién ha ido más rápido?

h) ¿Quién ha estado más tiempo parado?

**En la web** Interpreta gráficos: "Viaje I", "Dos ciclistas", "Ida y vuelta", "Otros ciclistas".

# 2 Crecimiento y decrecimiento de una función

- Al sumergirnos en agua, la presión aumenta de manera uniforme. En la superficie, la presión es la atmosférica (1 atm). Por cada 10 m que profundizamos, la presión aumenta una atmósfera (1 atm).

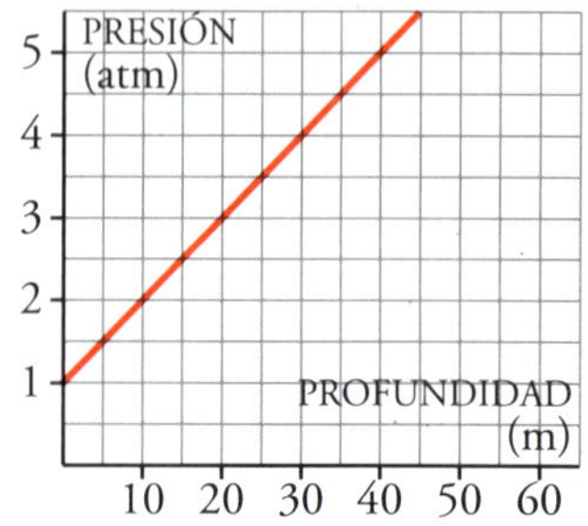


Esta gráfica corresponde a la función:

*profundidad dentro del agua* → *presión*

Esta función es *creciente*, pues a más profundidad, más presión.

- La presión atmosférica disminuye al aumentar la altura a la que nos encontremos sobre el nivel del mar, aunque no lo hace uniformemente: al principio disminuye más rápidamente que después.

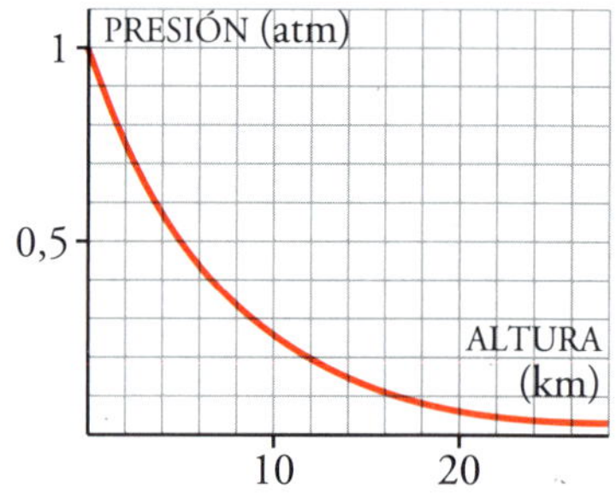


Esta gráfica corresponde a la función:

*altura sobre el nivel del mar* → *presión*

Es una función *decreciente*, pues a más altura, menos presión.

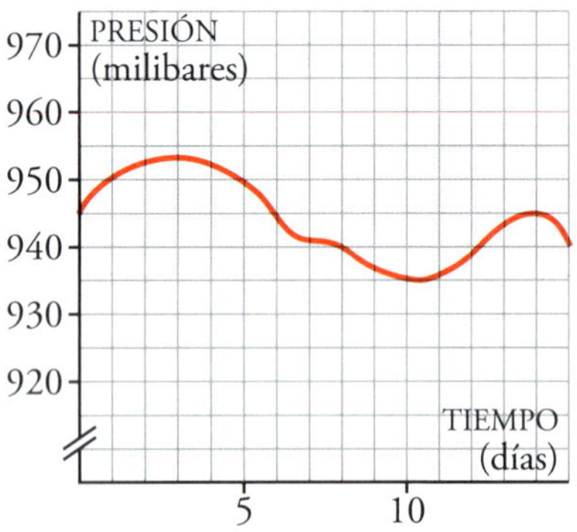


- La variación de la presión atmosférica en un lugar es un indicio importante de cambios en el tiempo meteorológico. La gráfica de la izquierda nos da la presión atmosférica en un cierto lugar, en cada momento, durante 15 días. Corresponde a la función:

*instante de tiempo* → *presión*

Presenta tramos en los que es *creciente* y tramos en los que es *decreciente*.

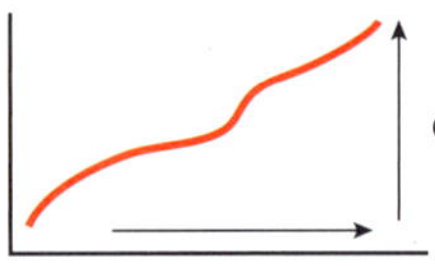


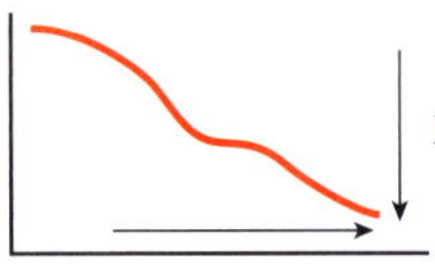


Para estudiar las variaciones de una función hemos de mirar su gráfica de izquierda a derecha, es decir, hemos de ver cómo varía $y$ cuando $x$ aumenta.

Una función es **creciente** cuando al aumentar la variable independiente, $x$, aumenta la variable dependiente, $y$.

Una función es **decreciente** cuando al aumentar $x$ disminuye $y$.

Una misma función puede tener **tramos crecientes** y tramos **decrecientes.**

## Piensa y practica

**1.** La gráfica de la derecha da la temperatura en Jaca a lo largo de un día.

a) Indica los intervalos de tiempo en los que crece la temperatura y aquellos en los que decrece.

b) ¿Por qué crees que se producen esos aumentos y disminuciones de temperatura en esos tramos?

c) ¿Crees que en la ciudad es verano o invierno? Justifícalo.

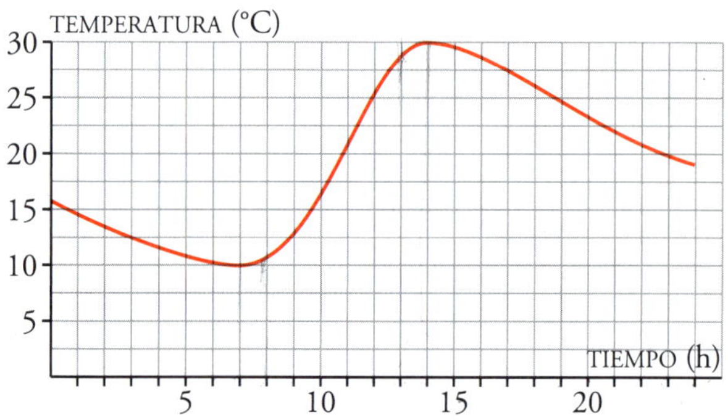


En la web Refuerza: crecimiento y decrecimiento de una función.

## Máximos y mínimos relativos

Vamos a analizar ahora la gráfica que refleja el perfil de una etapa de la Vuelta a España. Corresponde a la función *distancia* → *altura.*

La altura a la que ruedan los ciclistas es función del kilómetro por el que van.

La gráfica presenta un tramo creciente desde la salida hasta el Alto de la Almudaina. A partir de ahí hay un tramo decreciente hasta el Valle de la Luna. Donde vuelve a crecer hasta el Alto del Chorrillo. Desde este alto, en el siguiente tramo, que llega hasta la meta, la gráfica es decreciente.

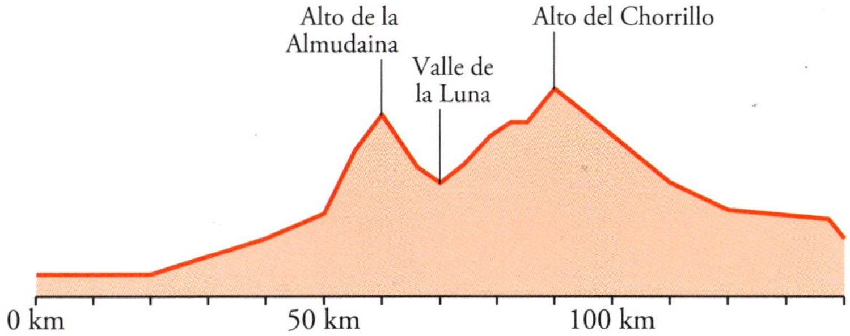


En el perfil de la etapa se aprecian claramente dos *máximos relativos* (kilómetros 60 y 90) y un *mínimo relativo* (kilómetro 70). La altura crece hasta llegar al máximo relativo y decrece a partir de este. La altura decrece hasta llegar al mínimo relativo y crece a partir de este.

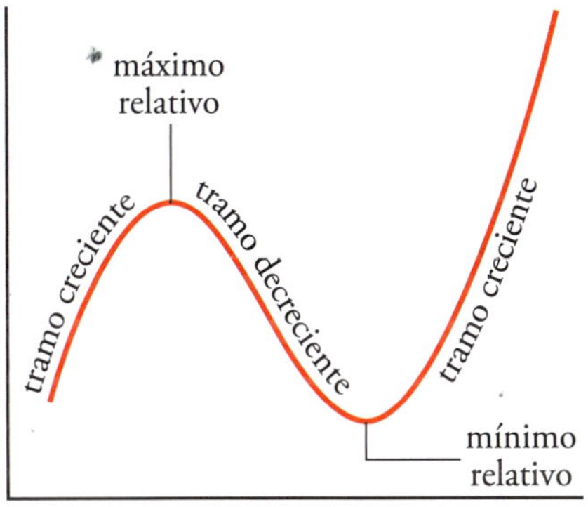


Una función tiene un **máximo relativo** en un punto cuando su ordenada es mayor que la ordenada de los puntos que lo rodean.

A la izquierda del máximo relativo, la función es creciente, y a su derecha es decreciente.

Una función presenta un **mínimo relativo** en un punto cuando su ordenada es menor que la de los puntos que lo rodean.

A la izquierda del mínimo relativo, la función es decreciente, y a su derecha, creciente.

### Piensa y practica

**2.** La siguiente gráfica muestra el porcentaje de ocupación de unos multicines en una ciudad a lo largo de un determinado mes:

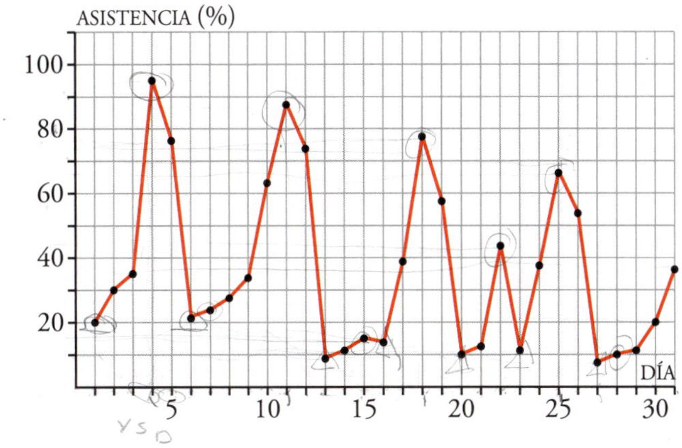


a) ¿En qué días caen los fines de semana? ¿Cómo puedes saberlo?

b) ¿Qué día ha habido más espectadores? ¿Y menos? ¿Qué días de la semana son?

c) ¿Cuántos máximos y cuántos mínimos relativos tiene la gráfica de la función?

d) Hubo un día entre semana que fue festivo. ¿De qué día se trata?

e) Escribe un resumen de la asistencia que han tenido los multicines a lo largo de este mes.

f) Un cierto día de este mes, viernes, televisaron un partido de fútbol importantísimo. ¿Qué día podemos suponer que fue?

# 3 Tendencias de una función

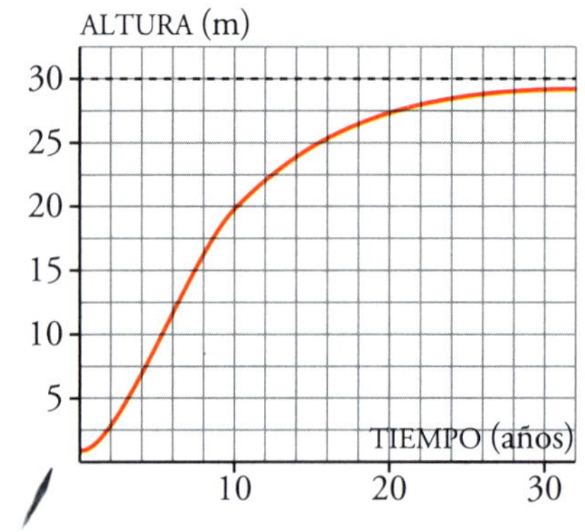


## Comportamiento a largo plazo

La gráfica del margen muestra la evolución de la altura de un árbol de eucaliptus a lo largo de 31 años. Representa la función:

*tiempo* → *altura*

Es claro que, al pasar el tiempo, la altura del árbol se acerca a 30 m, su tope. Decimos, entonces, que la altura del árbol **tiende** a 30 m con el transcurso del tiempo.

Hay funciones en las que, aunque solo conozcamos un trozo de ellas, podemos predecir cómo se comportarían lejos del intervalo en que han sido estudiadas, porque tienen **ramas** con una **tendencia** muy clara.

Estos son otros ejemplos en los que la gráfica de la función tiende a estabilizarse:

- Velocidad de un paracaidista en caída libre (tiende a 200 km/h).
- Temperatura de un refresco al sacarlo de la nevera (tiende a la temperatura de la habitación).

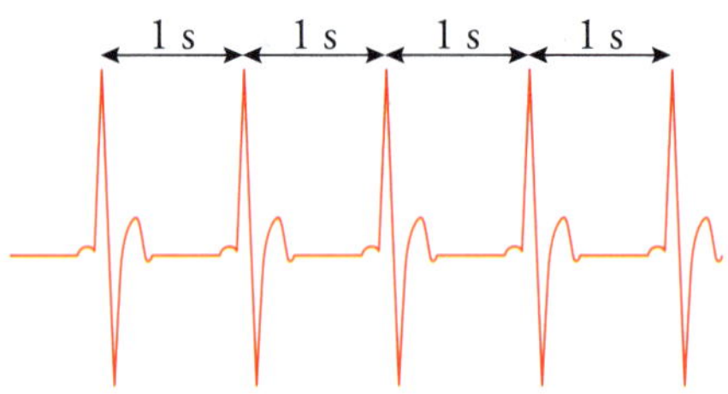


## Periodicidad

Un electrocardiograma recoge los impulsos eléctricos del corazón y los refleja en una gráfica. La del margen muestra el electrocardiograma de un paciente sano en estado de relajación. La función es:

*tiempo* → *intensidad eléctrica*

Como se repite una y otra vez cada segundo, podemos decir que es una función *periódica* de *periodo* 1 segundo.

**Funciones periódicas** son aquellas cuyo comportamiento se va repitiendo cada vez que la variable independiente recorre un cierto intervalo. A la longitud de ese intervalo se le llama **periodo.**

Una función periódica queda perfectamente determinada conociendo su comportamiento en un periodo.

### Ejemplos

Otros ejemplos de funciones periódicas son:

- Altura a la que se encuentra una cesta cuando la noria está en funcionamiento.
- Distancia al Sol del cometa Halley.

## Piensa y practica

**1.** Mercurio tarda 88 días en completar su órbita alrededor del Sol. Su distancia al Sol oscila entre 70 y 46 millones de kilómetros.

Copia y completa en tu cuaderno la gráfica de la distancia de Mercurio al Sol durante 300 días.

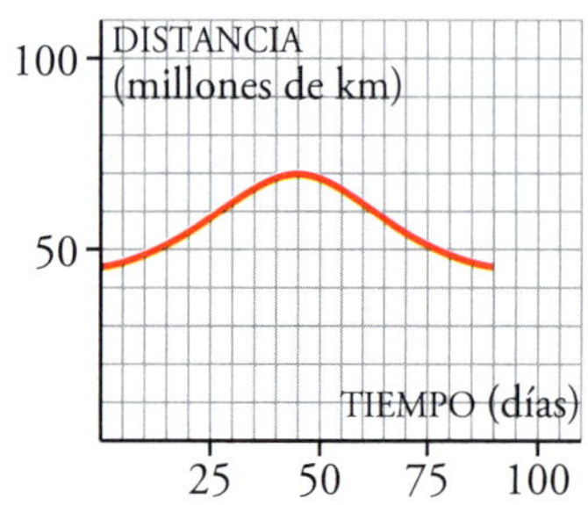


**2.** La siguiente gráfica muestra la elevación de la marea en un determinado lugar a lo largo de 24 horas. Cópiala en tu cuaderno y complétala para 48 horas suponiendo que es una función periódica:

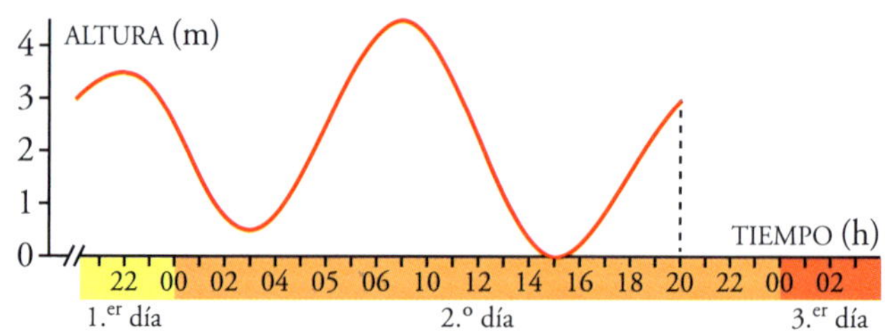


En la web Refuerza: función periódica.

# 4 Discontinuidades. Continuidad

- Por el alquiler de un autobús nos cobran 200 € fijos más 20 € por viajero. La gráfica de la derecha muestra la función:

  *número de viajeros* → *coste*

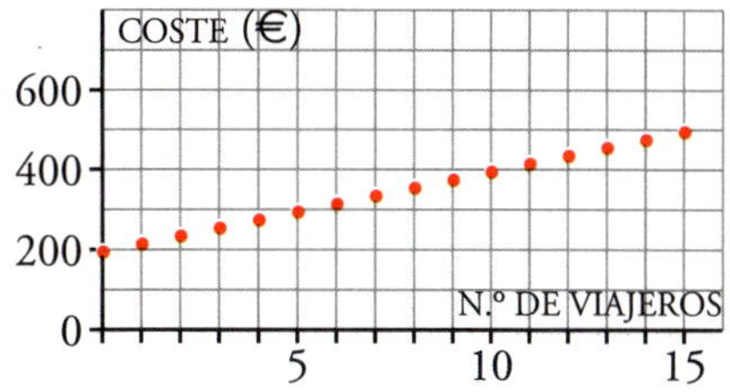


La variable independiente solo puede tomar los valores 0, 1, 2, 3, 4 … y no los intermedios, ya que no tiene sentido un número fraccionario de viajeros. La gráfica es **discontinua** porque la variable independiente se mueve a saltos.

- Cierta llamada telefónica cuesta 30 céntimos de euro para comenzar, y con ellos se puede hablar 3 minutos. A partir de ese momento, cada minuto cuesta 10 céntimos. Esta es la función:

  *duración* → *coste*

  Los saltos bruscos que presenta la gráfica se llaman **discontinuidades** de la función.

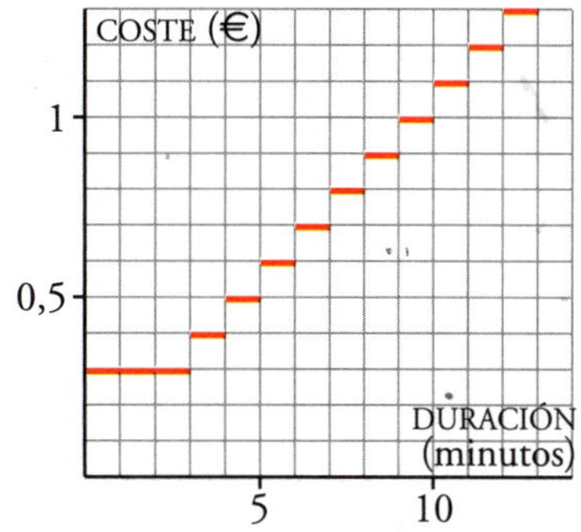


- La siguiente gráfica describe la distancia recorrida por un velocista con el paso del tiempo. Se trata de la función:

  *tiempo* → *distancia*

  La variación de la distancia es suave, sin saltos bruscos. Es una función **continua.**

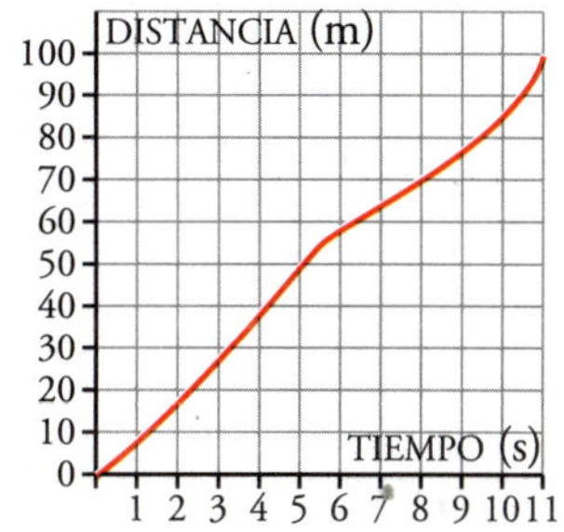


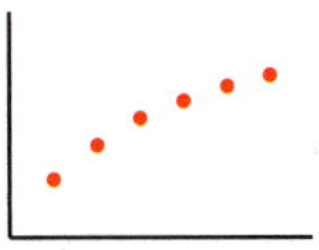

Función discontinua

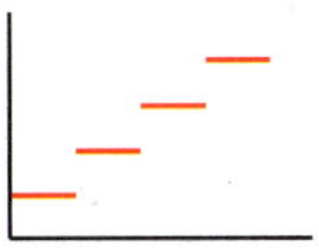

Función discontinua

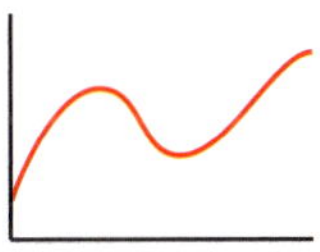

Función continua

Una función se llama **continua** cuando no presenta discontinuidad de ningún tipo. Por tanto, su gráfica se puede trazar sin levantar el lápiz del papel.

También se puede decir de una función que es **continua en un tramo,** aunque tenga discontinuidades en otros lugares.

## Piensa y practica

**1.** La entrada al parque de atracciones vale 5 €, y por cada atracción hay que pagar 1 €.

a) Representa esta función:

*atracciones en las que se monta* → *coste*

b) ¿Se pueden unir los puntos de la gráfica?

c) ¿Cuánto costará subir a 12 atracciones? ¿Y a 20?

**2.** La gráfica de la derecha muestra el sueldo mensual de un trabajador en una empresa a lo largo de su vida.

a) ¿Cuánto tiempo lleva el trabajador en la empresa cuando le suben el sueldo por primera vez?

b) ¿Cuánto gana a los 12 años de entrar? ¿Y a los 20?

c) ¿Es una función continua?

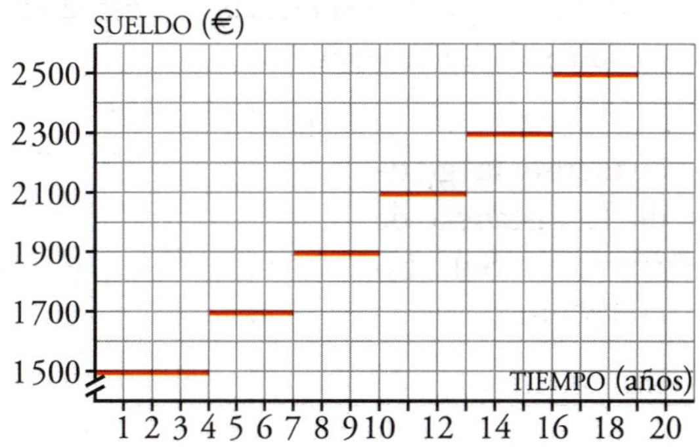


En la web Resuelve los problemas: "Tarifas postales", "El depósito".

# 5 Expresión analítica de una función

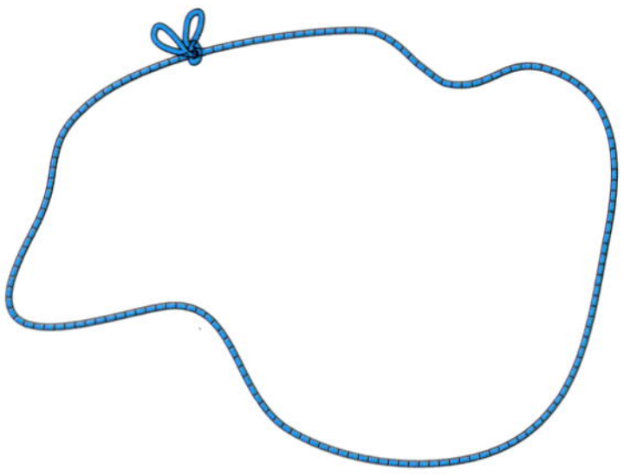

Casi todas las funciones que hemos visto hasta ahora nos han venido dadas, o bien por su *gráfica*, o bien por un *enunciado* que, de forma aproximada, nos ha permitido conocer algunas características del fenómeno descrito. Hay, sin embargo, una gran cantidad de funciones que pueden darse mediante una *fórmula* con la que se relacionan de forma exacta las dos variables. Veamos un ejemplo.

Disponemos de un hilo de 80 cm unido por sus extremos y deseamos formar con él rectángulos distintos, como se muestra en estas figuras:

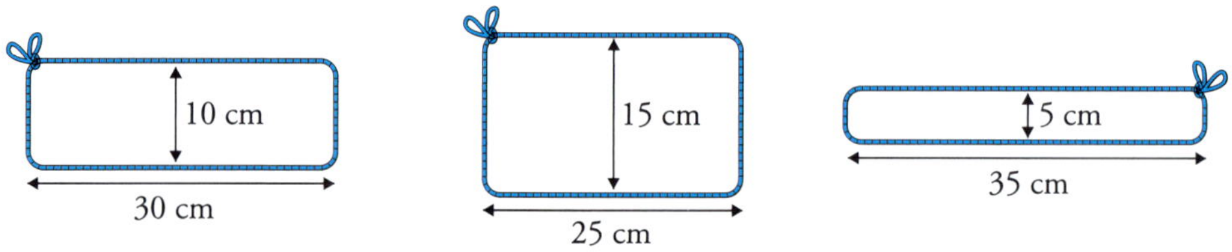


El área de cada rectángulo dependerá de la medida de su base, $x$, y de su altura. Por ejemplo, si la base es $x = 30$ cm, la altura será $40 - 30 = 10$ cm y el área:

$$A = 30 \cdot 10 = 300 \text{ cm}^2$$

Construimos una tabla de valores para representar la función:

| BASE (cm) | 10 | 15 | 20 | 35 | $x$ |
|---|---|---|---|---|---|
| ALTURA (cm) | 30 | 25 | 20 | 5 | $40 - x$ |
| ÁREA (cm²) | 300 | 375 | 400 | 175 | $x(40 - x)$ |

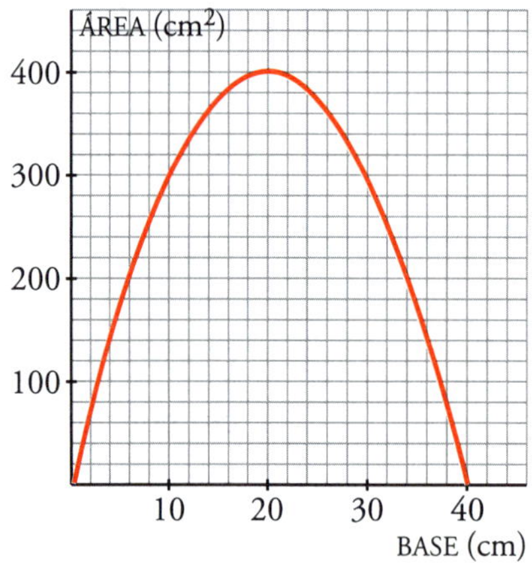


La función que relaciona la medida de la base, $x$, con el área del rectángulo viene dada por la fórmula:

$$A = x(40 - x) \quad \text{con} \quad 0 < x < 40$$

Esta fórmula es su *expresión analítica*. Para cada valor de $x$ comprendido entre 0 y 40, obtenemos un valor de $A$.

La **expresión analítica de una función** es una ecuación que relaciona algebraicamente las dos variables que intervienen.

**En la web**

- Tabla de valores a partir de la expresión analítica.
- Expresión analítica a partir de una tabla de valores.

## Piensa y practica

**1.** Indica cuáles de los siguientes pares de valores corresponden a la base y al área de algún rectángulo del ejemplo anterior:

a) Base: $x = 1$ cm $\to$ Área: $A = 39$ cm$^2$

b) $x = 5 \to A = 35$

c) $x = 22 \to A = 396$

d) $x = 42 \to A = -84$

## Otras funciones dadas por su expresión analítica

Conocemos muchas funciones dadas por su expresión analítica. Por ejemplo:

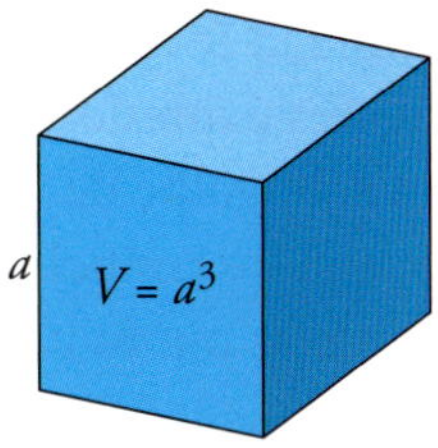


El volumen de un cubo en función de su arista, $a$.

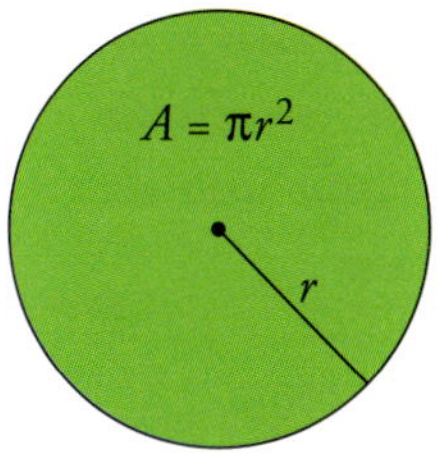


El área de un círculo en función de su radio, $r$.

Podemos obtener la expresión analítica de otras muchas funciones. Observa esta:

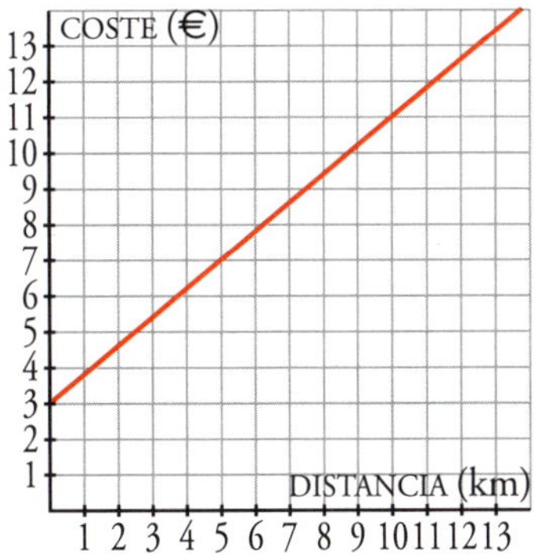


La gráfica nos muestra lo que cuesta un taxi que nos lleva a otra ciudad: nos cobra 3 € fijos, por bajada de bandera, más 0,80 € por kilómetro recorrido.

La función que relaciona la distancia recorrida, $d$, con el coste de la carrera, $C$, es:

$$C = 3 + 0{,}8 \cdot d$$

La expresión analítica tiene dos grandes ventajas sobre la representación gráfica:

- Resulta muy cómodo y breve dar la función de este modo.
- Con ella se pueden obtener, con toda precisión, los valores de la función a partir de la variable independiente.

Y tiene un inconveniente: la fórmula, en principio, nos dice poco sobre el comportamiento de la función. Hay que efectuar cálculos, trabajarla y representarla para ver claro cómo se comporta globalmente.

**En la web**
Refuerza: expresión analítica de una función.

### Piensa y practica

**2.** Imagina un cilindro cuya altura, $x$, sea igual al radio de su base.

a) ¿Cuál es la expresión analítica de su volumen?

Recuerda que el volumen de un cilindro es el área de la base por la altura.

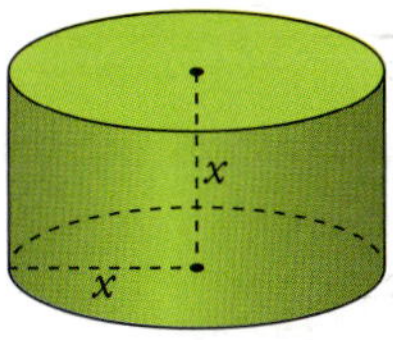


b) Obtén la expresión analítica del área del cilindro.

**3.** Indica cuál es la expresión analítica del volumen de un cono sabiendo que su altura son 6 cm y el radio de su base es variable.

Recuerda que el volumen de un cono es 1/3 del área de la base por la altura.

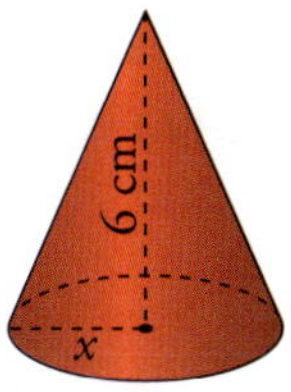


**4.** Un muelle mide 30 cm y se alarga otros 10 cm por cada kilogramo que se cuelga de él. Pero no se pueden colgar más de 7,5 kg.

La función que relaciona la longitud, $L$, del muelle con la masa, $m$, que soporta es: $L = 30 + 10m$.

Represéntala en tu cuaderno en unos ejes cartesianos como estos:

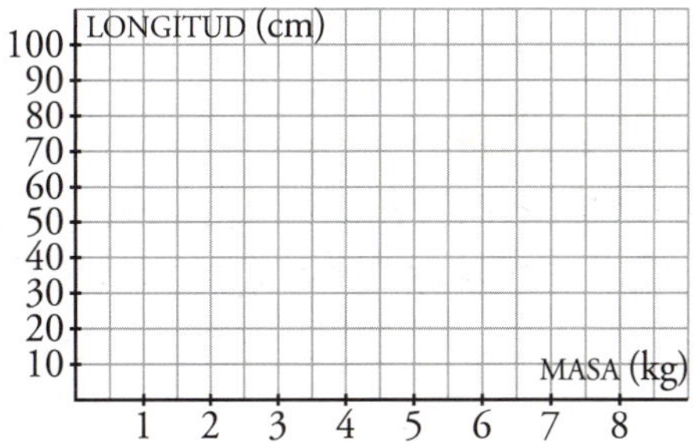

# Ejercicios y problemas resueltos

## 1. Asignación de gráficas de funciones a sus expresiones analíticas

***Asignar, de entre las cuatro de abajo, la expresión analítica que corresponde a cada una de las siguientes gráficas:***

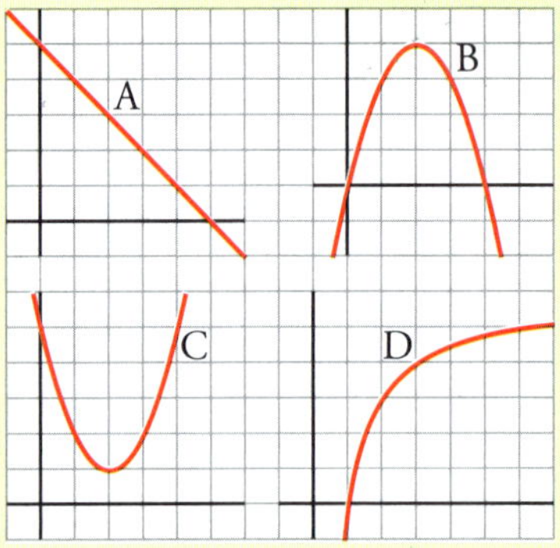


*I.* $y = x^2 - 4x + 5$

*II.* $y = 6 - \frac{6}{x}$

*III.* $y = 5 - x$

*IV.* $y = 4x - x^2$

Al final de la próxima unidad te habrás familiarizado con las tres primeras gráficas y sus correspondientes expresiones analíticas, y el próximo curso, con la cuarta. Entonces, de un solo golpe de vista, sabrás hacer la asignación que aquí se te pide. Sin embargo, con los conocimientos que tenemos hasta ahora, hemos de relacionarlas estudiándolas punto a punto:

— La gráfica B pasa por el origen de coordenadas. Esto significa que si $x = 0$, entonces $y = 0$. La única ecuación a la que le ocurre esto es la IV:

$$x = 0 \rightarrow y = 4 \cdot 0 - 0^2 = 0$$

— Las graficas A y C cortan al eje $Y$ en el punto (0, 5). Esta condición la cumplen la expresión analítica I:

$$x = 0 \rightarrow y = 0^2 - 4 \cdot 0 + 5 = 5$$

y la expresión analítica III: $x = 0 \rightarrow y = 5 - 0 = 5$

Pero la gráfica A pasa, además, por (5, 0). La expresión III cumple que:

$$x = 5 \rightarrow y = 5 - 5 = 0$$

Por tanto, A ↔ III y C ↔ I.

— Por exclusión, deberá ser D ↔ II. Lo comprobamos punto a punto: D pasa por (1, 0), (2, 3), (3, 4), … Y II cumple que si $x = 1 \rightarrow y = 6 - \frac{6}{1} = 0$; si $x = 2 \rightarrow y = 6 - \frac{6}{2} = 3$; si $x = 3 \rightarrow y = 6 - \frac{6}{3} = 4$; …

**Hazlo tú.** Comprueba que A (III) pasa por (2, 3) y (4, 1); B (IV) pasa por (1, 3), (2, 4), (3, 3) y (4, 0); C (I) pasa por (1, 2), (2, 1), (3, 2) y (4, 5) y D (II) pasa por (6, 5). Además, en esta última, cuando $x$ se hace grande, la variable $y$ se va acercando a 6. Para verlo, calcula, por ejemplo, el valor de $y$ para $x = 100$ y para $x = 1\,000$.

## 2. Expresiones analíticas del área y del volumen de una caja

***Con una cartulina de dimensiones 30 cm × 20 cm deseamos construir una caja cortando cuadraditos en las cuatro esquinas y plegando:***

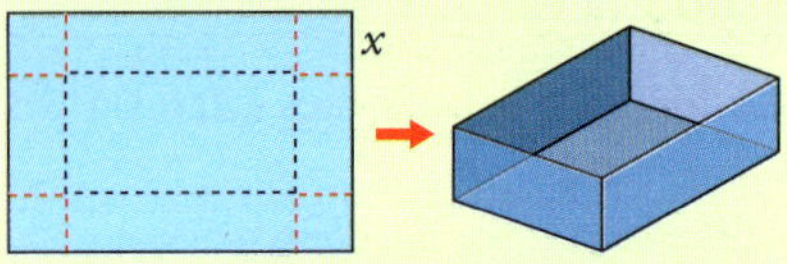


***Expresar la superficie de la base de la caja y su volumen como funciones tomando como variable independiente la longitud, x, del lado de los cuadraditos que cortamos.***

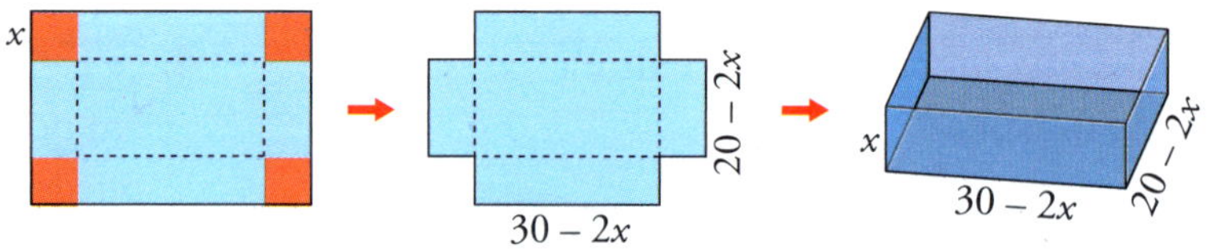


Hemos de hallar las expresiones analíticas de las funciones Área de la base y Volumen de la caja tomando $x$ como variable.

— Área del rectángulo de la base: $A = (30 - 2x)(20 - 2x)$

— Volumen de la caja (ortoedro): $V = (30 - 2x)(20 - 2x)x$

**Hazlo tú.** Con una cartulina de 30 cm × 12 cm deseamos construir una caja con tapa, recortando y plegando como en la figura. Halla la expresión analítica del área de la base y del volumen de la caja en función de $x$. Calcula el área y el volumen cuando $x = 3$ cm.

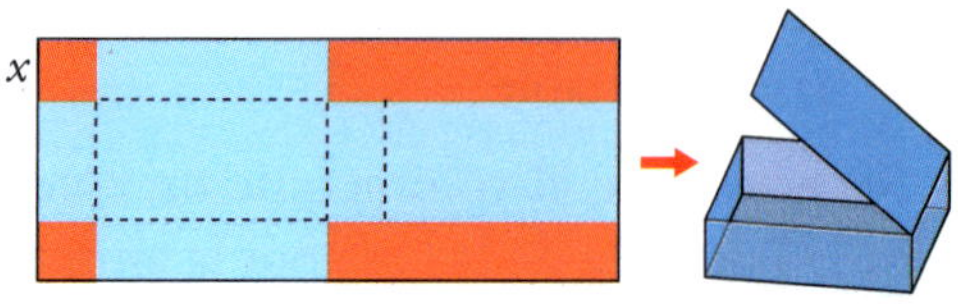

# Ejercicios y problemas

## Practica

### Interpretación de gráficas

**1.** Se suelta un globo que se eleva. La siguiente gráfica representa la altura, con el paso del tiempo, a la que se encuentra el globo:

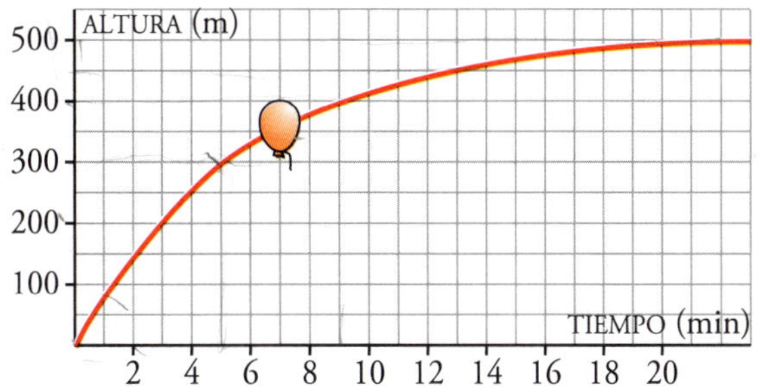


a) ¿Qué variables intervienen? ¿Qué escala se utiliza para cada variable? ¿Cuál es el dominio de definición de esta función?

b) ¿Qué altura gana el globo entre el minuto 0 y el 5? ¿Y entre el 5 y el 9? ¿En cuál de estos dos intervalos crece más rápidamente la función?

c) ¿A qué altura tiende a estabilizarse?

d) Haz una descripción de la altura a la que se encuentra el globo en el tiempo que dura la observación.

**2.** En la puerta de un colegio hay un puesto de golosinas. En esta gráfica se ve la cantidad de dinero que hay en su caja a lo largo de un día:

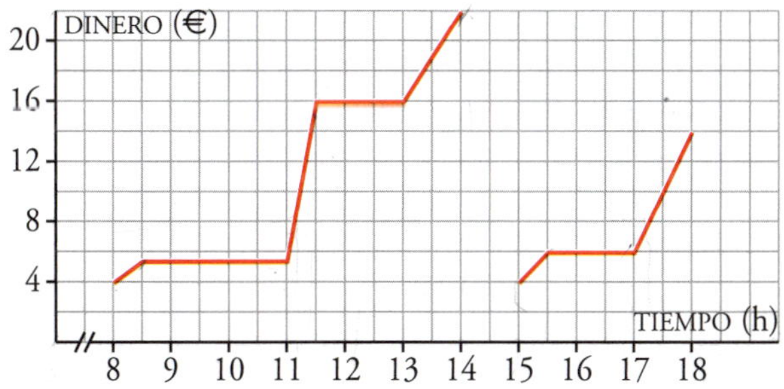


a) ¿A qué hora empiezan las clases de la mañana?

b) ¿A qué hora es el recreo? ¿Cuánto dura?

c) El puesto se cierra a mediodía, y el dueño se lleva el dinero a casa. ¿Cuáles fueron los ingresos de la mañana?

d) ¿Cuál es el horario de tarde en el colegio?

e) ¿Es esta una función continua o discontinua?

**3.** La siguiente gráfica describe la distancia del cometa Halley al Sol a lo largo de los dos últimos siglos. Cada 76 años se puede ver desde la Tierra cuando más cerca está del Sol.

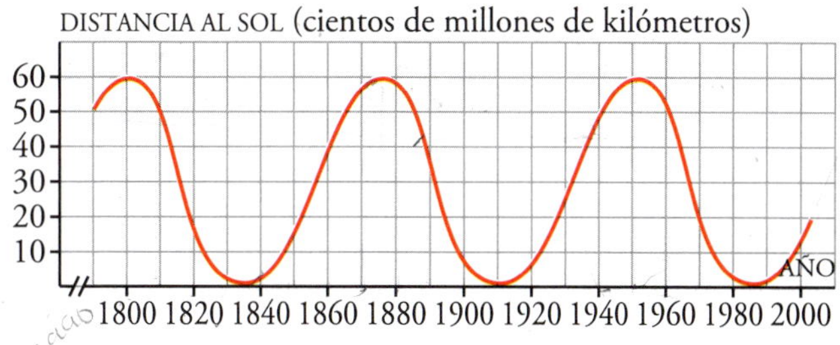


a) ¿Es una función periódica? ¿Qué periodo tiene?

b) ¿Cuándo, aproximadamente, fue la última vez que se dejó ver desde la Tierra? ¿En qué año se volverá a ver?

c) Dibuja en tu cuaderno la gráfica correspondiente a los años 2000 a 2100. ¿A qué distancia del Sol, aproximadamente, estará en el 2016?

**4.** Estas cuatro gráficas representan la temperatura máxima diaria ($T$) de cuatro ciudades, a lo largo del tiempo ($t$), durante un cierto año:

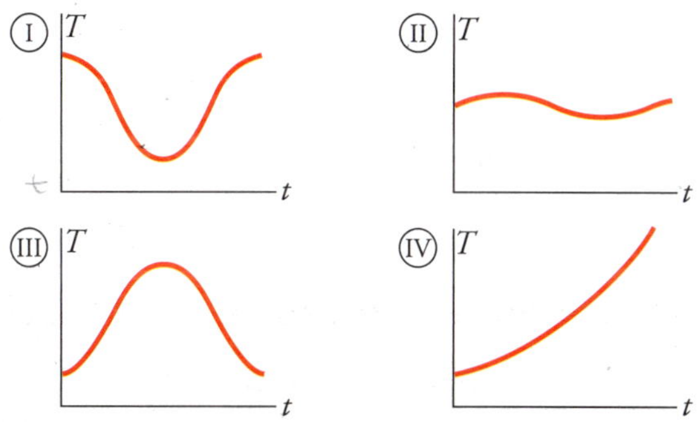


a) A la vista de las gráficas, ¿en cuál de estas cuatro ciudades oscila en menor medida la temperatura?

b) Una gráfica corresponde a una ciudad de nuestro país, y otra, a una ciudad de nuestras antípodas. ¿Qué gráficas son? Razona tu respuesta.

c) Una gráfica es absurda. ¿Cuál es? ¿Por qué?

d) Elige una escala adecuada para cada variable y gradúa cada uno de los ejes en tu cuaderno.

e) ¿Cuál es el dominio de las cuatro gráficas? A la vista de los recorridos de (I) y (II), ¿qué puedes decir del clima de estas ciudades?

f) Dibuja una gráfica correspondiente a un lugar en el desierto del Sahara y otra a uno en la Antártida.

# Ejercicios y problemas

**5.** Las siguientes gráficas nos muestran la marcha de cuatro montañeros:

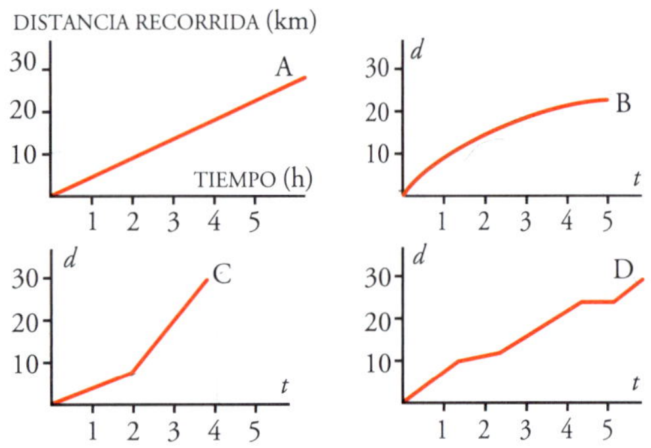


a) Describe el ritmo de cada uno.

b) ¿Quién recorre menos camino?

c) ¿Quién camina durante menos tiempo?

d) ¿Quién alcanza más velocidad?

e) Inventa una gráfica de un montañero que tarda lo mismo que B, recorre la misma distancia que C y descansa durante una hora a mitad de camino.

**6.** El uso de teléfonos móviles ha aumentado mucho en los últimos años. Sin embargo, la telefonía fija no ha sufrido grandes variaciones. En esta gráfica vemos la evolución que ha tenido lugar de 1990 a 2013:

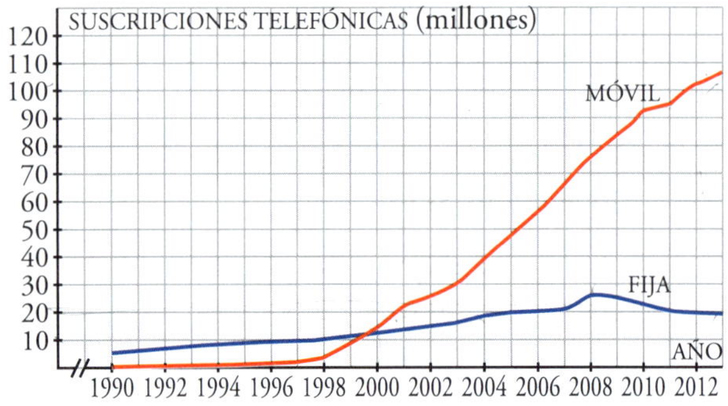


a) ¿Cuántas líneas de telefonía fija y móvil había activadas, aproximadamente, a principios de 2000? ¿Y de 2010? ¿Y de 2013?

b) ¿Aproximadamente, cuándo había igual número de líneas de teléfonos fijos y móviles?

c) ¿Cuál ha sido el aumento de líneas de telefonía fija de 1990 a 2013? ¿Y de telefonía móvil?

d) Según la gráfica, ¿a qué cantidad de usuarios tienden los teléfonos fijos?

e) ¿Cuándo hubo el mayor número de usuarios de telefonía fija?

## Relaciones gráficas y expresiones analíticas

**7.** Relaciona cada gráfica con una de las expresiones analíticas siguientes:

i) $y = x + 1$ ii) $y = x^3$

iii) $y = x^2 - 1$ iv) $y = -x + 1$

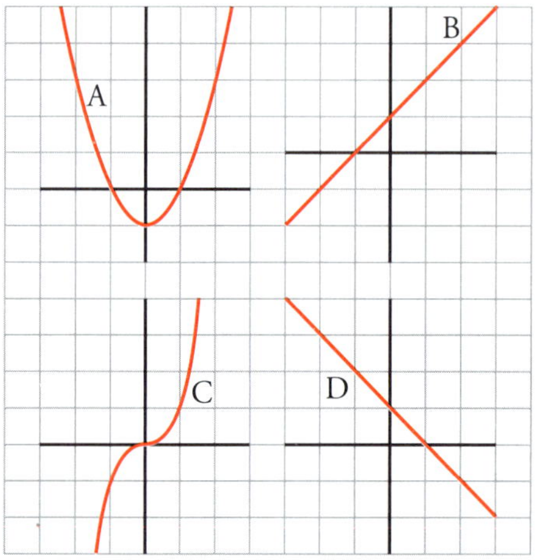


**8.** El área de la parte coloreada de las siguientes figuras se puede escribir en función de $x$:

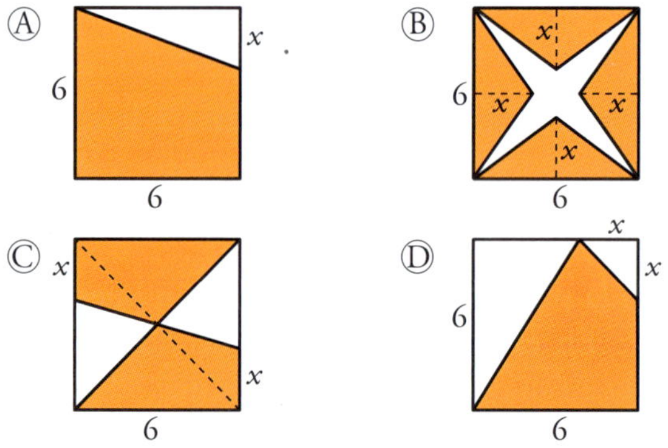


¿Cuál de estas expresiones analíticas corresponde al área de cada una de las figuras?

a) $36 - x$ b) $3x$ c) $18 + 3x$

d) $(6 + x) \cdot 3 - \frac{x^2}{2}$ e) $12x$ f) $18 - \frac{x^2}{2}$

g) $36 - 3x$ h) $36x$ i) $(6 - x) \cdot 3$

**9.** a) Sabiendo que la libra es una unidad de peso que equivale a 0,45 kg, copia y completa esta tabla:

| $x$ (LIBRAS) | 0,5 | 1 | 1,5 | 2 | 3 | 4 |
|---|---|---|---|---|---|---|
| $y$ (KILOS) | | 0,45 | | | | |

b) Representa la función que convierte libras en kilos.

c) Obtén la expresión analítica que relaciona estas dos variables.

## Resuelve problemas

**10.** Luis ha tardado 2 horas en llegar desde su casa a una ciudad situada a 150 km de distancia, en la que tenía que asistir a una reunión de trabajo. Ha permanecido 2 horas en la ciudad y ha vuelto a su casa, invirtiendo 2 horas y media en el viaje de vuelta.

a) Representa la gráfica *tiempo-distancia a su casa*.

b) Si suponemos que la velocidad es constante en el viaje de ida, ¿cuál sería esa velocidad?

c) Si también suponemos que la velocidad es constante en el viaje de vuelta, ¿a cuánto iba al volver?

**11.** Un ciclista sale de excursión a un lugar que dista 20 km de su casa. A los 15 minutos de la salida, cuando se encuentra a 6 km, hace una parada de 10 minutos. Reanuda la marcha y llega a su destino una hora después de haber salido.

a) Representa la gráfica *tiempo-distancia a su casa*.

b) ¿Lleva la misma velocidad antes y después de la parada? (Suponemos que la velocidad es constante en cada tramo).

**12.** Un tiovivo acelera durante 2 minutos hasta alcanzar una velocidad de 10 km/h. Permanece a esta velocidad durante 7 minutos y decelera hasta parar en 1 minuto. Tras permanecer 5 minutos parado, comienza otra vuelta.

Dibuja la gráfica *tiempo-velocidad* para un intervalo de 25 min.

**13.** Desde la concejalía de juventud del ayuntamiento de un pueblo se quiere promover el uso de la bicicleta. Para ello, han decidido alquilarlas según las siguientes tarifas:

| HORARIO: DE 9 DE LA MAÑANA A 9 DE LA NOCHE |
|---|
| Las dos primeras horas .......................... gratuito |
| 3.ª hora o fracción, y sucesivas..................... 1 € |

El tiempo máximo diario es de 12 horas (desde las 9 de la mañana hasta las 9 de la noche).

Representa la gráfica de la función:

*Tiempo de uso de la bici-coste*

**14.** En la factura del gas de una ciudad se paga una cantidad fija de 15 € y 0,75 € más por cada metro cúbico consumido.

a) ¿Cuánto se paga por 3 m$^3$? ¿Y por 15 m$^3$?

b) Dibuja la función: *metros cúbicos consumidos-coste*.

**15.** La longitud de carretera que limpia un quitanieves depende del espesor de la nieve. Estos son los datos recogidos para una de estas máquinas:

| ESPESOR DE LA NIEVE (cm) | 50 | 40 | 30 | 25 | 20 | 15 | 10 | 5 |
|---|---|---|---|---|---|---|---|---|
| LONGITUD QUE LIMPIA EN 1 HORA (km) | 6 | 7,5 | 10 | 12 | 15 | 20 | 30 | 60 |

a) Representa gráficamente estos datos y une los puntos para poder analizar su gráfica. Descríbela.

b) Supón que para espesores mayores de nieve, la máquina se comporta de manera análoga. Para un espesor de 60 cm, ¿cuántos kilómetros, aproximadamente, despejaría en una hora?

**16.** Esta tabla recoge la medida del perímetro del cráneo de un niño durante los primeros meses de vida:

| TIEMPO (meses) | 0 | 3 | 9 | 15 | 21 | 27 | 33 |
|---|---|---|---|---|---|---|---|
| PERÍMETRO (cm) | 34 | 40 | 44 | 46 | 47 | 48 | 49 |

a) Haz una gráfica relacionando estas dos variables. Elige una escala adecuada.

b) ¿Qué tendencia se observa en el crecimiento del cráneo de un niño?

c) ¿Cuánto crees que medirá el perímetro craneal de un niño de 3 años?

**17.** Los cestillos de una noria van subiendo y bajando a medida que la noria gira. Estos son los datos de una cesta que sube desde el punto más bajo al más alto:

| TIEMPO (s) | 4 | 8 | 12 | 16 | 20 |
|---|---|---|---|---|---|
| ALTURA (m) | 3,7 | 7 | 9,7 | 11,4 | 12 |

a) Representa la gráfica de la función *tiempo-altura* de uno de los cestillos a lo largo de 80 segundos.

b) ¿A qué tiempos corresponden sus máximos y mínimos relativos?

c) ¿Es una función periódica?

d) ¿A qué altura estará la cesta a los 150 segundos?

**18.** Se ha realizado una experiencia en un laboratorio de biología molecular con dos tipos de bacteria. La gráfica siguiente nos muestra el crecimiento de cada una de ellas, criándose **por separado** y en idénticas condiciones:

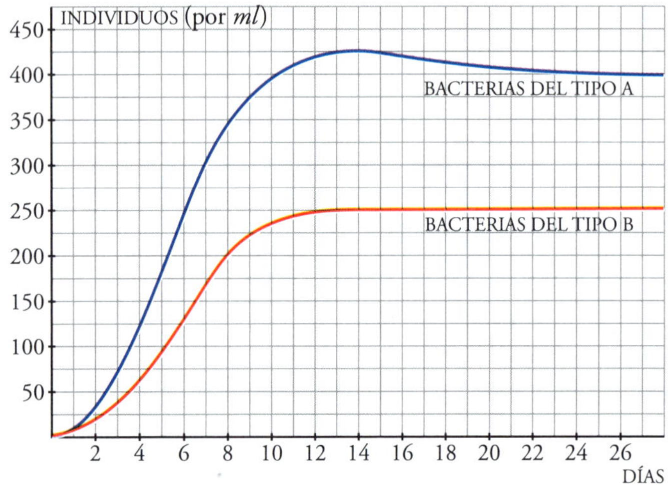


a) El número de individuos de cada tipo, ¿crece indefinidamente o se va estabilizando en torno a algún valor?

b) ¿A qué valor tiende el número de individuos por mililitro en el tipo A (en las condiciones estudiadas que se muestran en la gráfica)?

c) ¿Cuál de los dos tipos de bacteria se multiplica con más rapidez?

Observa en esta otra gráfica lo que sucede cuando se crían los dos tipos de bacterias **en un mismo recipiente,** compitiendo por el alimento:

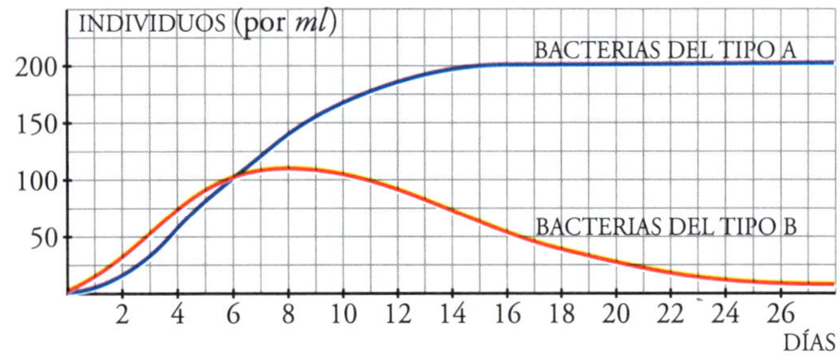


d) Ambas poblaciones crecen de forma más lenta estando juntas que si se crían por separado. ¿A qué valor tiende el número de individuos del tipo A en este caso?

e) ¿Cuál es el número máximo de individuos que alcanza la población del tipo B?

f) ¿A qué valor tiende el número de individuos del tipo B al avanzar los días?

## Problemas "+"

**19.** Ángel, meteorólogo, se encuentra en lo alto de un puerto de montaña midiendo las variaciones de temperatura a lo largo de una noche (empieza con –4 h, porque faltan 4 horas para las 0:00 h). Esta tabla muestra los datos transmitidos:

| *t* (h) | –4 | –2 | 0 | 2 | 4 | 6 | 7 | 8 | 9 |
|---|---|---|---|---|---|---|---|---|---|
| *T* (°C) | –4 | –3,75 | –3,25 | –2 | 0 | 4 | 3 | 0,5 | 2 |

a) Representa la gráfica *tiempo-temperatura.*

b) ¿Cuál es el dominio de la función? ¿Y el recorrido?

c) ¿En qué valores la gráfica corta a cada uno de los ejes? Explica su significado.

d) ¿En qué periodo la temperatura asciende, por hora, más lentamente? ¿Y más rápidamente? ¿Cuándo es máxima?

**20.** En 2012, Felix Baumgartner batió el record de velocidad en caída libre, lanzándose desde 39 000 m de altura. Estas son las gráficas de la velocidad y de la altura, respectivamente, que llevó durante los 250 primeros segundos desde que inició el descenso:

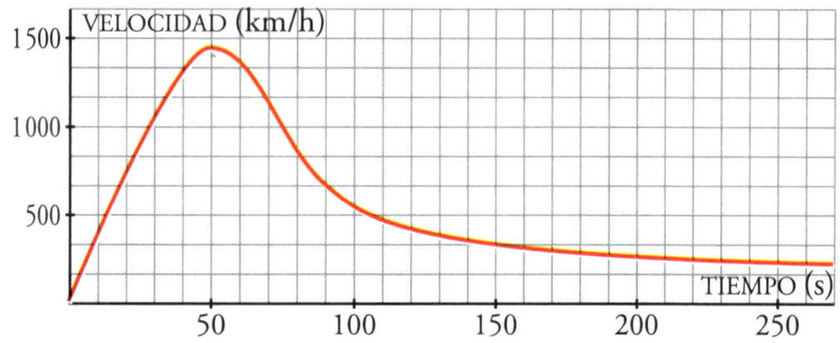


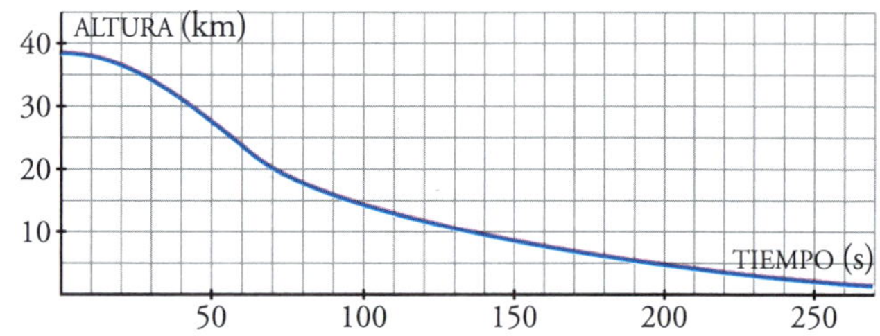


a) ¿En qué momento cogió más velocidad?

b) ¿Cuándo rompió la velocidad del sonido? Recuerda que son 300 m/s. Pásalo a km/h.

c) A una altura de 40 km, la atmósfera es muy poco densa, por lo que casi no hay rozamiento. ¿A qué altura empieza a frenarle la atmósfera? ¿A qué altura se empieza a estabilizar?

d) ¿Cómo es la gráfica de la altura cuando la velocidad se estabiliza, más recta o más curva?

**21.** El agua que vierte una fuente de un parque proviene de una cisterna cuya altura es de 90 cm. La cisterna tarda 3 min en llenarse, y se observa una relación entre la altura, *a*, del agua en la cisterna y el tiempo, *t*, transcurrido, dada por esta tabla:

| TIEMPO (min) | 0 | 1 | 1,5 | 2 | 3 |
|---|---|---|---|---|---|
| ALTURA (cm) | 0 | 50 | 67,5 | 80 | 90 |

A continuación, la cisterna se vacía en 3 min, a la misma velocidad. Durante 1 min, el agua circula por las tuberías de la fuente, regresando a la cisterna para llenarla, y así sucesivamente.

a) Completa la tabla anterior hasta un tiempo de 15 min. Haz la gráfica de la función *tiempo-altura*.

b) ¿Es continua dicha función? ¿Es periódica? Si lo es, ¿cuál es su periodo? ¿En qué valores de *t* la cisterna está llena?

c) Durante el llenado, ¿sube el agua con igual rapidez en cada minuto? Justifícalo.

d) Teniendo en cuenta el apartado c), ¿cuál de estas figuras representa la forma del perfil de la cisterna?

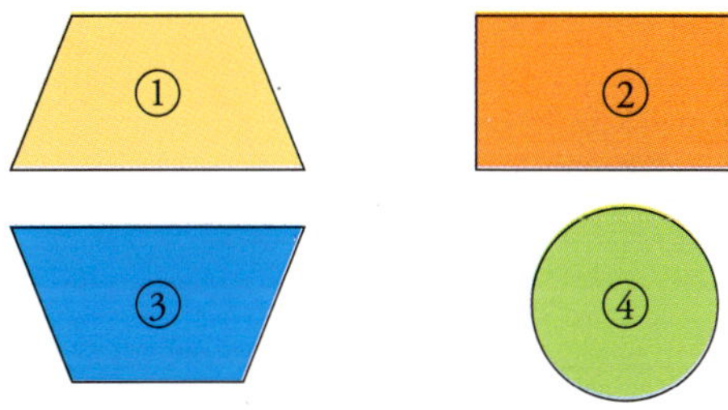


**22.** Cuando nieva, se echa sal en las calles para que la nieve se derrita. Al echarle sal, el hielo se derrite a menor temperatura (aproximadamente, –6 °C). Hasta que un bloque de hielo no está derretido completamente, no empieza a aumentar su temperatura. Estas son las gráficas *tiempo-tempertura* de un bloque de hielo (luego agua) con sal y de otro sin sal:

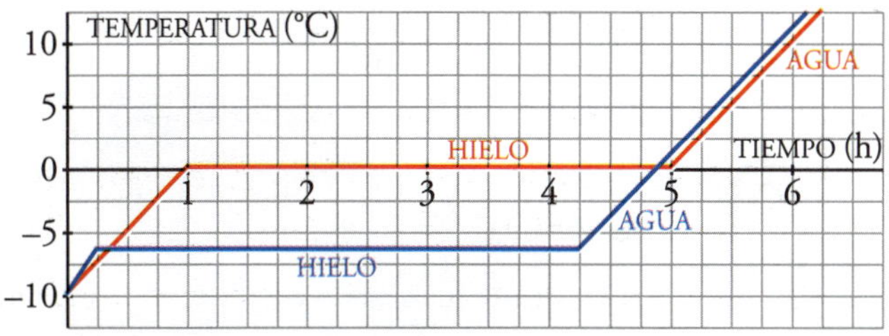


a) ¿Cuál corresponde a cada uno?

b) ¿Cuánto tiempo tarda cada uno en derretirse?

c) ¿Tendría sentido echar sal a la nieve con una temperatura ambiente de –12 °C? ¿Por qué?

**23.** Estas dos gráficas muestran las funciones *tiempo-espacio* correspondientes a un tren en movimiento y a un viajero que, habiéndolo perdido, corre para alcanzarlo:

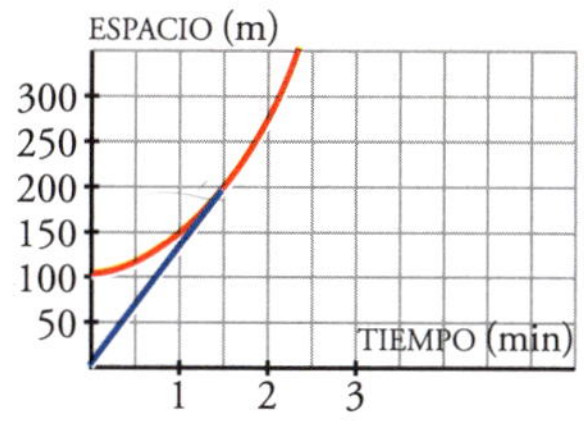


a) ¿Cuál es la gráfica del viajero y cuál la del tren? Roja: tren ; Viajero: azul

b) ¿A qué distancia estaba del tren cuando comenzó a correr? 100 m

c) ¿Lo alcanza? ¿Dónde y cuándo? Espacio: 100 m Tiempo: 3 min

d) Las siguientes gráficas corresponden a tres situaciones similares, asocia cada una a uno de estos enunciados:

I. Ríchard coge la bici de Álex, que sale corriendo para alcanzarle antes de que se vaya, pero no le coge.

II. Ríchard coge la bici de Álex, que sale corriendo y le alcanza.

III. Ríchard coge la bici de Álex, que sale corriendo hacia él. Ríchard, cuando se da cuenta, se para y espera a que llegue Álex.

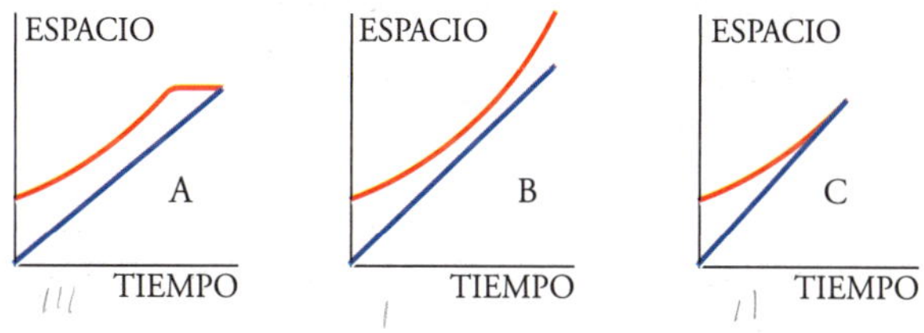


**24.** Esta gráfica muestra cómo varía la velocidad de un coche al recorrer uno de los circuitos dibujados más abajo:

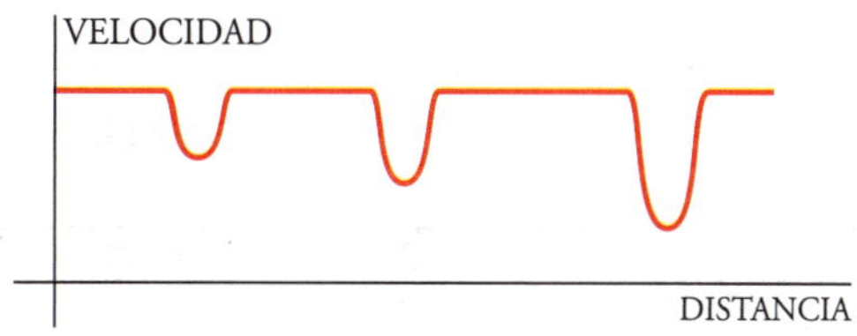


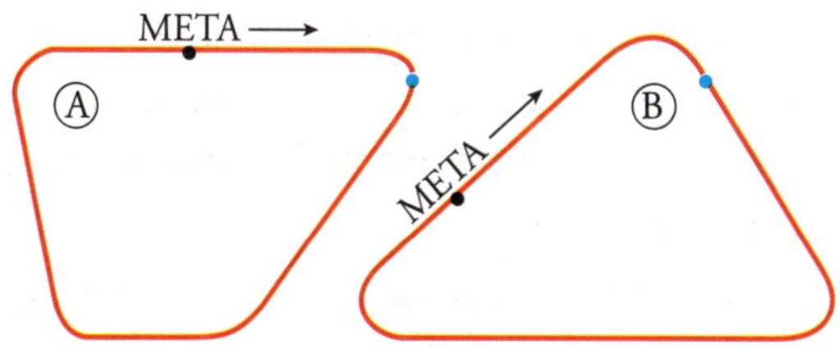


a) ¿A cuál de los dos corresponde? B

b) Haz la gráfica correspondiente al otro.

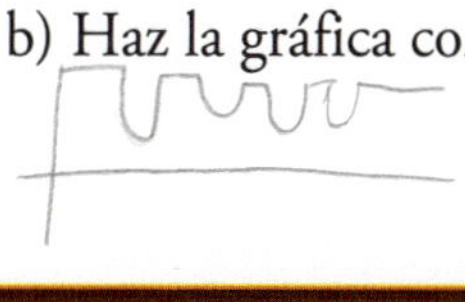

# Taller de matemáticas

## Reflexiona y decide

Al abrir un grifo sobre un recipiente, la altura (*a*) que alcanza el líquido está en función (depende) del tiempo transcurrido (*t*).

Y al representar esa función vemos que cada recipiente tiene una gráfica característica.

— En los dos primeros recipientes, el nivel sube uniformemente, aunque en el segundo más rápido que en el primero.

— En el tercer recipiente, el nivel sube despacio al principio y rápido al final.

- Asocia cada uno de estos recipientes con su gráfica:

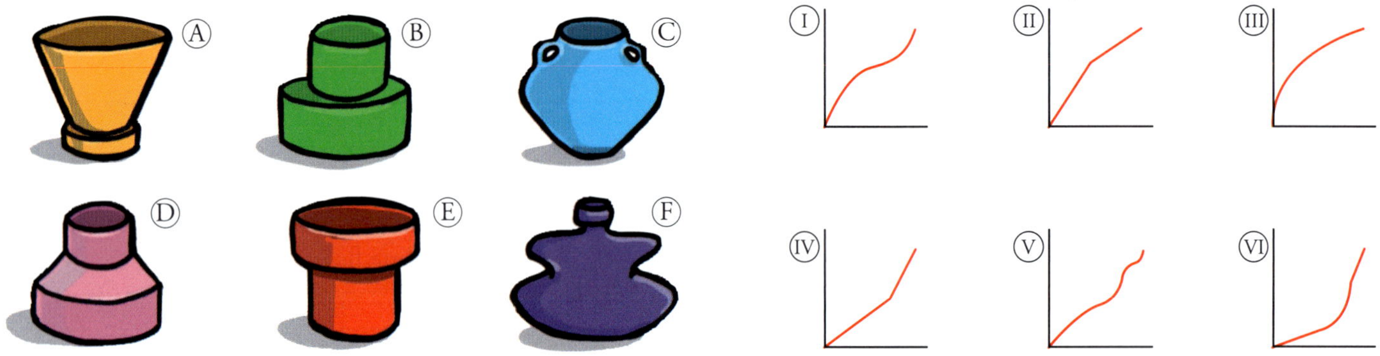


## Observa y representa

Dibuja, en cada caso, la gráfica que relaciona la altura que alcanza el agua en el recipiente con el tiempo transcurrido:

a)

b)

NOTA: Antes de afrontar el apartado b), infórmate: ¿qué es una fuente vauclusiana?

*Surgencia de agua en Fontaine de Vaucluse.*

## Entrénate resolviendo problemas

- Dos hermanos rancheros se reparten una herencia a partes iguales. El primero invierte su parte en la compra de una manada de 80 caballos. El segundo invierte la suya en un rebaño de 100 vacas. Si un caballo cuesta 150 € más que una vaca, ¿a cuánto ascendía la herencia?
- Pasa por encima de estos nueve puntos mediante una línea quebrada de cuatro segmentos.

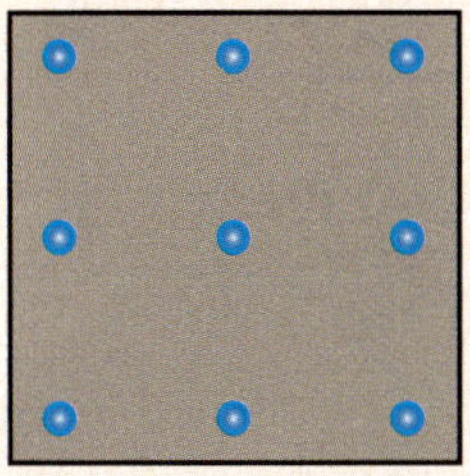

- a) Estás junto a una fuente y dispones de una jarra de 5 litros y de otra de 3 litros. ¿Cómo te las arreglarías para medir exactamente un litro de agua?

  b) Si ahora dispones de dos cántaros, uno de 7 litros y otro de 5, ¿cómo harías para medir 4 litros de agua?

  c) ¿Y cómo medirías 3 litros de agua si tuvieras un cántaro de 9 litros y otro de 5 litros?

## Autoevaluación

En la web Resoluciones de estos ejercicios.

**1.** Esta gráfica muestra la altura sobre el nivel del mar alcanzada por Ana y Miguel al realizar una ascensión a cierta montaña:

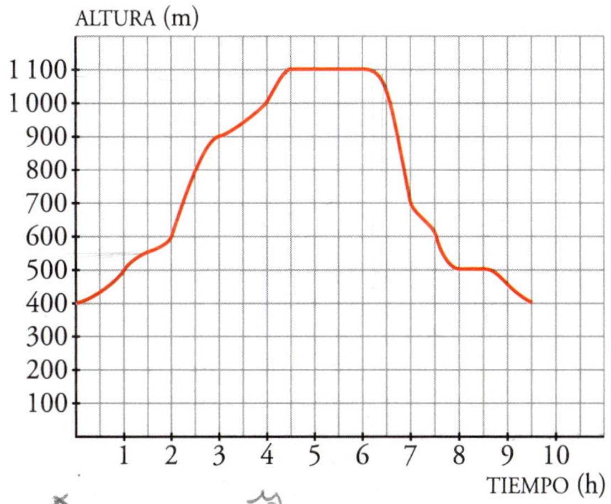


a) ¿Qué variables intervienen? ¿Qué escala se utiliza para cada variable? ¿Cuál es el dominio de definición de esta función?

b) ¿Cuánto ha durado la marcha? ¿Desde qué altura empiezan a andar? ¿Qué altura máxima han alcanzado? ¿Cuándo han parado a comer?

c) ¿En qué intervalo de tiempo suben más rápido? ¿En cuál bajan más rápido?

d) Haz una descripción del transcurso de la marcha.

**2.** Una cisterna contiene 5 *l* de agua para pulverizarla en una terraza. Tarda 10 min en vaciarse. En cuanto se vacía, hay un mecanismo que la llena en 2 min.

a) Representa la función *tiempo-cantidad de agua*.

b) Explica si la función es periódica.

c) Durante la primera media hora, ¿en qué momentos está llena? ¿Y vacía?

**3.** Una de estas ecuaciones, que se corresponde con la gráfica, expresa la relación entre la altura, h, alcanzada por una pelota que se lanza hacia arriba, y el tiempo, *t*. ¿Cuál de ellas es?

Ⓐ $h = 8t - t^2$ Ⓑ $h = 40t - 5t^2$ Ⓒ $h = -4t^2 + 80t$

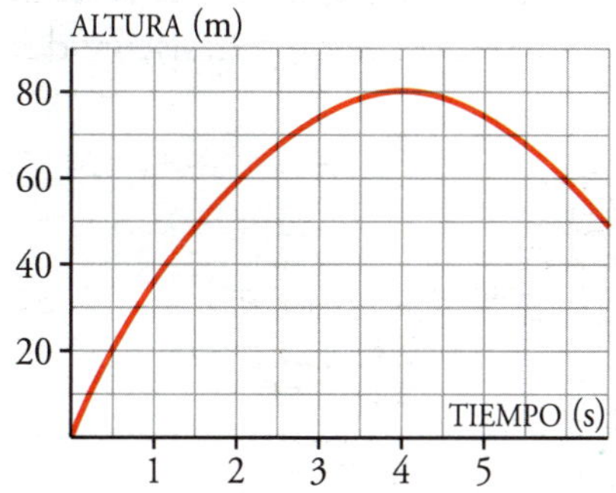


Di la altura de la pelota a los 5 segundos:

a) De forma aproximada, mirando la gráfica.

b) Utilizando la expresión algebraica.

# 9 Funciones lineales y cuadráticas

## Un gran científico del siglo XVII con...

**René Descartes** (1596-1650) filósofo y matemático francés, influyó notablemente en el pensamiento de su época y en el de siglos posteriores.

Durante toda su vida tuvo una salud delicada. Por eso, de colegial, se le permitió estudiar acostado. Esto se convirtió en hábito, de modo que una gran parte de su obra la elaboró en la cama.

*René Descartes (1596-1650).*

## ... Una idea genial

Y en la cama se le ocurrió su sistema de coordenadas: un día se entretuvo siguiendo el vuelo de una mosca e imaginó cómo se designaría su posición en cada instante mediante la distancia a la que se encontrara de cada pared.

Aunque esta idea no era del todo original, pues ya para entonces se manejaban las coordenadas geográficas, longitud y latitud, la invención de Descartes le permitió expresar las curvas mediante ecuaciones que ligan sus coordenadas. Esta ha sido una de las mayores aportaciones al mundo de la ciencia.

*René Descartes enseñando astronomía a la Reina Cristina de Suecia en 1649.*

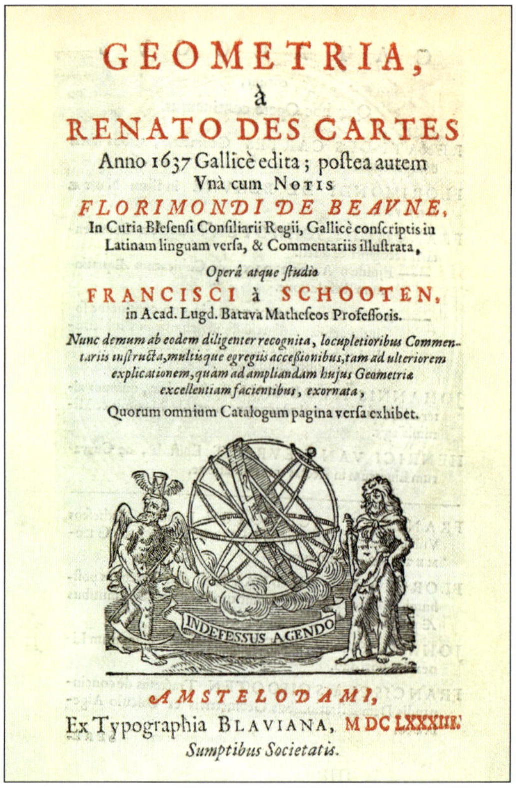

GEOMETRIA,
à
RENATO DES CARTES
Anno 1637 Gallicè edita; poſtea autem
Vnà cum Notis
FLORIMONDI DE BEAVNE,
In Curia Blesensi Consiliarii Regii, Gallicè conscriptis in Latinam linguam versa, & Commentariis illustrata,
Operâ atque studio
FRANCISCI à SCHOOTEN,
in Acad. Lugd. Batava Matheseos Professoris.
Nunc demum ab eodem diligenter recognita, locupletioribus Commentariis instructa, multisque egregiis accessionibus, tam ad ulteriorem explicationem, quàm ad ampliandam hujus Geometriæ excellentiam facientibus, exornata,
Quorum omnium Catalogum pagina versa exhibet.



AMSTELODAMI,
Ex Typographia BLAVIANA, MDCLXXXIII.
Sumptibus Societatis.

*Página inicial de la "Geometría" de Descartes, publicada en 1637.*

## ¿De dónde viene "cartesiano"?

Como en aquella época los científicos escribían en latín, Descartes era conocido por la forma latina de su nombre: Cartesius. De ahí vienen las expresiones *pensamiento cartesiano* o *coordenadas cartesianas*.

## Las funciones lineales

Las funciones lineales responden a ecuaciones de primer grado con dos incógnitas y se representan por una recta.

Supón que la mosca de Descartes ha acabado posándose en un cuadro. Una araña la ve y va a por ella en línea recta.

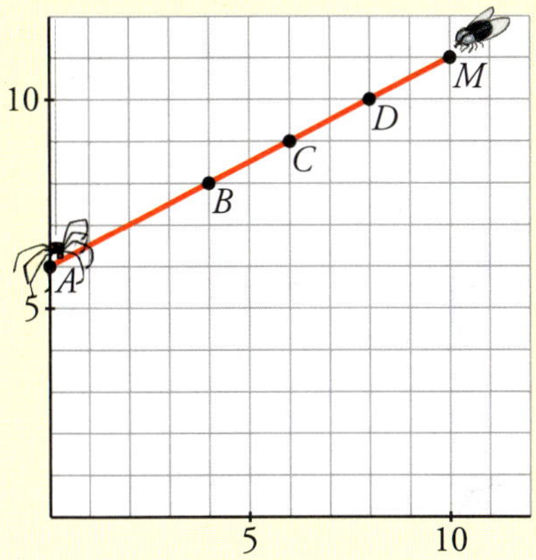


Los puntos por los que pasa la araña (los puntos de su trayectoria) responden a la ecuación $y = \frac{x}{2} + 6$.

## Otra función lineal

De un muelle colgamos pesas. Cuanto mayor sea la pesa, más se estira el muelle.

La siguiente tabla nos da los pesos colgados ($M$) y los correspondientes alargamientos ($A$) del muelle:

| **M (g)** | 2 | 30 | 60 | 90 | 120 | 150 | 180 | 210 | 240 | 270 |
|---|---|---|---|---|---|---|---|---|---|---|
| **A (cm)** | 0 | 9 | 17 | 26 | 35 | 43 | 52 | 61 | 70 | 79 |

Esta relación entre la masa que se cuelga de un muelle y su alargamiento se llama *ley de Hooke*.

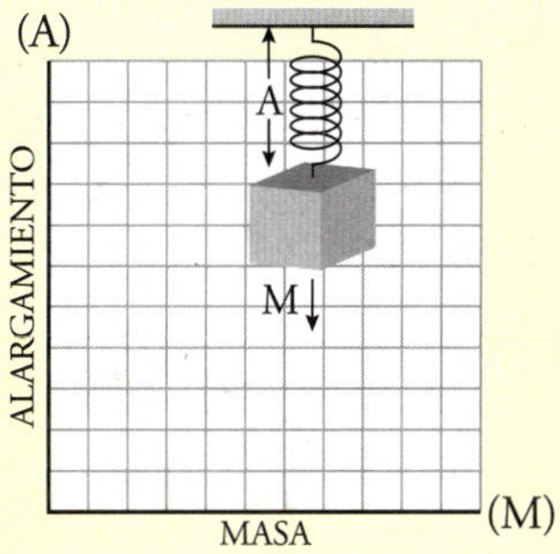


## Resuelve

**1.** Infórmate y resume, en unas pocas líneas, los datos más relevantes en la vida de René Descartes.

**2.** ¿Cuántos ejes de coordenadas tiene un sistema cartesiano capaz de fijar la posición de una araña que camina por una pared? ¿Y para fijar la posición de una mosca que vuela por la habitación?

**3.** Indica las coordenadas de los puntos $A$, $B$, $C$, $D$ y $M$, en el cuadro de la araña y la mosca. Comprueba que todos ellos responden a la ecuación mencionada.

**4.** Representa sobre unos ejes cartesianos los valores de la tabla que relaciona la masa y el alargamiento del muelle. Comprueba que están alineados y que responden, aproximadamente, a la fórmula $A = 0{,}29 \cdot M$.

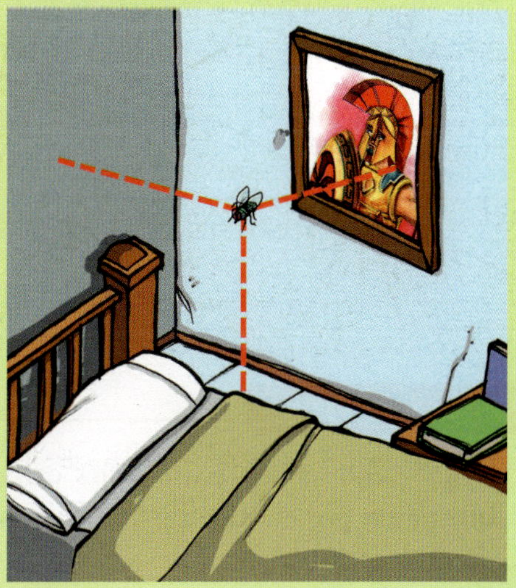

# 1 Función de proporcionalidad $y = mx$

En este apartado vamos a estudiar funciones en las que las dos variables son proporcionales. Por ejemplo:

*tiempo que marcha un móvil a velocidad constante* → *distancia que recorre*

Son funciones que se representan mediante rectas y tienen una expresión analítica similar: $y = mx$

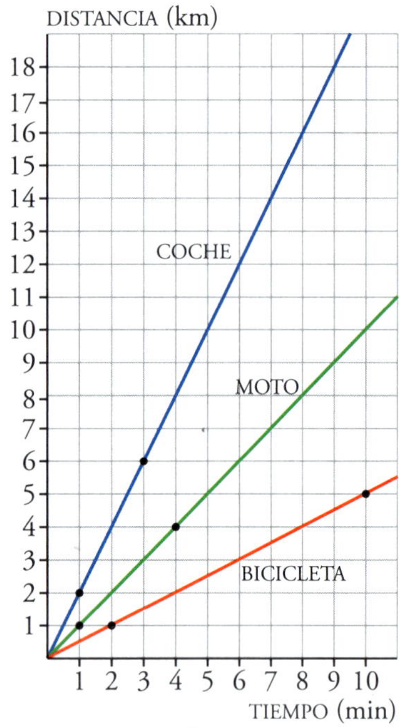


Analicemos tres funciones que responden al modelo *tiempo* → *distancia.*

- MOTOCICLETA: su velocidad es de 1 km cada minuto. La recta verde describe la distancia recorrida a lo largo del tiempo.

  1 min → 1 km  Pasa por el punto (1, 1).
  4 min → 4 km  Pasa por el punto (4, 4).
  La $y$ (distancia) es igual a la $x$ (tiempo).
  } Ecuación: $y = x$

- COCHE: su velocidad es de 2 km cada minuto. La recta azul describe la distancia recorrida a lo largo del tiempo.

  1 min → 2 km  Pasa por el punto (1, 2).
  3 min → 6 km  Pasa por el punto (3, 6).
  La $y$ (distancia) es igual al doble de $x$ (tiempo).
  } Ecuación: $y = 2x$

- BICICLETA: su velocidad es de 0,5 km cada minuto. La recta roja describe la distancia recorrida a lo largo del tiempo.

  2 min → 1 km  Pasa por el punto (2, 1).
  10 min → 5 km  Pasa por el punto (10, 5).
  La $y$ (distancia) es igual a la mitad de $x$ (tiempo).
  } Ecuación: $y = \frac{1}{2}x$

**No lo olvides**

Cuanto mayor sea la constante de proporcionalidad, mayor pendiente tiene la recta, es decir, más inclinada está respecto al eje $X$.

La **función de proporcionalidad** tiene por ecuación $y = mx$.

Se representa mediante **una recta** que pasa por (0, 0).

La constante de proporcionalidad, $m$ (que puede ser positiva o negativa), se llama **pendiente** de la recta y tiene que ver con su inclinación.

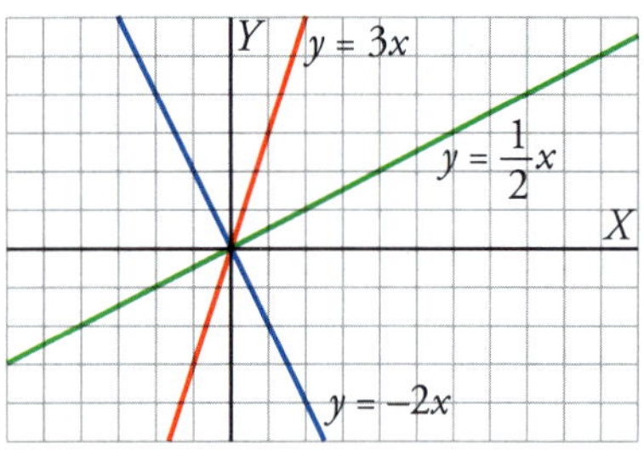


## Ejercicio resuelto

***Decir la pendiente de cada una de las tres rectas representadas al margen.***

Sus pendientes son, respectivamente, 3, $\frac{1}{2}$ y –2. Observamos que cuanto mayor es la pendiente, mayor es la inclinación. Si la pendiente es positiva, la recta es creciente, y si es negativa, la recta es decreciente.

## Piensa y practica

**1.** Dibuja sobre unos ejes cartesianos, en papel cuadriculado, dos rectas que pasen por el origen y que tengan pendientes positivas y otras dos con pendientes negativas.

## Representación de la gráfica a partir de su ecuación

Para representar una función de proporcionalidad, $y = mx$, tendremos en cuenta lo siguiente:

— **Es una recta,** pues a variaciones iguales de $x$ corresponden variaciones iguales de $y$.

— **Pasa por el punto (0, 0),** pues si $x = 0$, entonces $y = m \cdot 0 = 0$.

Por tanto, para representarla solo falta **obtener otro punto.** Esto se consigue dándole un valor a $x$ y obteniendo el correspondiente valor de $y$.

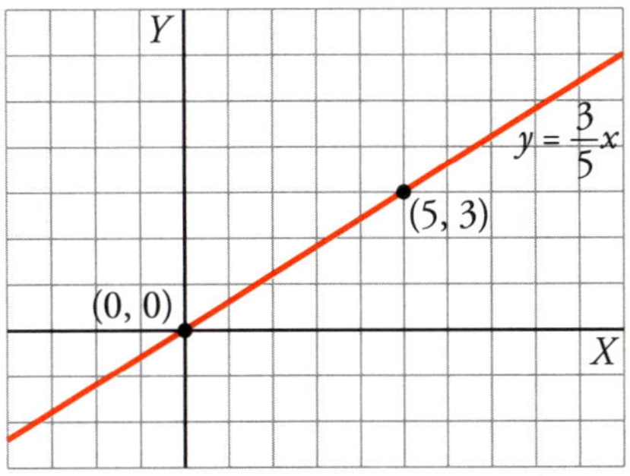


Por ejemplo, para representar $y = \frac{3}{5}x$, obtenemos el punto correspondiente a $x = 5$:

$$\text{Si } x = 5, \text{ entonces } y = \frac{3}{5} \cdot 5 = 3$$

Es una recta que pasa por (0, 0) y (5, 3).

## Ecuación a partir de la gráfica. Obtención de la pendiente

Si la gráfica de una función es una recta que pasa por el origen, entonces es una función de proporcionalidad, $y = mx$. Para determinar su ecuación, solo falta averiguar el valor de $m$ (la pendiente).

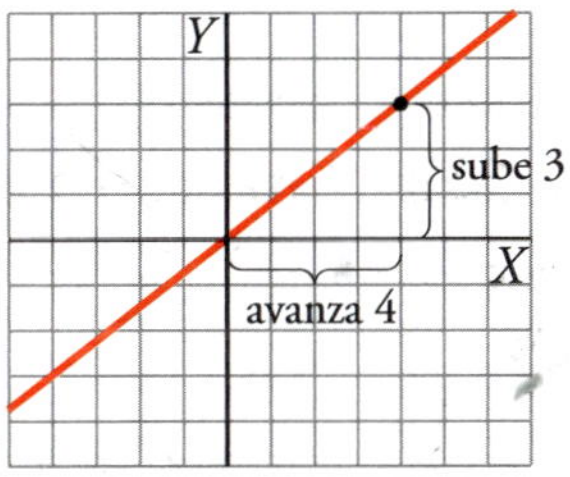


Pendiente $m = \frac{3}{4}$

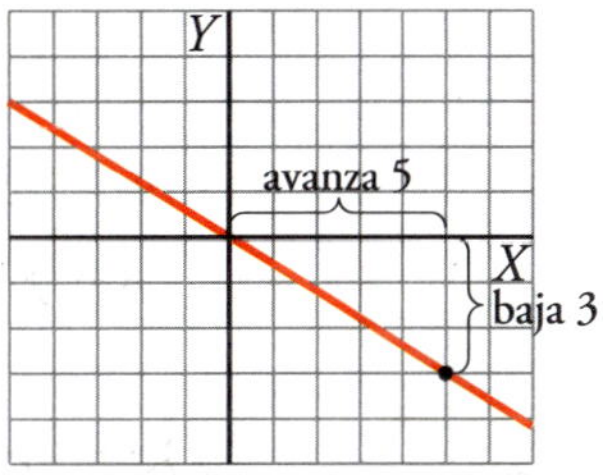


Pendiente $m = -\frac{3}{5}$

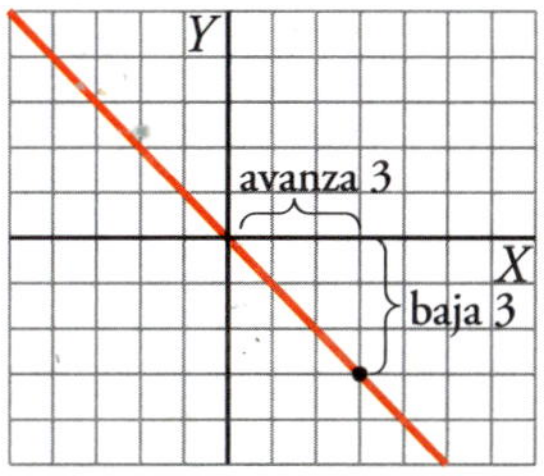


Pendiente $m = \frac{-3}{3} = -1$

### Importante

La pendiente de una recta

$y = mx$

es el coeficiente de la $x$ cuando está despejada la $y$.

La función $y = 0$ es, también, de proporcionalidad. Su pendiente es 0.

La **pendiente** (coeficiente de la $x$) es la variación (positiva o negativa) que experimenta la $y$ cuando la $x$ aumenta una unidad. Para hallarla, se divide la variación de la $y$ por la variación de la $x$ entre dos de sus puntos.

### Piensa y práctica

**2.** Representa las funciones siguientes:

a) $y = x$ b) $y = 2x$ c) $y = -x$

d) $y = -2x$ e) $y = \frac{1}{3}x$ f) $y = -\frac{1}{3}x$

g) $y = \frac{3}{2}x$ h) $y = \frac{-3}{2}x$ i) $y = \frac{2}{3}x$

**3.** Halla las ecuaciones de las rectas siguientes:

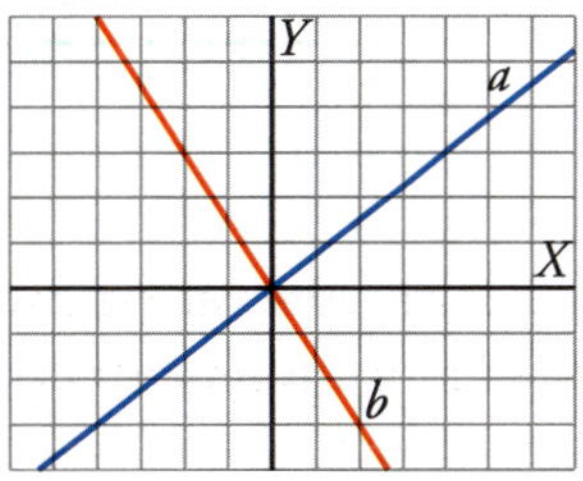


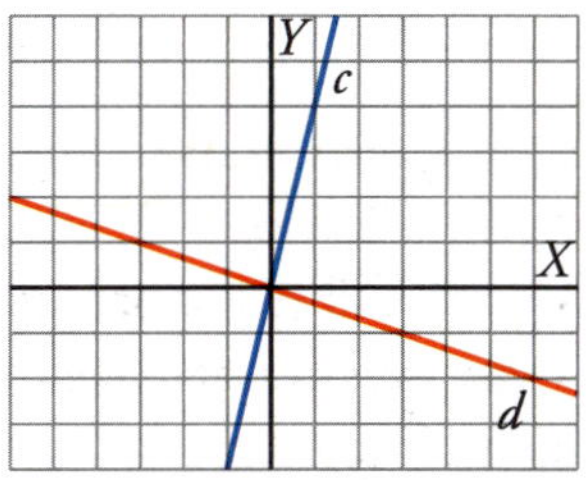


En la web Refuerza: función de proporcionalidad $y = mx$.

# 2 La función $y = mx + n$

**Nota**

En matemáticas superiores se llaman **funciones lineales** a las del tipo $y = mx$.

A estas otras, $y = mx + n$, se las llama **funciones afines.**

Sin embargo, en matemáticas aplicadas como, por ejemplo, en economía, se llaman lineales a las funciones que se representan mediante rectas.

Así lo hacemos aquí:

lineales $\rightarrow y = mx + n$

de proporcionalidad $\rightarrow y = mx$

*En la factura de agua de una ciudad se paga una cantidad fija de 3 € más 1,50 € por metro cúbico de consumo.*

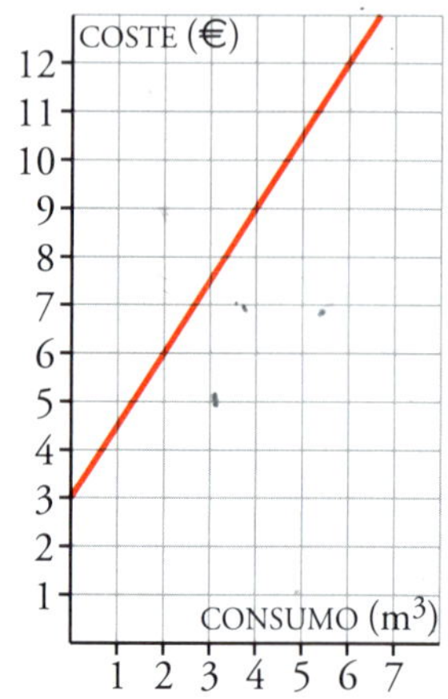


En este enunciado vemos que, una vez pagada la cantidad inicial, 3 €, el coste añadido es proporcional al consumo (en $m^3$) de agua que hagamos.

La función *consumo* $\rightarrow$ *coste* tiene esta ecuación:

$$y = 3 + 1{,}5x$$

Su gráfica es una recta cuya pendiente es 1,5 (lo que aumenta el coste cuando el consumo de agua aumenta 1 $m^3$).

La cantidad inicial, 3, es el punto del eje $Y$ del cual arranca la función.

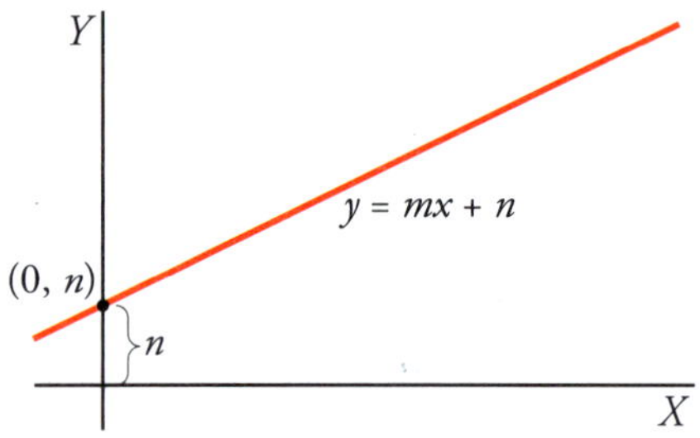


La ecuación $y = mx + n$ se representa mediante una recta con las siguientes características:

— Su **pendiente** es $m$ (la pendiente es el coeficiente de la $x$ en la ecuación $y = mx + n$). Representa la variación de $y$ por cada unidad de $x$.

— Su **ordenada en el origen** es $n$. Es decir, si $x = 0$, entonces $y = n$. Por tanto, corta al eje $Y$ en el punto $(0, n)$.

Cuando la pendiente es $m = 0$, la recta $y = n$ es paralela al eje $X$. Se llama **función constante** porque $y$ siempre vale lo mismo $(n)$ aunque varíe la $x$.

Las funciones que se representan mediante rectas se llaman **funciones lineales.**

## Ejercicio resuelto

***Representar estas rectas:***

***a)*** $y = 5x - 1$

***b)*** $y = -2$

***c)*** $y = -\frac{5}{4}x + 3$

a)
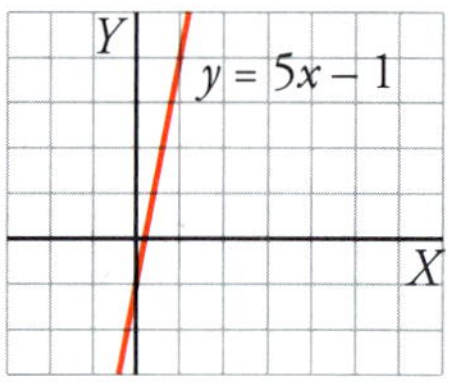


b)
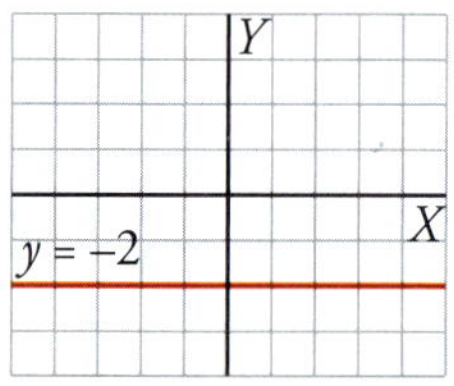


c)
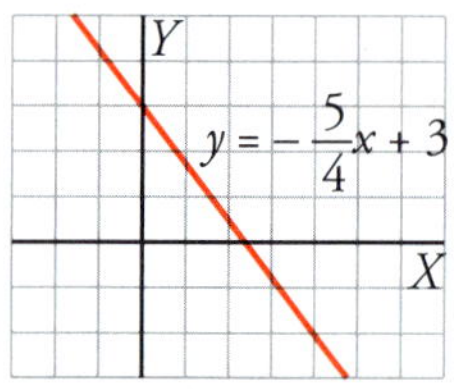


## Piensa y practica

En la web — Refuerza: la función $y = mx + n$.

**1.** Representa en unos ejes cartesianos, sobre papel cuadriculado, las rectas de ecuaciones:

a) $y = 3x - 2$ b) $y = 3 - 2x$ c) $y = \frac{3}{4} - \frac{1}{4}x$

d) $y = \frac{2}{3}x - 5$ e) $y = -2$ f) $y = \frac{5x - 3}{2}$

**2.** Medimos el grosor de los libros de una colección. Cada una de las cubiertas tiene un grosor de 5 mm. Sabiendo que el grosor de 200 páginas es de 1 cm, escribe la ecuación de la función *número de páginas* $\rightarrow$ *grosor del libro* y represéntala en unos ejes.

**3.** Escribe la ecuación de cada una de estas rectas:

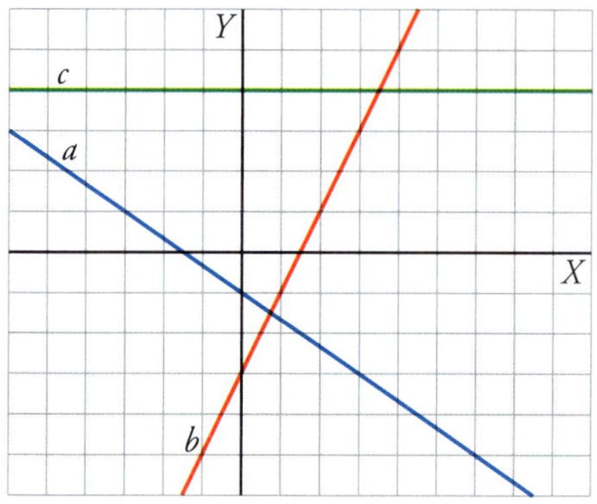


En la web — Practica con funciones $y = mx + n$.

# 3 Recta de la que se conocen un punto y la pendiente

**Ten en cuenta**

Las ecuaciones $y = y_0 + m(x - x_0)$ pueden simplificarse hasta adoptar la forma $y = mx + n$.

Por ejemplo:

$y = 3 + \frac{2}{5}(x - 1) \Rightarrow y = \frac{2}{5}x + \frac{13}{5}$

Supongamos que de una recta conocemos un punto $(x_0, y_0)$ y su pendiente, $m$. Entonces, su ecuación puede ponerse así:

$y = y_0 + m(x - x_0)$ ECUACIÓN PUNTO-PENDIENTE

- Es claro que esta recta pasa por $(x_0, y_0)$, pues:

  si $x = x_0$, entonces $y = y_0 + m(x_0 - x_0) = y_0 + m \cdot 0 = y_0$

- Su pendiente es $m$, por ser el coeficiente de la $x$ al despejar la $y$.

## Ejercicios resueltos

**1.** ***Escribir las ecuaciones de las rectas siguientes dadas por un punto y su pendiente:***

***a)*** $P(3, 7)$ $m = 4$

***b)*** $P(-2, 5)$ $m = -\frac{2}{3}$

***c)*** $P(4, -1)$ $m = 1{,}2$

***d)*** $P(-3, 0)$ $m = \frac{1}{5}$

Obtenemos, para cada una de las rectas, su ecuación punto-pendiente.

a) ECUACIÓN: $y = 7 + 4(x - 3)$ Es decir, $y = 4x - 5$

b) ECUACIÓN: $y = 5 - \frac{2}{3}(x + 2)$ Es decir, $y = -\frac{2}{3}x + \frac{11}{3}$

c) ECUACIÓN: $y = -1 + 1{,}2(x - 4)$ Es decir, $y = 1{,}2x - 5{,}8$

d) ECUACIÓN: $y = \frac{1}{5}(x + 3)$ Es decir, $y = \frac{1}{5}x + \frac{3}{5}$

**2.** ***Escribir la ecuación de las rectas a, b y c.***

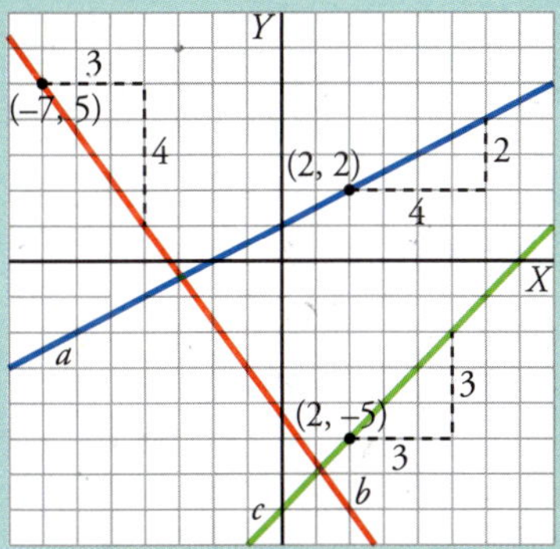


a) Pasa por (2, 2). Su pendiente es $\frac{2}{4} = \frac{1}{2}$.

ECUACIÓN: $y = 2 + \frac{1}{2}(x - 2)$

b) Pasa por (–7, 5). Su pendiente es $-\frac{4}{3}$.

ECUACIÓN: $y = 5 - \frac{4}{3}(x + 7)$

c) Pasa por (2, –5). Su pendiente es $\frac{3}{3} = 1$.

ECUACIÓN: $y = -5 + (x - 2)$

**En la web** Refuerza: la ecuación punto-pendiente.

## Piensa y practica

**1.** Escribe, en cada caso, la ecuación de la recta que pasa por $P$ y tiene pendiente $m$:

a) $P(4, -3)$, $m = 4$ b) $P(0, 2)$, $m = -\frac{1}{2}$

c) $P(-3, 1)$, $m = \frac{5}{4}$ d) $P(0, 0)$, $m = -1$

e) $P(-1, 3)$, $m = -\frac{3}{5}$ f) $P(0, -2)$, $m = 0$

**2.** Escribe la ecuación de las rectas $a$ y $b$ dadas mediante sus gráficas. Escoge de cada una otro punto distinto al que tomaste para escribir la ecuación. Vuelve a escribir una ecuación con este otro punto. Comprueba que se trata de la misma ecuación.

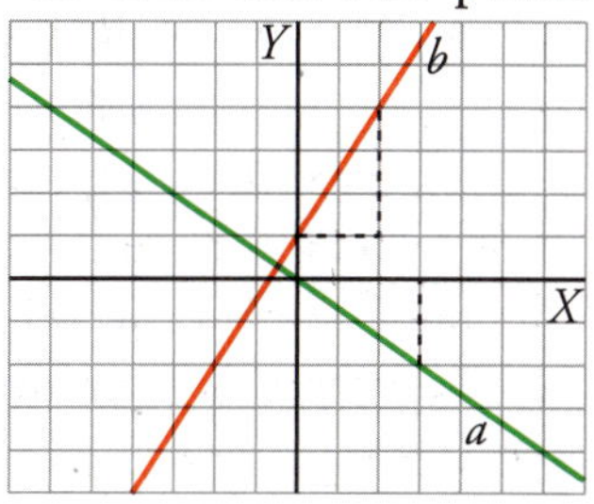


**En la web** Concepto de pendiente de una recta.

# 4 Recta que pasa por dos puntos

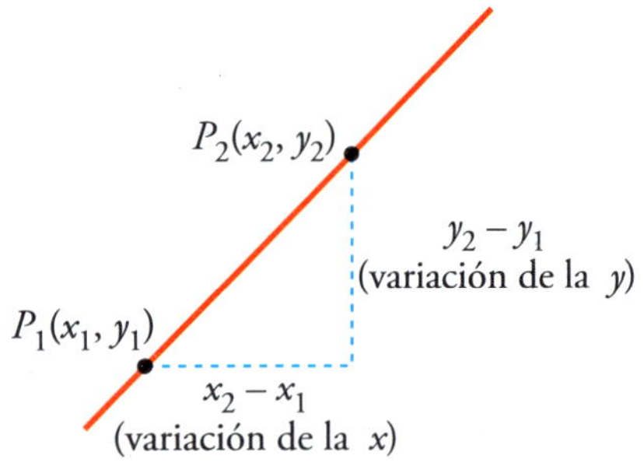


Si de una recta conocemos dos puntos, podemos obtener su pendiente a partir de ellos y, después, con la pendiente y uno de los puntos, hallar su ecuación tal y como hemos visto en la página anterior.

## Obtención de la pendiente conociendo dos puntos

Para hallar la pendiente de la recta que pasa por dos puntos conocidos, se puede proceder gráficamente, midiendo (o contando cuadraditos) la variación de la $x$ y la variación de la $y$.

Pero también se obtiene (más rápida y eficazmente) mediante este cálculo:

$$\left.\begin{array}{l} P_1(x_1, y_1) \\ P_2(x_2, y_2) \end{array}\right\} \to m = \frac{\text{variación de la } y}{\text{variación de la } x} = \frac{y_2 - y_1}{x_2 - x_1}$$

## Ejercicios resueltos

**1.** ***Hallar las pendientes de las siguientes rectas dadas por dos puntos:***

***a) (2, –5), (6, 1)***

***b) (–1, 0), (3, 2)***

***c) (–3, –1), (2, –2)***

GRÁFICAMENTE:

a) 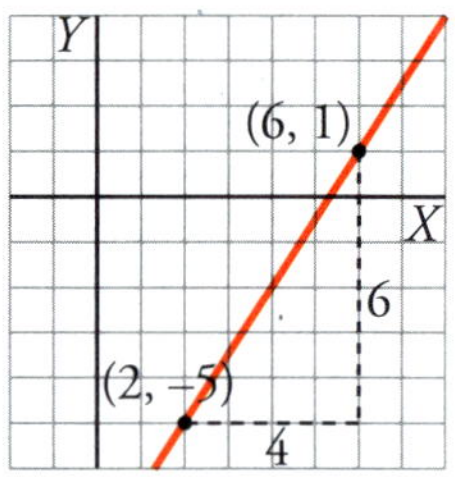


$m = \frac{6}{4} = \frac{3}{2}$

b) 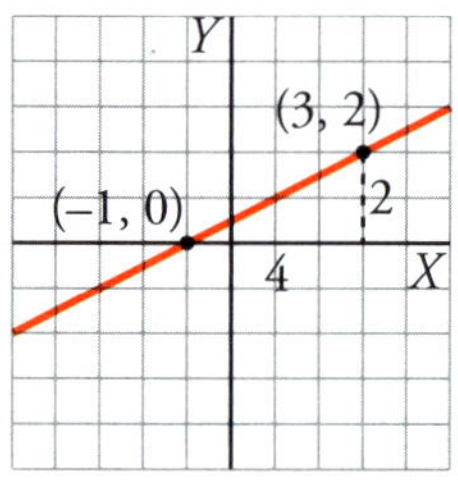


$m = \frac{2}{4} = \frac{1}{2}$

c) 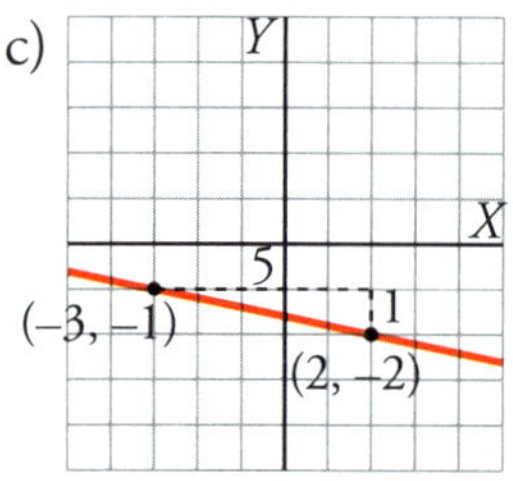


$m = -\frac{1}{5}$

OPERANDO:

a) $m = \frac{1-(-5)}{6-2} = \frac{6}{4} = \frac{3}{2}$

b) $m = \frac{2-0}{3-(-1)} = \frac{2}{4} = \frac{1}{2}$

c) $m = \frac{-2-(-1)}{2-(-3)} = \frac{-1}{5}$

**2.** ***Obtener la ecuación de la recta que pasa por P y Q:***

***a) P(5, 3), Q(–3, 4)***

***b) P(–3, 5), Q(–2, 3)***

a) $m = \frac{4-3}{-3-5} = \frac{1}{-8} = -\frac{1}{8}$ ECUACIÓN: $y = 3 - \frac{1}{8}(x-5)$

b) $m = \frac{3-5}{-2-(-3)} = \frac{-2}{1} = -2$ ECUACIÓN: $y = 5 - 2(x+3)$

## Piensa y practica

En la web Refuerza: ecuación de la recta que pasa por dos puntos.

**1.** Halla, en cada caso, la ecuación de la recta que pasa por los puntos $P$ y $Q$:

a) $P(2, 5)$, $Q(-3, 6)$

b) $P(3, -4)$, $Q(-2, -1)$

c) $P(-1, 0)$, $Q(5, 5)$

d) $P(-7, 1)$, $Q(3, 4)$

e) $P(3, 1)$, $Q(-2, 1)$

f) $P(2, -2)$, $Q(2, 5)$

**2.** Halla las ecuaciones de las rectas $a$, $b$ y $c$. Utiliza los puntos marcados para calcular las pendientes.

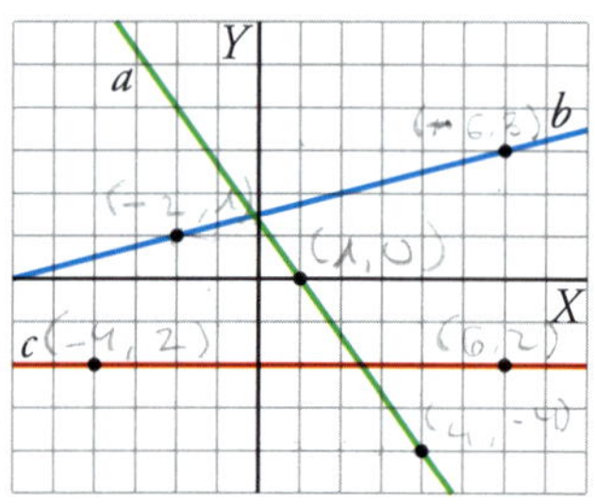

# 5 Aplicaciones de la función lineal. Problemas de movimientos

**Escalas en los ejes**

Para la representación de funciones extraídas de situaciones cotidianas, es frecuente tener que utilizar en los ejes escalas adecuadas al contexto.

Las funciones lineales sirven para describir multitud de fenómenos en los que se relacionan dos magnitudes que varían proporcionalmente. Por ejemplo:

*peso de un producto* → *coste del mismo*

*tiempo de movimiento uniforme* → *distancia recorrida*

Veamos algunas funciones que describen situaciones de movimientos uniformes.

## Problemas resueltos

**1.** ***Alicia salió de su casa a caminar a una velocidad de 5 km/h. ¿A qué distancia se hallará dentro de $t$ horas?***

Si la distancia la expresamos en kilómetros y el tiempo en horas, la distancia recorrida por Alicia en $t$ horas es:

$$d = 5t$$

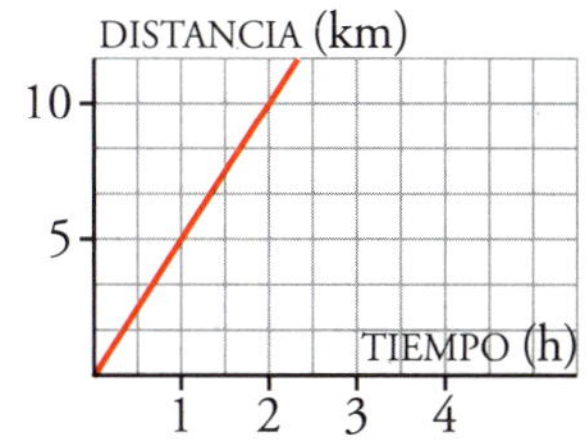


**2.** ***Jaime salió de aquí hace 2 h a una velocidad de 4 km/h. ¿A qué distancia estará de nosotros dentro de $t$ horas?***

Como salió hace 2 h, dentro de $t$ horas llevará caminando $2 + t$ horas. Por tanto, habrá recorrido $4(2 + t)$ km.

$$d = 4(2 + t)$$

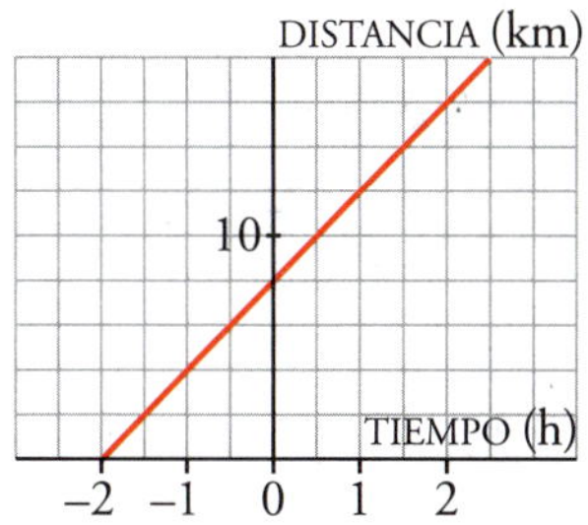


**3.** ***Ricardo está en su pueblo a 40 km de nosotros. Sale hacia aquí en bicicleta a 15 km/h. ¿A qué distancia se encuentra de nosotros dentro de $t$ horas?***

Dentro de $t$ horas, Ricardo habrá recorrido $15t$ km. En esa cantidad de kilómetros se habrá reducido la distancia que nos separa. Por tanto:

$$d = 40 - 15t$$

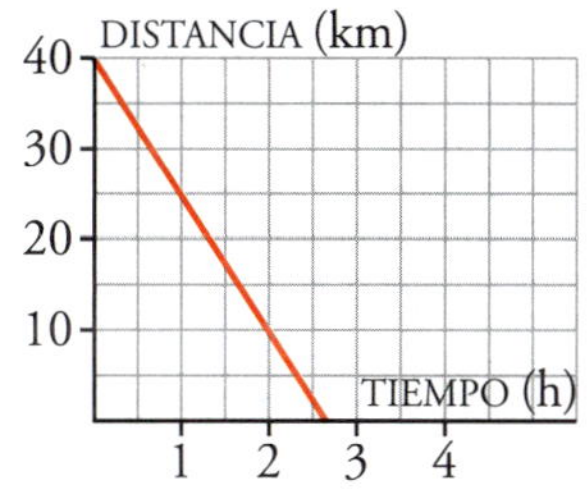


**4.** ***Un peregrino se encuentra todavía a 50 km de Santiago de Compostela. Prosigue su camino a las 8 de la mañana a un ritmo de 6 km/h. ¿A qué distancia de su destino se encontrará a las $t$ horas de ese día?***

El tiempo que lleva caminando a las $t$ horas es $t - 8$. La distancia recorrida es $6(t - 8)$.

Su distancia a Santiago será:

$$d = 50 - 6(t - 8)$$

Si el peregrino estuviera andando sin parar durante 6 horas, el dominio de definición de la función sería 8-14.

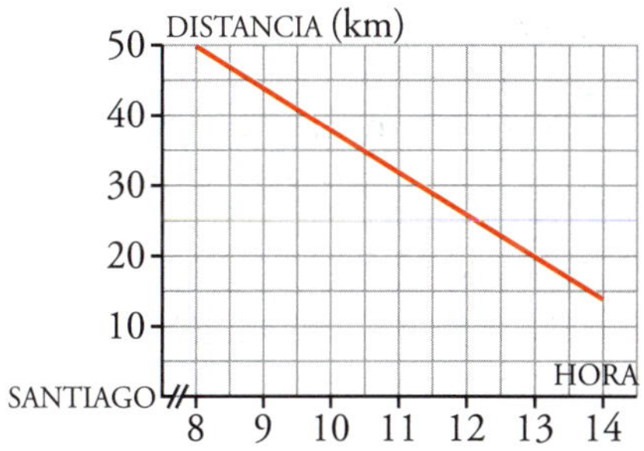


## Piensa y practica

En la web: Ayuda para elegir escalas en los ejes.

**1.** Un robot va a una velocidad de 7 m por minuto (7 m/min). ¿Qué distancia recorre en $t$ min?

**2.** Un robot marcha a 7 m/min. Lo pusimos en marcha hace 2 min. ¿A qué distancia estará de nosotros dentro de $t$ min?

**3.** Un robot está a 40 m de nosotros y se nos acerca a 5 m/min. ¿A qué distancia estará dentro de $t$ min?

**4.** A las 10:00 alquilamos una bici a 5 €/h y dejamos 100 € de adelanto. ¿Cuánto nos han de devolver si la llevamos de vuelta a las $t$ horas de ese día?

# 6 Estudio conjunto de dos funciones lineales

Para estudiar conjuntamente dos funciones lineales, las representamos sobre los mismos ejes. Su punto de corte es de gran importancia en la interpretación conjunta. Para hallar sus coordenadas, si no se ven claramente sobre la gráfica, se resuelve el sistema formado por ambas ecuaciones.

## Problema resuelto

***Paula sale a las 10:00 h de su casa caminando a 4 km/h en busca de su amigo Álex. A las 12:00 h, Álex sale al encuentro de Paula en bici a 12 km/h. Si viven a 24 km de distancia, ¿a qué hora y dónde se encuentran?***

Relacionamos distancias y tiempos. Las distancias las referimos a la casa de Paula, y como origen del tiempo tomamos el momento en que sale Álex.

Ecuación del movimiento de Álex:

En el instante $t$ se ha acercado a casa de Paula $12t$ km, por tanto, su distancia a casa de Paula es $d = 24 - 12t$.

Ecuación del movimiento de Paula:

En el instante inicial, Paula lleva 2 horas caminando. En el instante $t$ lleva, pues, $(t + 2)$ h. Por tanto, la distancia de Paula a su casa en el instante $t$ es $d = 4(t + 2)$.

En el momento en el que se encuentran están en el mismo lugar.

Esa coincidencia, tanto de tiempo como de posición, nos lleva a resolver el problema obteniendo el punto en el que se cortan las rectas descritas por ambas ecuaciones.

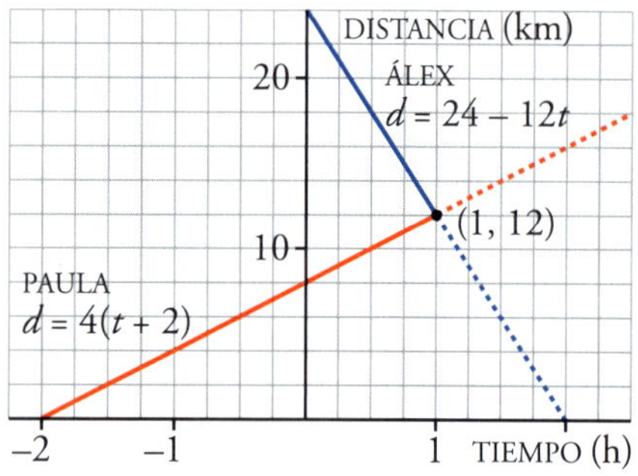


El punto de corte de las rectas, (1, 12), significa que se encuentran una hora después de que Álex saliera de casa a 12 km de la casa de Paula.

OPERANDO:

Las coordenadas del punto de corte también se pueden hallar resolviendo el sistema formado por las dos ecuaciones:

$$\left.\begin{array}{l} d = 24 - 12t \\ d = 4(t+2) \end{array}\right\} \rightarrow 24 - 12t = 4t + 8 \rightarrow 16t = 16 \rightarrow t = 1 \rightarrow d = 12$$

*Solución*: Se encuentran a las 13:00 h a 12 km de casa de Paula.

En la web Refuerza: estudio conjunto de dos funciones.

## Piensa y practica

**1.** Un tren AVE ha salido a las 10 de la mañana de una ciudad situada a 750 km de la nuestra y viene hacia aquí a 200 km/h. Por otro lado, un tren de mercancías salió dos horas antes de nuestra ciudad y va a 50 km/h por un vía paralela a la del AVE.

a) Expresa mediante dos funciones la distancia a nuestra ciudad de cada tren al cabo de $t$ horas.

b) Representa las dos rectas correspondientes a las funciones en unos ejes de coordenadas.

c) Indica en qué punto se cortan las dos rectas y di qué significa cada una de sus coordenadas.

d) Calcula mediante un sistema de ecuaciones la hora a la que se cruzan los trenes y a qué distancia de nuestra ciudad se encuentran.

En la web Resuelve el problema "Excursión".

# 7 Parábolas y funciones cuadráticas

La curva que describe un balón cuando se lanza a canasta es una parábola. También describen parábolas las bolas de golf o los chorros de agua. Parabólicas son las secciones de las antenas que captan las emisiones de televisión procedentes de los satélites artificiales y las secciones de los faros de los coches.

También hay muchas funciones que se representan mediante parábolas:

— El área de un cuadrado en función de su lado $(A = l^2)$ o la de un círculo en función de su radio $(A = \pi r^2)$.

— La altura a la que se encuentra una piedra que lanzamos hacia arriba en función del tiempo transcurrido desde que se lanzó $(a = v_0 t - 4{,}9t^2)$.

— El espacio que recorre un coche desde que decidimos frenar hasta que realmente se para, en función de la velocidad que llevaba $(e = 0{,}0074v^2 + 0{,}21v)$.

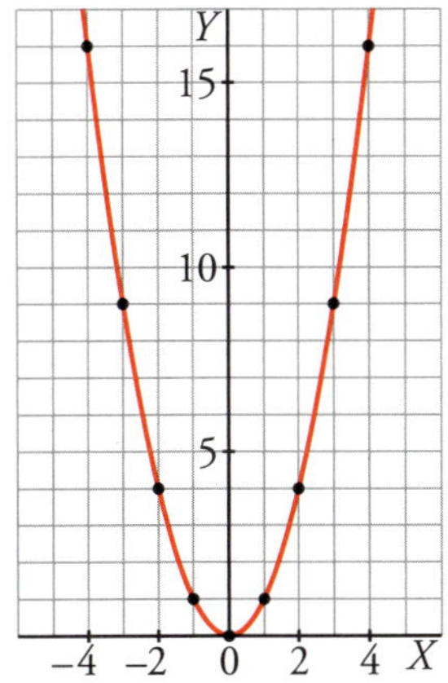


## Parábola tipo: la función $y = x^2$

Empecemos por representar el modelo de parábola más sencillo, que corresponde a la función $y = x^2$.

A la derecha puedes ver su tabla de valores, y en el margen, su representación gráfica.

Se trata de una curva **simétrica** respecto al eje $Y$; tiene un mínimo en el punto (0, 0), al que llamamos **vértice.**

Tiene **dos ramas,** una decreciente y otra creciente.

| x | y |
|---|---|
| –4 | 16 |
| –2 | 4 |
| –1 | 1 |
| 0 | 0 |
| 1 | 1 |
| 2 | 4 |
| 4 | 16 |

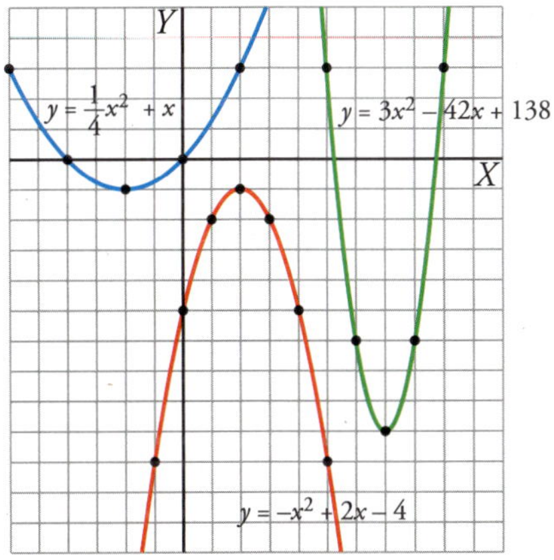


## Funciones cuadráticas

Las funciones $y = ax^2 + bx + c$, con $a \neq 0$, llamadas **cuadráticas,** se representan todas ellas mediante **parábolas** con su eje de simetría paralelo al eje $Y$.

Su forma (hacia abajo, hacia arriba, más ancha…) depende de $a$, coeficiente de $x^2$, del siguiente modo:

- Si dos funciones cuadráticas tienen el mismo coeficiente de $x^2$, las parábolas correspondientes son idénticas, aunque pueden estar situadas en posiciones distintas.
- Si $a > 0$, tienen las ramas hacia arriba, y si $a < 0$, hacia abajo.
- Cuanto mayor sea $|a|$, más estilizada es la parábola.

### Piensa y practica

**1.** Asocia estas expresiones analíticas de funciones cuadráticas con sus correspondientes parábolas representadas a la derecha:

I) $y = 2x^2 - 2x + 1$ II) $y = -x^2 + x - 3$

III) $y = \frac{1}{2}x^2 - 1$ IV) $y = -3x^2 + 8x$

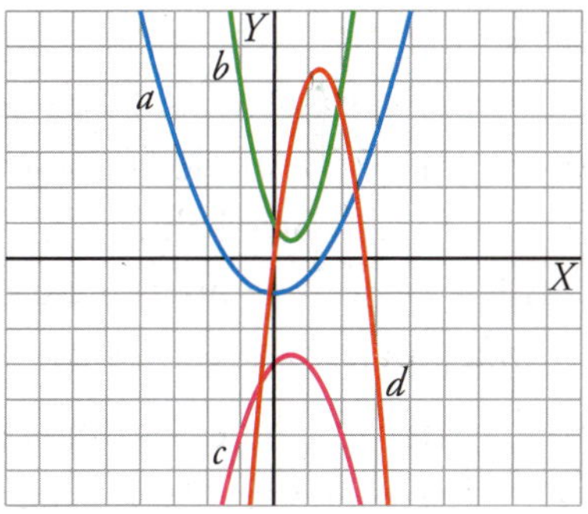

## Representación de funciones cuadráticas

Como ya se ha dicho, las funciones cuadráticas se representan mediante parábolas cuya forma depende, exclusivamente, del coeficiente de $x^2$. Veamos ahora algunos pasos que conviene dar para la representación de $y = ax^2 + bx + c$:

**1.°** Obtención de la **abscisa del vértice:** $p = -\frac{b}{2a}$

**2.°** Obtención de algunos **puntos próximos al vértice.**

Calculamos el valor de la función en abscisas enteras próximas al vértice, a su derecha y a su izquierda. Así conocemos la curva en su parte más interesante.

**3.°** Obtención de los **puntos de corte con los ejes.**

Con ellos se completa la información sobre los puntos más relevantes de la gráfica:

— Corte con el eje $X$: se resuelve la ecuación $ax^2 + bx + c = 0$.

— Corte con el eje $Y$: es el $(0, c)$.

**4.° Representación.**

Escogeremos sobre los ejes unas escalas que nos permitan plasmar la información en un espacio razonable.

### La abscisa del vértice

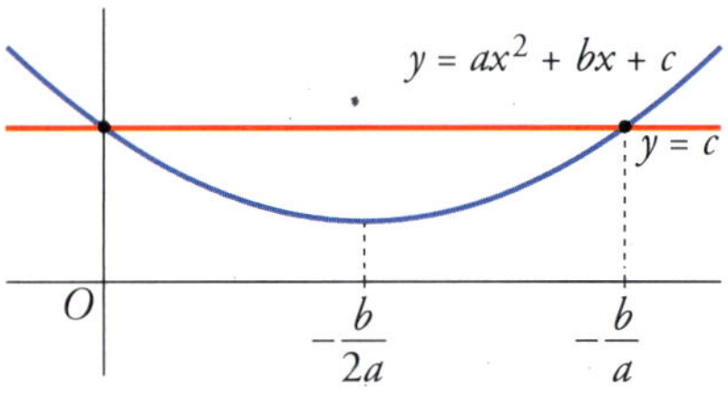


$ax^2 + bx + c = c \rightarrow ax^2 + bx = 0 \rightarrow$

$\rightarrow (ax + b)x = 0 \rightarrow x_1 = 0,\ x_2 = -\frac{b}{a}$

La abscisa del vértice está en el punto medio de $x_1$ y $x_2$, es decir, en $p = -\frac{b}{2a}$.

## Ejercicio resuelto

***Representar $y = x^2 - 3x - 4$.***

1.° Obtención del vértice:

Abscisa: $p = \frac{-(-3)}{2 \cdot 1} = \frac{3}{2} = 1{,}5$

Ordenada: $f(1{,}5) = (1{,}5)^2 - 3 \cdot 1{,}5 - 4 = -6{,}25$

El vértice es $(1{,}5; -6{,}25)$.

2.° Obtención de puntos próximos al vértice:

| x | −2 | −1 | 0 | 1 | 2 | 3 | 4 | 5 |
|---|---|---|---|---|---|---|---|---|
| y | 6 | 0 | −4 | −6 | −6 | −4 | 0 | 6 |

3.° Puntos de corte con los ejes:

- Cortes con el eje $X$:

$$x^2 - 3x - 4 = 0 \rightarrow x = \frac{3 \pm \sqrt{9+16}}{2} \rightarrow x_1 = -1,\ x_2 = 4$$

- Corte con el eje $Y$: $(0, -4)$

(Esta información ya la teníamos en la tabla anterior)

4.° Puedes ver la representación a la izquierda.

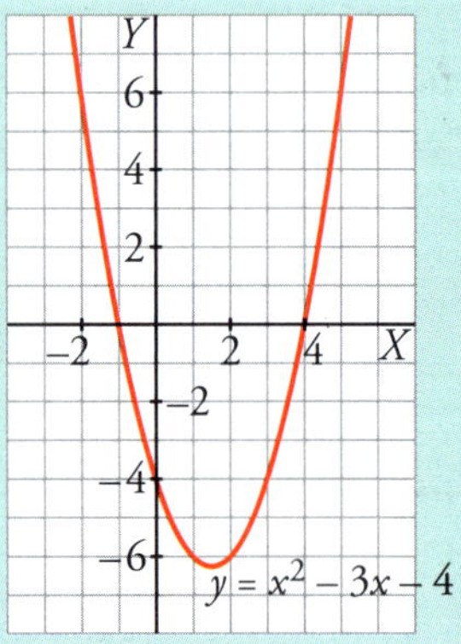


## Piensa y practica

**2.** Representa las siguientes parábolas:

a) $y = x^2 - 2x + 3$

b) $y = x^2 - 6x + 5$

**3.** Dibuja estas funciones:

a) $y = \frac{1}{4}x^2 + x - 2$

b) $y = 2x^2 - 10x + 8$

# Ejercicios y problemas resueltos



## 1. Expresión analítica y representación

***Un águila está en su nido a 525 m de altura. Oye un estampido y vuela ascendiendo a una velocidad constante de 10 m/s durante 50 s.***

***Obtener y representar la expresión analítica de la altura, a, en m, del águila en función del tiempo, t, en s.***

La expresión analítica de la altura del águila es: $a = 525 + 10t \quad 0 < t < 50$

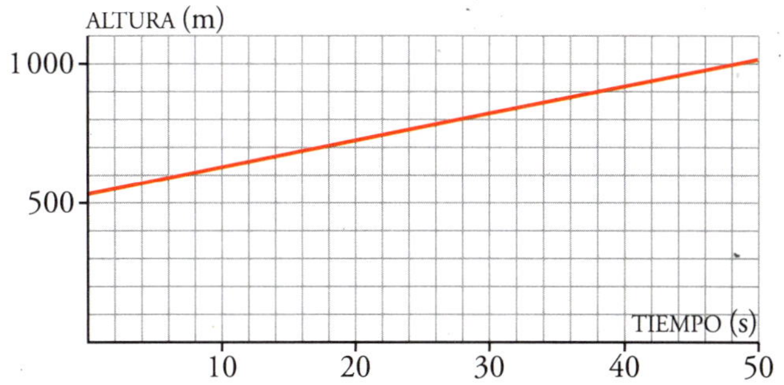


## 2. Función lineal y cuadrática

***El estampido que oye el águila del ejercicio anterior es producido por un cañón que lanza una bala hacia arriba con una velocidad inicial de 200 m/s. La altura, a, en m, de la bola en función del tiempo, t, en s, viene dada por la ecuación $a = 200t - 5t^2$.***

***a) Representar la gráfica de esta función.***

***b) ¿Cuál es su dominio de definición?***

***c) ¿Cuánto tiempo después de haber sido lanzada alcanza la bala su altura máxima? ¿Cuál es esa altura?***

***d) El águila ve pasar la bala hacia arriba y, después, la ve bajar. ¿En qué momentos se producen esos dos cruces? (Es decir, ¿en qué momentos las alturas del águila y la bala coinciden?).***

**Hazlo tú.** Un ave está a 1 120 m de altura. Se lanza en picado hacia abajo a 20 m/s en el mismo momento que desde el suelo sale hacia arriba una bala a 160 m/s. La ecuación del movimiento de la bala es: *altura* $= 160t - 5t^2$. ¿En qué momento coinciden?

a) $a = 200t - 5t^2$ es una parábola con vértice en $p = \dfrac{-200}{2 \cdot (-5)} = 20$.

Los puntos de corte con el eje $X$ (el eje del tiempo) son las soluciones de $200t - 5t^2 = 0$. Resolviendo la ecuación, obtenemos $t = 0$, $t = 40$.

Para representar la gráfica, hacemos una tabla de valores:

| | | | | | | | | | | | | | |
|---|---|---|---|---|---|---|---|---|---|---|---|---|---|
| **t** | 0 | 2 | 4 | 6 | 10 | 16 | 20 | 24 | 30 | 34 | 36 | 38 | 40 |
| **a** | 0 | 380 | 720 | 1 020 | 1 500 | 1 920 | 2 000 | 1 920 | 1 500 | 1 020 | 720 | 380 | 0 |

b) El dominio de definición es el intervalo 0-40, incluyendo los extremos:

En $t = 0$ la bala sale hacia arriba. En $t = 40$ la bala toca el suelo.

c) Consigue la altura máxima en el vértice, a los 20 s:

$a(20) = 200 \cdot 20 - 5 \cdot 20^2 =$

$= 2\,000$

La altura máxima es de 2 000 m.

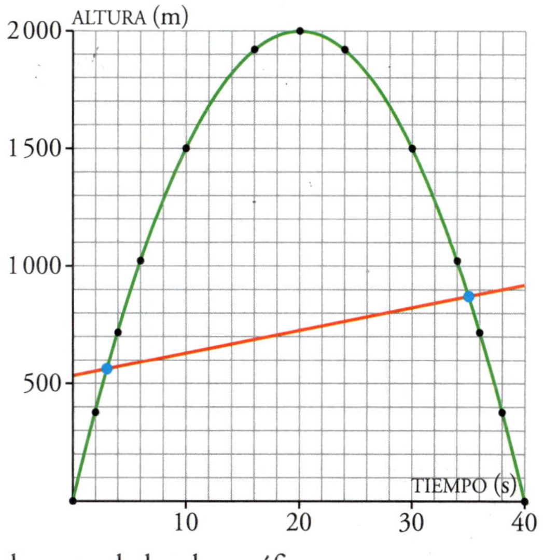


d) Hemos de encontrar los puntos de corte de las dos gráficas.

Mirando las gráficas, podemos aproximar las coordenadas de los puntos de corte. Para que el resultado sea exacto, resolvemos el siguiente sistema de ecuaciones:

$$\left. \begin{aligned} a &= 200t - 5t^2 \\ a &= 525 + 10t \end{aligned} \right\} \to 200t - 5t^2 = 525 + 10t \to$$

$$\to 5t^2 - 190t + 525 = 0 \to t = 3; \; t = 35$$

La bala supera al águila a los 3 s a una altura de $525 + 10 \cdot 3 = 555$ m, y se cruza con ella en su caída a los 35 s, a una altura de $525 + 10 \cdot 35 = 875$ m.

# Ejercicios y problemas

## Practica

### Funciones lineales. Rectas

**1.** Representa las rectas siguientes:

a) $y = 4x$  b) $y = -2{,}4x$  c) $y = -\dfrac{x}{2}$

d) $y = -2x + 1$  e) $y = -\dfrac{x}{2} + 3$  f) $y = -\dfrac{8}{5}$

g) $y = \dfrac{3x - 5}{2}$  h) $y = 2{,}5x - 1$  i) $y = \dfrac{3}{4}x + \dfrac{1}{2}$

**2.** Asocia cada recta con su ecuación:

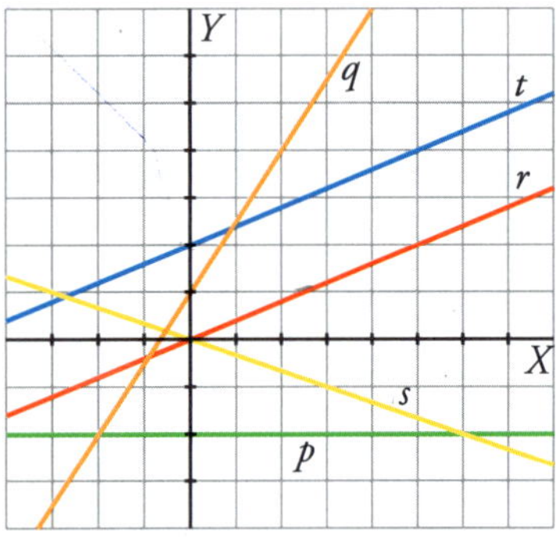


a) $y = -\dfrac{1}{3}x$

b) $y = \dfrac{3}{2}x + 1$

c) $y = \dfrac{2}{5}x$

d) $y = \dfrac{2}{5}x + 2$

e) $y = -2$

**3.** a) Escribe la ecuación de cada recta:

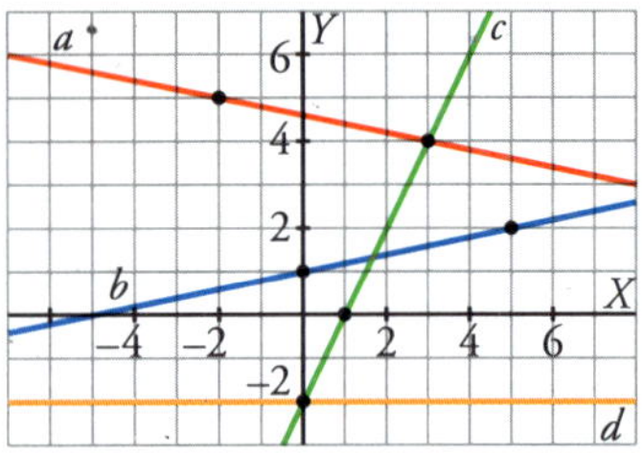


b) ¿Cuáles son funciones crecientes? ¿Y decrecientes? Comprueba el signo de la pendiente en cada caso.

**4.** Escribe la ecuación de la recta de la que conocemos un punto y la pendiente, en cada caso:

a) $P(-2, 5)$, $m = 3$  b) $P(0, -5)$, $m = -2$

c) $P(0, 0)$, $m = \dfrac{3}{2}$  d) $P(-2, -4)$, $m = -\dfrac{2}{3}$

**5.** Obtén la ecuación de la recta que pasa por $A$ y $B$.

a) $A(2, -1)$, $B(3, 4)$  b) $A(-5, 2)$, $B(-3, 1)$

c) $A\left(\dfrac{3}{2}, 2\right)$, $B\left(1, \dfrac{2}{3}\right)$  d) $A\left(-\dfrac{1}{2}, \dfrac{3}{4}\right)$, $B\left(\dfrac{1}{3}, 1\right)$

**6.** Di la pendiente de estas rectas y represéntalas en los mismos ejes. ¿Qué conclusión sacas?

a) $y = 2x$  b) $y = 2x - 3$

c) $2x - y + 1 = 0$  d) $4x - 2y + 5 = 0$

**7.** La altura del agua de un depósito varía con el tiempo según la función $a = (5/4)t$ ($a$ en metros, $t$ en segundos).

a) Represéntala. Si la altura del depósito es 5 m, ¿cuál es el dominio de definición de la función?

b) ¿Es una función de proporcionalidad?

c) Di cuál es la pendiente y explica su significado.

**8.** Esta tabla muestra cómo varía el volumen de agua que hay en un depósito al abrir un desagüe:

| *t* (min) | 0 | 1 | 2 | 3 | 5 |
|---|---|---|---|---|---|
| *V* (*l*) | 20 | 18 | 16 | 14 | 10 |

a) Representa la función *tiempo* → *volumen*.

b) Escribe su ecuación y su dominio de definición.

c) Di cuál es su pendiente y qué significa.

d) ¿Es una función de proporcionalidad?

**9.** Esta tabla muestra las longitudes de unos postes y de sus sombras en un momento determinado:

| POSTE (m) | 0,5 | 1 | 1,5 | 2 | 2,5 |
|---|---|---|---|---|---|
| SOMBRA (m) | 1,25 | 2,5 | 3,75 | 5 | 6,25 |

a) Representa la función *longitud del poste* → *longitud de la sombra*.

b) Escribe su ecuación y di cuál es la pendiente.

c) ¿Qué longitud tendrá la sombra de un poste de 3,5 m?

d) ¿Qué longitud tiene un poste que arroja una sombra de 3 m?

**10.** Una milla equivale, aproximadamente, a 1,6 km.

a) Haz una tabla para convertir millas en kilómetros.

b) Dibuja la gráfica y escribe su ecuación.

**11.** Sabiendo que 100 libras equivalen a 45 kg:

a) Escribe la ecuación que determina el número de kilos, $y$, que equivalen a $x$ libras.

b) Dibuja la gráfica de la función.

**12.** Una receta para hacer helados recomienda poner 10 g de vainilla por cada 200 cm$^3$ de leche. Encuentra la relación entre la cantidad de leche y de vainilla, y representa la función.

**13.** Mamen anda a una velocidad de 3 km/h y su casa se encuentra a 10 km de la piscina. Asocia cada uno de estos enunciados con una de las ecuaciones de más abajo:

a) Si empieza a andar ahora, ¿qué distancia habrá recorrido dentro de $t$ horas?

b) Si empezó a andar hace 3 h, ¿qué distancia habrá recorrido dentro de $t$ horas?

c) Si sale de su casa para bañarse, ¿a qué distancia estará de la piscina dentro de $t$ horas?

d) Si salió desde su casa a las 10:00 h para bañarse, ¿a qué distancia se encontrará de la piscina a las $t$ horas?

e) Si salió desde su casa hace 3 horas para bañarse, ¿a qué distancia estará de la piscina dentro de $t$ horas?

$d = 3t + 3$ $\quad d = 10 + 3(t - 10)$ $\quad d = 3(t + 3)$

$d = 3(t - 3)$ $\quad d = 10 - 3(t - 10)$ $\quad d = 10 - 3t$

$d = 3t$ $\quad d = 10 - 3(t + 3)$ $\quad d = 10 + 3(t + 3)$

**14.** Dibuja la gráfica de cada uno de los enunciados del ejercicio anterior.

**15.** En cada uno de los siguientes enunciados, halla la ecuación y representa la función lineal en unos ejes coordenados:

a) Antonio compra naranjas a 3 €/kg. ¿Cuánto le costarán $p$ kg de naranjas?

b) Sonia sale de viaje a las 8:00 h a 120 km/h. ¿Qué distancia habrá recorrido a las $t$ horas?

c) A Juan le cobran 5 € por alquilar unos patines, más 1 € por cada hora que esté patinando. ¿Cuánto le cobrarán por $t$ horas de patinaje?

d) Tengo 25 € y el taxi me ha cobrado 2,50 € por la bajada de bandera más 1,20 € por kilómetro recorrido. ¿Cuánto dinero me quedará si el taxi me lleva a $d$ km de distancia?

e) A las 12:00 he sacado un refresco a 10 °C de la nevera. Si cada minuto se calienta 1,5 °C, ¿a qué temperatura estará a las $t$ horas?

f) Hace 10 min he abierto el grifo que llena la bañera. Si el nivel sube a razón de 2 cm de altura por minuto y la bañera tiene 40 cm de profundidad, ¿cuántos centímetros faltarán para que rebose el agua dentro de $t$ minutos?

## Funciones cuadráticas. Parábolas

**16.** Asocia cada función cuadrática con su correspondiente gráfica:

I) $y = x^2$

II) $y = -x^2$

III) $y = -2x^2$

IV) $y = \frac{1}{2}x^2$

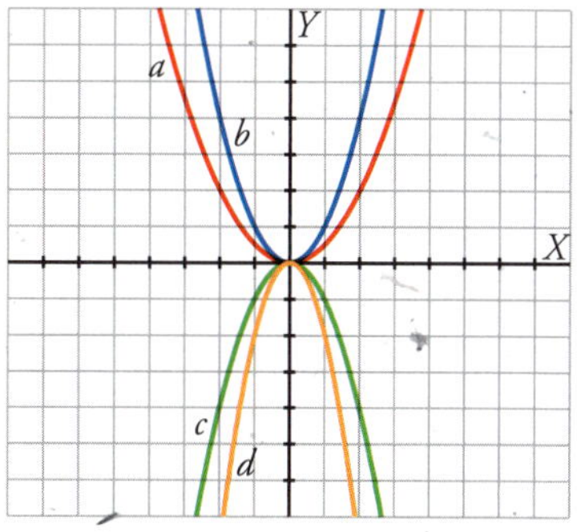


**17.** Asocia cada ecuación con su correspondiente parábola:

I) $y = x^2 + 3x - 2$

II) $y = -x^2 + 2x - 1$

III) $y = -2x^2 - 6x + 1$

IV) $y = \frac{1}{2}x^2 - 4x + 2$

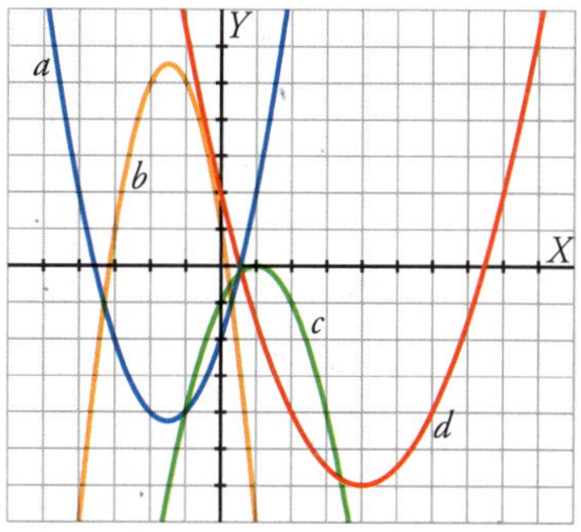


**18.** Representa las siguientes funciones haciendo, en cada caso, una tabla de valores como esta, y di cuál es el vértice de cada parábola:

| X | –4 | –3 | –2 | –1 | 0 | 1 | 2 | 3 | 4 |
|---|---|---|---|---|---|---|---|---|---|
| Y | … | … | … | … | … | … | … | … | … |

a) $y = x^2 + 3$ $\quad$ b) $y = x^2 - 4$

c) $y = 2x^2$ $\quad$ d) $y = 0{,}5x^2$

**19.** Di cuál es el punto (abscisa y ordenada) donde se encuentra el vértice de las siguientes parábolas, señalando, en cada caso, si se trata de un máximo o un mínimo:

a) $y = x^2 - 5$ $\quad$ b) $y = 3 - x^2$ $\quad$ c) $y = -2x^2 - 4x + 3$

d) $y = 5x^2 + 20x + 20$ $\quad$ e) $y = -\frac{5}{2}x^2 + 5x - \frac{3}{2}$

**20.** Representa las siguientes parábolas, hallando el vértice, algunos puntos próximos a él y los puntos de corte con los ejes:

a) $y = (x + 4)^2$ $\quad$ b) $y = \frac{1}{3}x^2 + 2x$

c) $y = -3x^2 + 6x - 3$ $\quad$ d) $y = -x^2 + 5$

# Ejercicios y problemas

## Aplica lo aprendido

**21.** a) Calcula $c$ para que la recta $3x - 5y = c$ pase por el punto $(-2, 4)$.

b) Calcula $b$ para que la recta $2x + by = -11$ pase por el punto $(2, -5)$.

c) Halla $k$ para que la parábola $y = kx^2 - 2x + 3$ pase por el punto $(-1, 0)$.

d) Halla el valor de $a$ para que la parábola de ecuación $y = ax^2 + 2x + 3$ tenga su vértice en el punto de abscisa $x = 2$.

e) Calcula el valor del parámetro $m$ para que la recta $y = mx + 2$ y la parábola $y = x^2 - 3x + 2$ tengan un solo punto de corte.

**22.** Esta es la gráfica del espacio que recorren tres montañeros que van a velocidad constante:

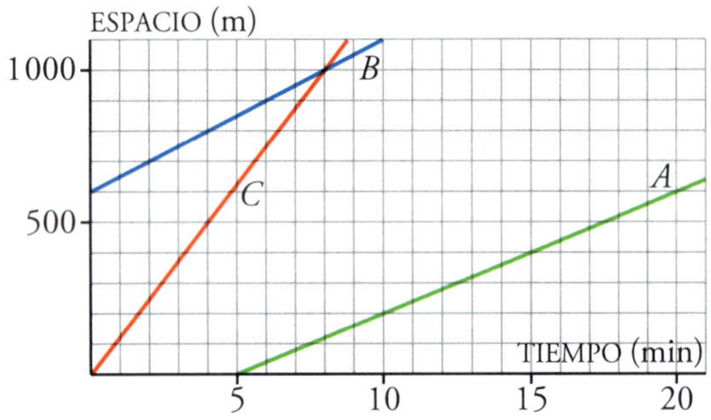


a) ¿Qué velocidad, en m/min, lleva cada uno?

b) Escribe la expresión analítica de estas funciones.

**23.** Dos depósitos de agua, A y B, funcionan de la forma siguiente: a medida que A se vacía, B se va llenando.

Estas son las gráficas:

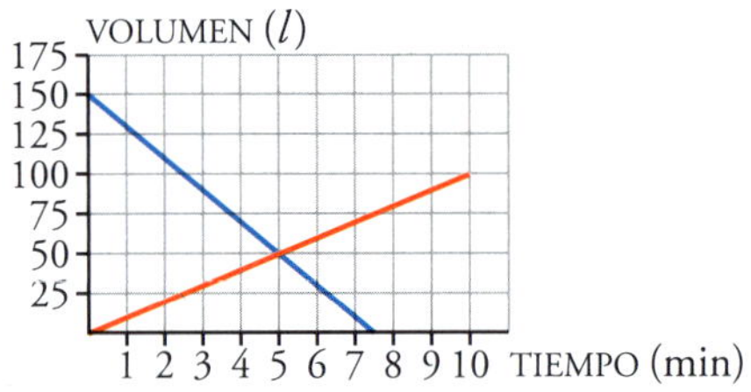


a) Indica cuál es la gráfica de A, cuál la de B y escribe sus ecuaciones.

b) ¿Cuáles son las velocidades de entrada y de salida del agua?

c) ¿En qué momento los dos depósitos tienen igual cantidad de agua?

## Resuelve problemas

**24.** En una heladería A venden el helado a 5 € el litro, y cobran 1 € por un envase, sea del tamaño que sea. En otra heladería B cobran 0,50 € por un envase y 6 € por cada litro de helado.

a) Representa la función *litros de helado - coste* para cada heladería y escribe sus ecuaciones.

b) Analiza cuál de las dos ofertas es más ventajosa según la cantidad de helado que compremos.

**25.** El servidor de Internet GUAYANDÚ tiene la tarifa GUAY, con cuota fija mensual de 20 € y 0,01 € cada minuto. El servidor JOMEIL tiene la tarifa CHUPY, sin cuota fija y 0,02 € por minuto.

a) Haz una gráfica de cada tarifa en función del tiempo y escribe sus expresiones analíticas.

b) ¿A partir de cuántos minutos mensuales es más rentable GUAY que CHUPY?

**26.** Este tornillo penetra 1,5 cm por cada tres vueltas que se le hace girar. Para colocarlo en una viga de madera, se le ha dado, previamente, un martillazo, con el que ha penetrado 0,5 cm.

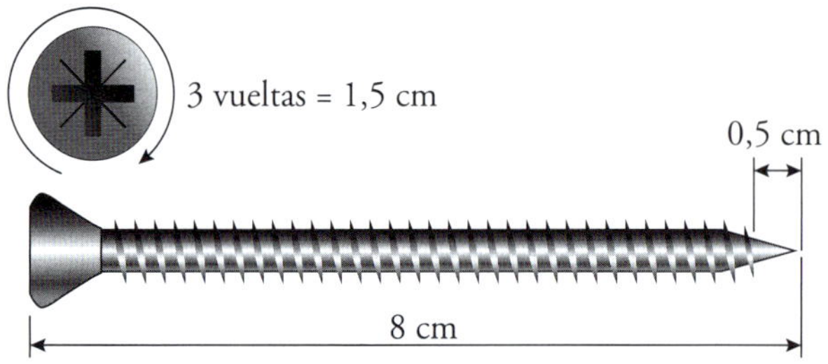


a) Haz una tabla que relacione el número de vueltas que se le da al tornillo, $x$, con la longitud que penetra, $y$. Construye la gráfica de dicha relación.

b) ¿Cuál es la expresión analítica? ¿Cuál es el paso de rosca del tornillo (longitud que penetra por cada vuelta)? ¿Cuántas vueltas habrá que darle hasta que todo el tornillo esté hundido en la viga?

c) Supongamos que se ha seguido el mismo procedimiento para atravesar un listón de 5 cm de grosor. ¿Después de cuántas vueltas empezará el tornillo a asomar por el otro lado del listón?

**27.** La temperatura de fusión del hielo en la escala centígrada es 0 °C, y en la Fahrenheit es 32 °F. La ebullición del agua es 100 °C, que equivale a 212 °F.

a) Encuentra y representa la función lineal que nos da la relación entre las dos escalas.

b) Expresa en grados Fahrenheit las temperaturas siguientes: 25 °C; 36,5 °C; 10 °C.

c) Pasa a grados centígrados 86 °F y 63,5 °F.

**28.** Israel y Susana, para un viaje a Estados Unidos, han ido a cambiar euros por dólares. A Susana le han cambiado 189 dólares por 150 euros y a Israel le han cambiado 151,20 dólares por 120 euros.

a) Halla la ecuación de la función que nos permite obtener cuántos dólares recibimos según los euros que entreguemos.

b) ¿Cuántos dólares nos darían por 200 €? ¿Y por 350 €? ¿Cuántos euros tendríamos si nos hubieran dado 220,50 dólares?

**29.** a) ¿Cuál es la ecuación de la función que nos da el perímetro de un cuadrado dependiendo de cuánto mida su lado? ¿Y la que nos da su área?

b) Dibuja ambas funciones.

**30.** La altura, $a$, a la que se encuentra en cada instante, $t$, una piedra que lanzamos verticalmente hacia arriba es $a = 20t - 5t^2$.

a) Representa gráficamente la función.

b) Di cuál es el dominio de definición.

c) ¿En qué momento alcanza la altura máxima? ¿Cuál es esa altura?

d) ¿En qué momento toca la piedra el suelo?

e) ¿En qué intervalo de tiempo la piedra está a una altura superior a 15 metros?

**31.** Representa las siguientes funciones lineal y cuadrática, respectivamente, y halla gráficamente los puntos de corte. Calcula luego, mediante un sistema de ecuaciones, dichos puntos y comprueba que coinciden.

$y = -2x + 1$ $\qquad$ $y = x^2 - 3x - 5$

**32.** Los gastos anuales, en euros, que una empresa tiene por la fabricación de $x$ ordenadores vienen dados por esta expresión:

$$G(x) = 20\,000 + 250x$$

Y los ingresos, también en euros, que se obtienen por las ventas son:

$$I(x) = 600x - 0{,}1x^2$$

¿Cuántos ordenadores deben fabricarse para que los ingresos superen a los gastos; es decir, para que haya beneficios?

## Problemas "+"

**33.** Se ha soltado un globo de helio que sube a una velocidad constante de 5 m/s. A los 30 s, se lanza una flecha verticalmente hacia arriba cuya altura, $a$, con respecto al tiempo, $t$, viene dada por la ecuación $a = 60t - 5t^2$.

a) ¿A qué altura pincha la flecha al globo? ¿Cuánto tiempo pasó desde que se lanzó la flecha?

b) Si la flecha no hubiera pinchado el globo cuando subía, ¿a qué altura lo pincharía al bajar?

c) Dibuja las gráficas correspondientes a las alturas de la flecha y el globo. Toma como origen del tiempo el momento en que se lanza la flecha.

**34.** Tenemos 200 kg de naranjas que hoy se venderían a 0,40 €/kg. Cada día que pasa se estropea 1 kg y el precio aumenta 0,01 €/kg. ¿Cuándo hemos de vender las naranjas para obtener el máximo beneficio? ¿Cuál será ese beneficio?

**35.** Dibuja las parábolas cuyas ecuaciones son:

$y = 3x^2 - 12x + 7$ $\qquad$ $y = -x^2 + 4x - 5$

Busca los puntos de corte mediante un sistema de ecuaciones y comprueba que corresponden a los hallados gráficamente.

## Reflexiona sobre la teoría

**36.** ¿Verdadero o falso? Justifica tus respuestas.

a) Se puede obtener la ecuación de una recta sabiendo su pendiente y el punto de corte con el eje $Y$.

b) Con los puntos de corte con los ejes siempre es posible obtener la ecuación de una recta.

c) La pendiente de una recta es lo que aumenta la $x$ cuando la $y$ aumenta 1.

d) La pendiente de una recta es lo que aumenta la $y$ cuando la $x$ aumenta 1.

e) Si una parábola corta al eje $X$ en dos puntos, su vértice está entre medias de estos puntos.

## Lee e infórmate

**Gottfried Wilhelm von Leibniz** (1646-1716) estudió leyes y filosofía, se licenció en derecho y ejerció la política, que le llevó a recorrer Europa. Esto y su inquietud por todas las facetas del saber le permitieron tomar contacto con universidades y científicos de distintos países y adquirir vastos conocimientos en otros campos, como la biología, la física y las matemáticas. Hizo importantes aportaciones en cálculo y lógica.

Fue quien utilizó por primera vez el término *función* con el significado que hoy le damos en matemáticas, antes de que Euler lo precisara y lo divulgara, e introdujo en el lenguaje matemático algunas de las notaciones y términos que se usan en la actualidad (por ejemplo: constante, variable y parámetro).

emprender aprender

## Reflexiona

### Subir y bajar

Un montañero inicia la ascensión a un pico a las 10 de la mañana y llega a la cima a las 4 de la tarde. Duerme en el refugio y, al día siguiente, también a las 10 h, inicia el descenso, llegando a la base a la una de la tarde.

¿Crees que hay algún punto del camino por el que ha pasado en la bajada a la misma hora que en la subida? ¿A qué hora ocurrió tal cosa, suponiendo que ha bajado y subido a velocidades constantes?

Observa las gráficas de la derecha y, si aún no lo tienes claro, dibuja ambas sobre los mismos ejes, suponiendo que han sido dos montañeros haciendo caminos inversos en el mismo día.

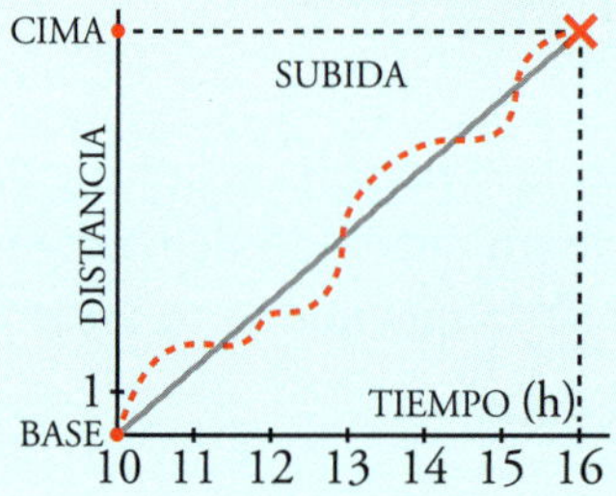


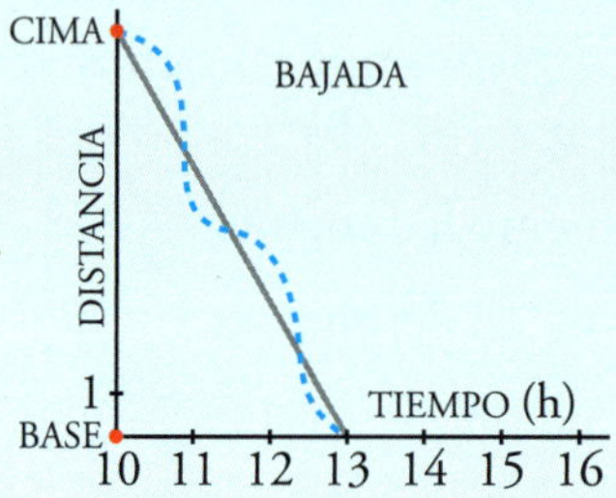

## Piensa y decide

### ¿Cuál es cuál?

Cada gráfica representa dos vehículos que van a velocidad constante. Así, la función que relaciona la distancia y el tiempo, en cada vehículo, es una recta. Asocia cada enunciado con una gráfica:

Ⓐ Un coche partió y una moto salió en su persecución.

Ⓑ Un coche va, otro viene, y chocan.

Ⓒ Un coche va, un camión viene, y se cruzan.

Ⓓ Un coche se acerca y otro se aleja.

Ⓔ Dos autobuses salen juntos y uno de ellos hace un descanso.

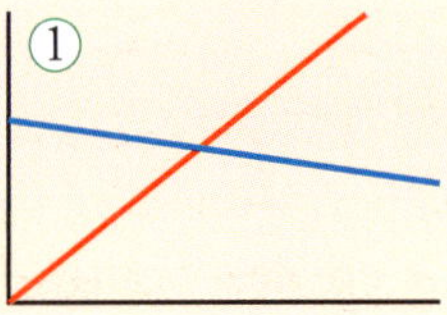


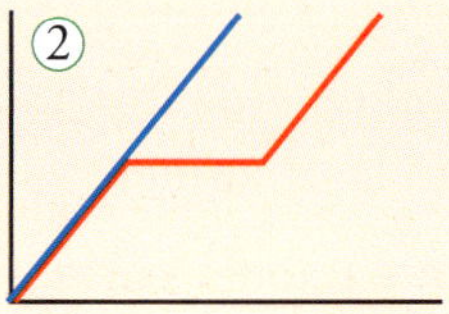


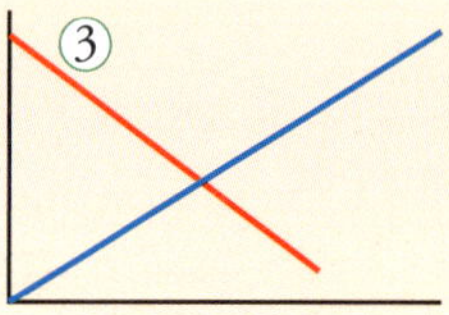


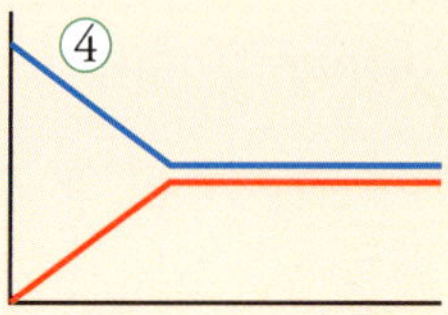


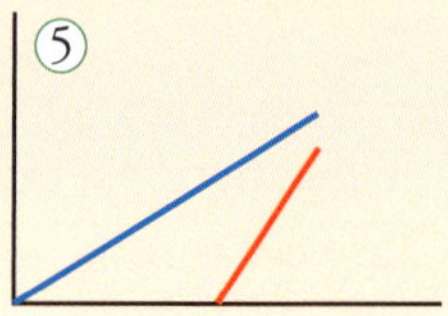

## Entrénate resolviendo problemas

- Un grupo de 17 chicas y chicos de la misma edad organizan un gran viaje. A la reunión inicial acuden los padres y las madres de todos ellos, cuya edad media es de 45 años. Pero si consideramos al grupo formado por padres, madres e hijos, la edad media es de 35 años. ¿Qué edad tienen los chicos y las chicas?
- Sitúa 10 soldaditos sobre una mesa de modo que haya 5 filas de 4 soldados.

- a) Tienes estas tres monedas:

¿Cuántas cantidades de dinero distintas puedes formar con ellas?

b) ¿Y si tuvieras estas cinco monedas?

## Autoevaluación

En la web Resoluciones de estos ejercicios.

**1.** Asocia cada una de estas funciones lineales con su ecuación y escribe su pendiente:

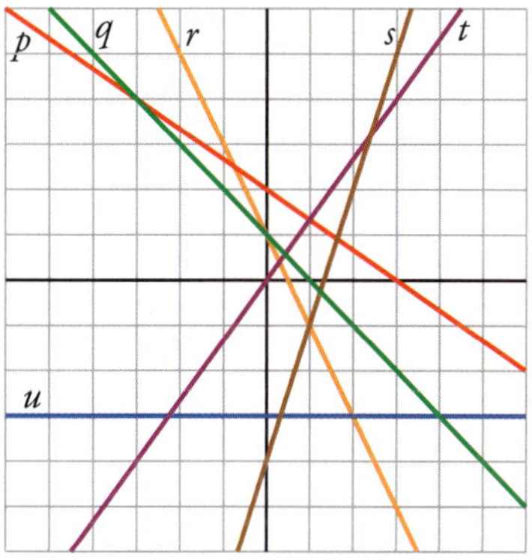


a) $y = 3x - 4$

b) $y = -2x + 1$

c) $y = (4/3)x$

d) $y = -2/3x + 2$

e) $y = -3$

f) $y = -x + 1$

**2.** Representa estas funciones lineales y escribe la ecuación de las tres últimas:

a) $y = 3x + 4$

b) $3x + 2y = 5$

c) Recta de pendiente 1/4 que pasa por (3, 0).

d) Recta que pasa por los puntos (4, 1) y (–2, 4).

e) Función de proporcionalidad que pasa por (4, –3).

**3.** Asocia cada ecuación con su parábola:

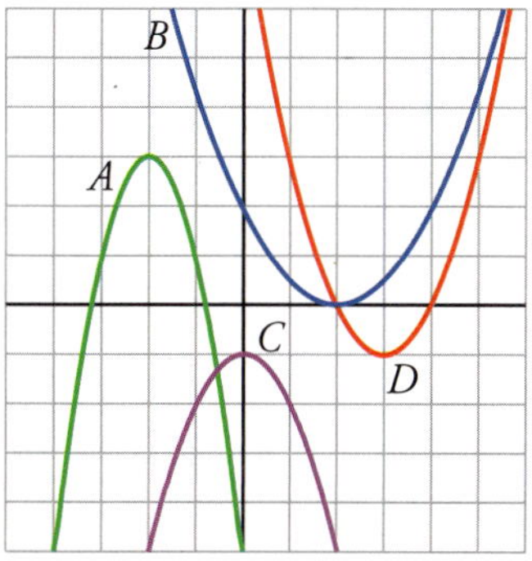


$y = -x^2 - 1$

$y = \frac{1}{2}x^2 - 2x + 2$

$y = -2x^2 - 8x - 5$

$y = x^2 - 6x + 8$

**4.** Representa estas parábolas:

a) $y = x^2 - 4x + 1$

b) $y = -x^2 + 6x - 7$

c) $y = -2x^2 + 3$

d) $y = (1/3)x^2 + 2x + 1$

**5.** La temperatura de hoy es de 20 °C, y vamos a hacer una excursión en globo. Sabemos que la temperatura del aire desciende, aproximadamente, 6 °C por cada kilómetro de ascensión.

a) ¿Qué temperatura habrá si ascendemos 3 km? ¿Cuánto habremos ascendido si estamos a 11 °C?

b) Representa la función *altura* → *temperatura* y escribe su expresión analítica.

**6.** Halla la ecuación para cada uno de estos enunciados y representa las funciones correspondientes:

a) Begoña empieza ahora a correr a 10 km/h. ¿Qué distancia habrá recorrido dentro de *t* horas?

b) Sonia salió de casa hace dos horas a 6 km/h. ¿Qué distancia habrá recorrido dentro de *t* horas?

c) Mariajo sale a 4 km/h desde su casa hacia la mía, que está a 18 km. ¿A qué distancia se encontrará de mi casa dentro de *t* horas?

d) Lluch salió a 5 km/h a las 7:00 h hacia el puerto, que está a 14 km. ¿A qué distancia del puerto se encuentra a las *t* horas?

**7.** Hace dos horas, Estefanía salió de su casa hacia la casa de Víctor en bici a 15 km/h. Víctor sale ahora andando a 6 km/h en busca de ella. Si viven a 58 km, ¿dónde se encontrarán? ¿Cuánto tiempo ha estado Estefanía en bici?

# GEOMETRÍA

Problemas métricos en el plano

Cuerpos geométricos

Transformaciones geométricas

# 10 Problemas métricos en el plano

## Los griegos y la geometría

Los griegos recogieron el saber matemático (práctico, utilitario, pero muy extenso) acumulado durante milenios por egipcios y babilonios. Y le dieron un impulso y una calidad extraordinarios, muy especialmente a la geometría. Cultivaron el conocimiento por sí mismo (filosofía significa amor a la sabiduría), sin buscar ninguna utilidad práctica. Y la geometría fue una bella ocupación en la que llegaron muy lejos.

*Moderna Academia de Atenas, con Platón y Sócrates flanqueando la entrada.*

## El primero de los grandes

*"Los siete sabios de Grecia", a la izquierda, manteniendo una discusión.*

**Tales de Mileto** (640 a. C.-546 a. C.), gran filósofo, el primero de "los siete sabios de Grecia", marcó la pauta de todo el pensamiento griego posterior. Además de asimilar y mejorar lo que aprendió de los egipcios, inventó y cultivó la matemática deductiva. Su estilo fue sistematizado y mejorado por Euclides, dos siglos y medio después.

## Otro gran geómetra

Posterior a Pitágoras y contemporáneo de Arquímedes, el último gran geómetra griego fue **Apolonio** (siglo III a. C.). Con un estilo pulido y sistemático, escribió un tratado dedicado a las cónicas (circunferencia, elipse, parábola e hipérbola). Siguiendo el espíritu de los griegos, su estudio sobre estas curvas, completísimo, fue meramente especulativo. Le hubiera causado asombro saber que dieciocho siglos después se demostraría que planetas y cometas describen órbitas elípticas y, algunos de ellos, hiperbólicas. Y que, posteriormente, las cónicas han sido referentes habituales en la técnica y en el arte.

*Apolonio mostrando sus teorías en Alejandría (Egipto).*

## Cónicas anteriores a Apolonio

En la Grecia antigua, las cónicas ya se manejaban antes de que lo hiciera Apolonio, pero su conocimiento era deficiente e incompleto.

Observa cómo se definían:

Si construimos un cono y lo cortamos por un plano **perpendicular a la generatriz,** se obtiene una curva:

Ⓐ Si el cono es rectángulo ($r$ = h), entonces la curva de corte es una parábola.

Ⓑ Si el cono es acutángulo ($r$ < h), entonces la curva es una elipse.

Ⓒ Si el cono es obtusángulo ($r$ > h), entonces la curva es un arco de hipérbola.

(Compara estas difiniciones con las de la página 192).

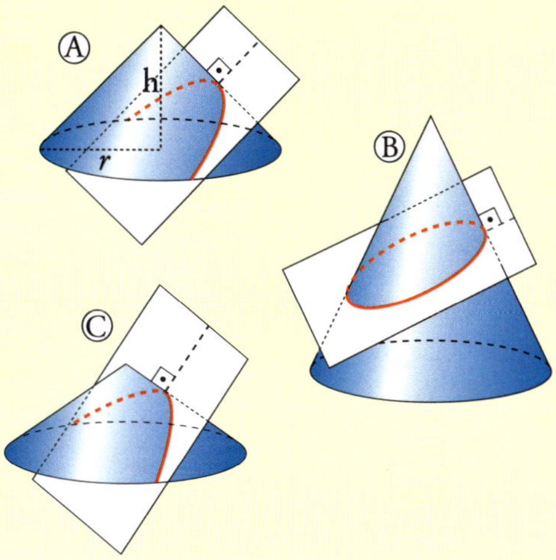


## Secciones en el cubo

En esta unidad vas a resolver problemas relativos a las figuras planas: cálculo de ángulos, perímetros, áreas, etc.

A la derecha puedes observar algunas figuras interesantes que se obtienen al cortar un cubo. En cada una de ellas se puede calcular su perímetro y su área mediante las aportaciones que hicieron los geómetras griegos hace más de veintitrés siglos. De entre ellas, resulta especialmente útil para esta tarea la aplicación del **teorema de Pitágoras.**

## Resuelve

**1.** Busca información sobre siete grandes geómetras griegos. Escribe sus nombres ordenados cronológicamente.

**2.** Observa estos conos, similares a los de arriba, pero no ordenados de igual manera:

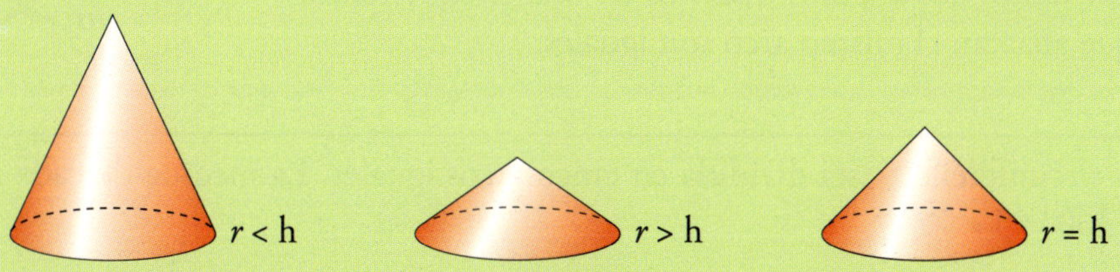


¿Qué cónica obtendrías en cada caso si los cortases con un plano perpendicular a la generatriz? Puedes experimentarlo construyendo conos de plastilina y cortándolos con un cuchillo o un cúter.

**3.** De las tres secciones del cubo que ves arriba, ¿cuál crees que tiene mayor perímetro? ¿Y mayor área? Cuando termines la unidad, sabrás contestar con seguridad a estas cuestiones.

# 1 Relaciones angulares

## Ángulos en los polígonos

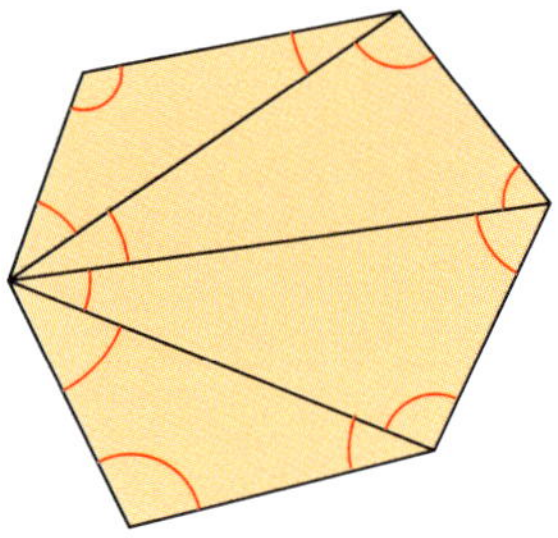

Los ángulos de un triángulo cualquiera suman 180°. Un polígono de $n$ lados puede descomponerse en $n - 2$ triángulos. Por tanto:

> La suma de los ángulos de un polígono de $n$ lados es $180° \, (n - 2)$.
>
> La medida de cada ángulo de un $n$-ágono regular es $\dfrac{180° \, (n - 2)}{n}$.

Por ejemplo, un pentágono se puede partir en 3 triángulos. La suma de sus ángulos es, pues, $3 \cdot 180° = 540°$.

Si el pentágono es regular, cada ángulo mide:

$$540° : 5 = 108°$$

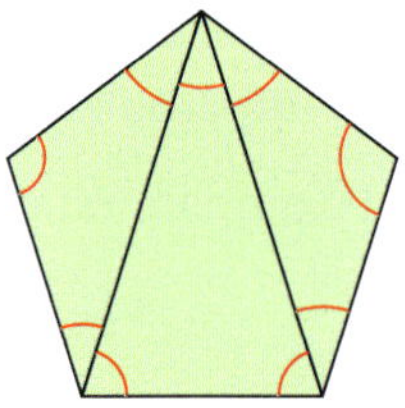

## Ángulos en la circunferencia

### ÁNGULO CENTRAL

La medida angular de un arco $\overset{\frown}{PQ}$ es el ángulo $\widehat{POQ}$, cuyo vértice se encuentra en el centro de la circunferencia. Se llama **ángulo central.**

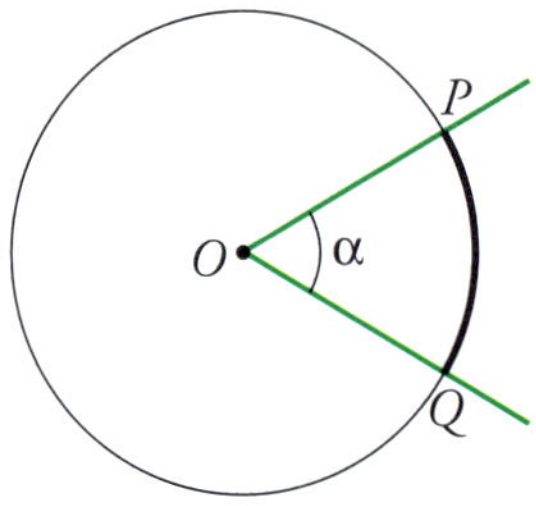


> La medida angular de un arco $\overset{\frown}{PQ}$ es la misma que la del ángulo central correspondiente: $\overset{\frown}{PQ} = \widehat{POQ}$

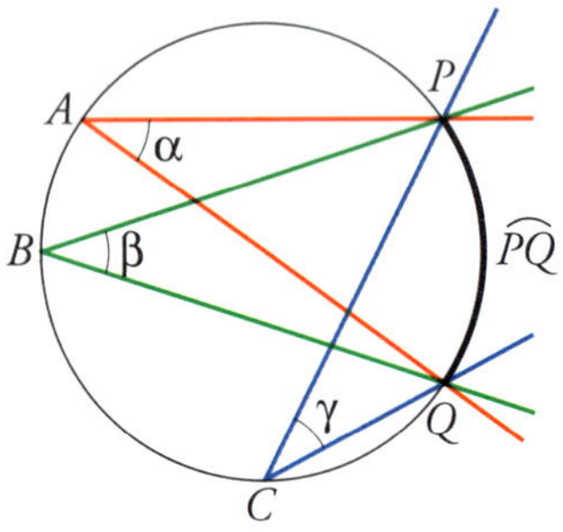


### ÁNGULO INSCRITO

Los ángulos $\alpha$, $\beta$ y $\gamma$ tienen la peculiaridad siguiente: su vértice está sobre la circunferencia; sus lados pasan por $P$ y por $Q$. Se dice que estos ángulos están inscritos en la circunferencia, y que **abarcan** el mismo arco, $\overset{\frown}{PQ}$.

> La medida de un ángulo inscrito en una circunferencia es igual a la mitad del arco que abarca; es decir, a la mitad del ángulo central correspondiente.
>
> Por tanto, dos ángulos inscritos en una circunferencia que abarcan el mismo arco son iguales.

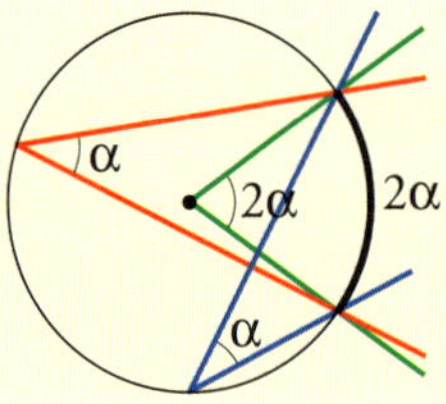


**En la web**

Ampliación teórica: demostración de esta propiedad.

## Ejercicio resuelto

***Hallar las medidas de los siguientes ángulos:***

$\widehat{DAB}$, $\widehat{BCD}$, $\widehat{DCE}$, $\widehat{BEC}$

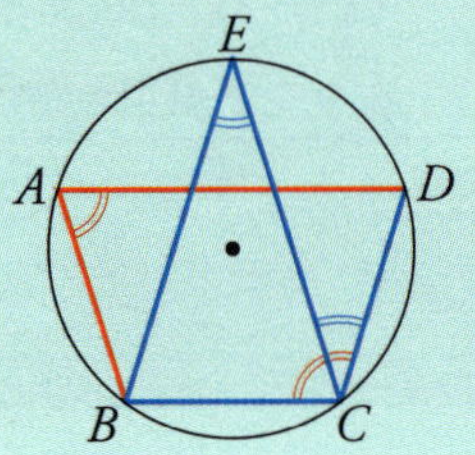


La circunferencia está dividida en cinco arcos iguales. La medida de cada arco es $360° : 5 = 72°$.

Los cuatro ángulos citados están inscritos en la circunferencia, pues sus vértices están situados sobre ella y sus lados la cortan. La medida de cada uno es, pues, la mitad de la medida del arco que abarca.

$\widehat{DCE}$ y $\widehat{BEC}$ abarcan un arco de 72°. Por tanto, $\widehat{DCE} = \widehat{BEC} = 72°/2 = 36°$.

$\widehat{DAB}$ abarca un arco de $2 \cdot 72°$. Por tanto, $\widehat{DAB} = 72°$.

$\widehat{BCD}$ abarca un arco de $3 \cdot 72° = 216°$. Por tanto, $\widehat{BCD} = 216°/2 = 108°$.

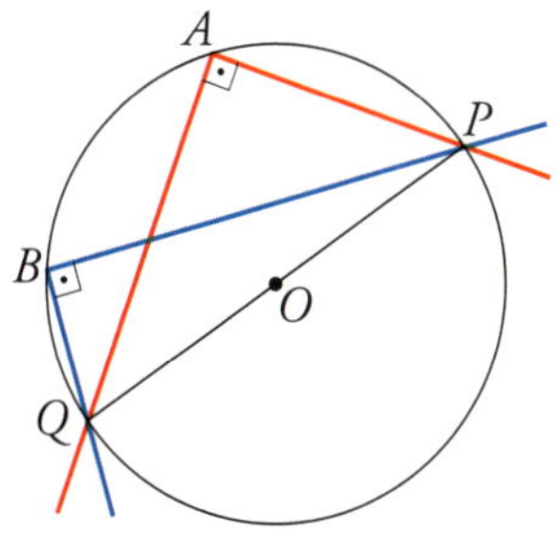


## Un interesante caso particular

*P* y *Q* son los extremos de un diámetro.

Los ángulos $\widehat{PAQ}$ y $\widehat{PBQ}$ están inscritos en una semicircunferencia. Abarcan un arco de 180°. Por tanto su medida es de 90°; es decir, son rectos.

> Todo ángulo inscrito en una semicircunferencia es recto.

## Ejercicio resuelto

***Tenemos una escuadra y un cartabón con el lado grande igual. Los adosamos haciendo coincidir dichos lados. El cuadrilátero resultante, ¿se puede inscribir en una circunferencia?***

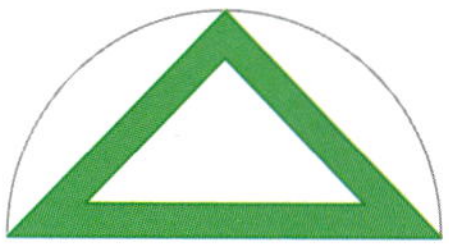

La escuadra es un triángulo isósceles y rectángulo. Sus ángulos son 45°, 45° y 90°. Por ser rectángulo, se puede inscribir en una semicircunferencia.

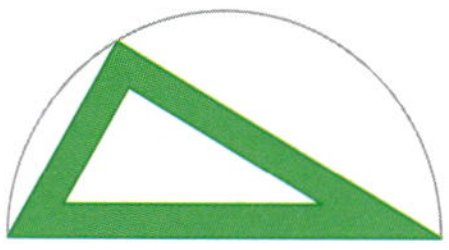

Los ángulos del cartabón son 30°, 60° y 90°. Se puede inscribir en una semicircunferencia.

Por tanto, el cuadrilátero formado al adosar ambas figuras se puede inscribir en una circunferencia cuyo diámetro es el lado mayor de ambas.

## Piensa y practica

**1.** ¿Cuál es la medida angular de cada uno de los ocho arcos iguales en que se ha dividido la circunferencia? Di el valor de los ángulos $\widehat{ABC}$, $\widehat{ACB}$, $\widehat{FDE}$, $\widehat{DEF}$, $\widehat{DFG}$, $\widehat{FGD}$.

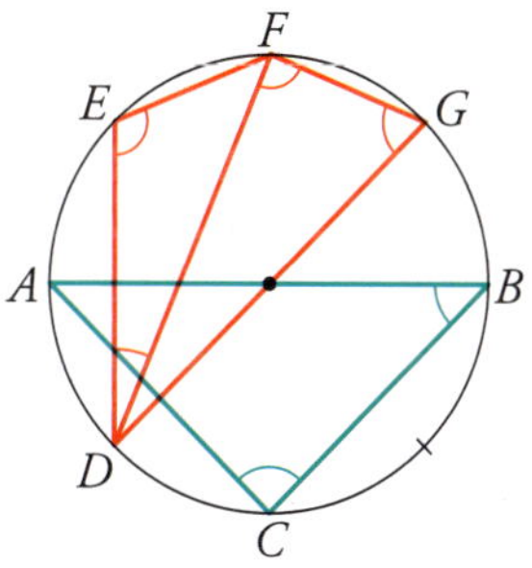


**2.** ¿Cuál es la medida angular de cada uno de los diez arcos iguales? Halla el valor de los ángulos $\widehat{CAB}$, $\widehat{ABC}$, $\widehat{BCA}$, $\widehat{CAD}$, $\widehat{ADC}$, $\widehat{ACD}$.

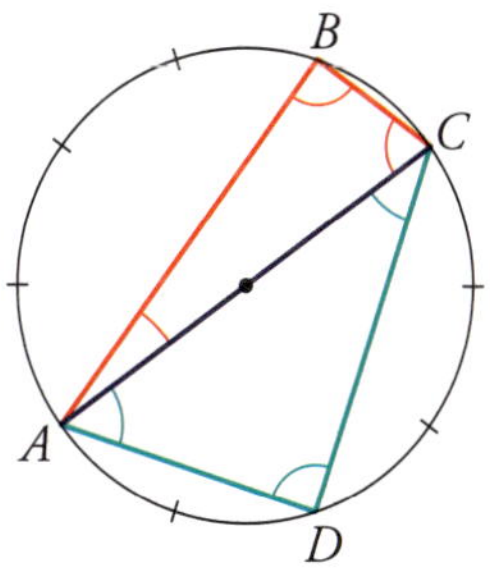


**3.** Di, razonadamente, el valor de estos ángulos:

$\widehat{FAC}$, $\widehat{ACF}$, $\widehat{AFC}$, $\widehat{FBD}$, $\widehat{BDE}$, $\widehat{DEF}$, $\widehat{BFE}$.

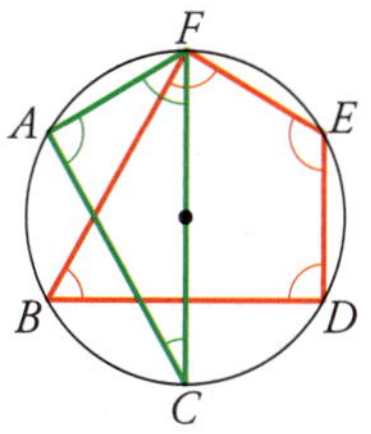


**4.** Halla:

a) $\widehat{CAD}$ = ①  b) $\widehat{ADB}$ = ②

c) $\widehat{ADV}$  d) $\widehat{AVD}$ = α

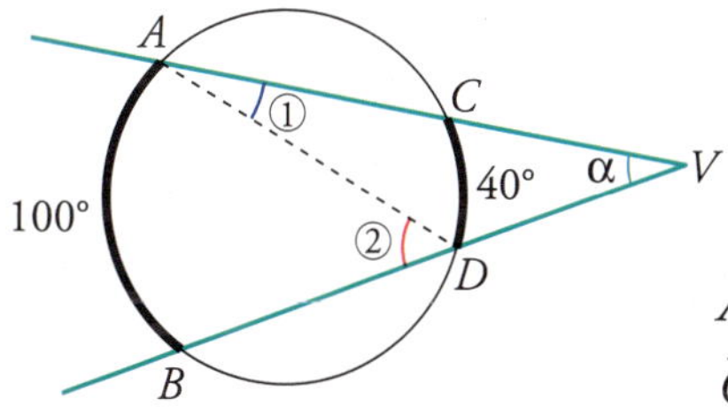


$\overset{\frown}{AB}$ = 100°

$\overset{\frown}{CD}$ = 40°

**5.** Halla:

a) $\widehat{CBD}$ = ①  b) $\widehat{ADB}$ = ②

c) $\widehat{BVD}$  d) $\widehat{AVB}$ = α

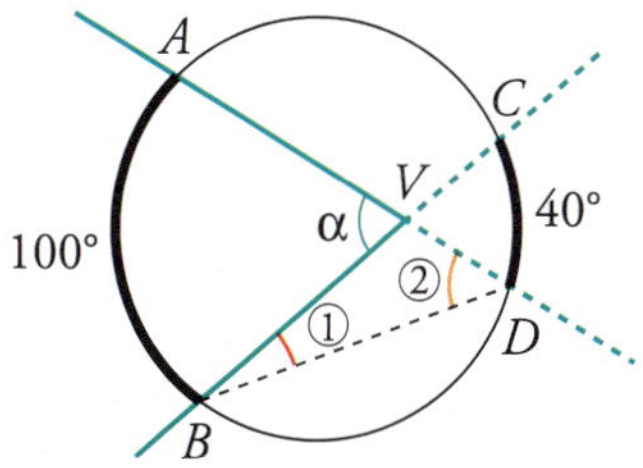


$\overset{\frown}{AB}$ = 100°

$\overset{\frown}{CD}$ = 40°

# 2 Semejanza de triángulos

Como ocurre con otras figuras, dos triángulos son semejantes cuando tienen la misma forma. Sin embargo, podemos expresar esa condición de manera más matemática relacionando sus lados y sus ángulos.

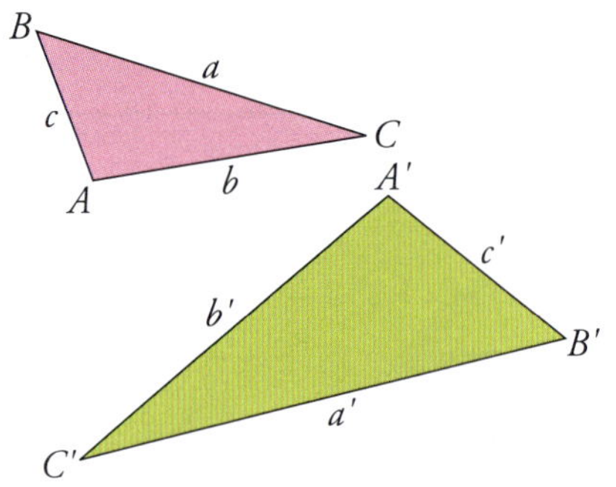


Dos **triángulos semejantes** tienen:

- Sus lados proporcionales:

$$\frac{a}{a'} = \frac{b}{b'} = \frac{c}{c'} = \text{razón de semejanza}$$

- Sus ángulos respetivamente iguales:

$$\hat{A} = \hat{A}' \qquad \hat{B} = \hat{B}' \qquad \hat{C} = \hat{C}'$$

## Triángulos en posición de Tales

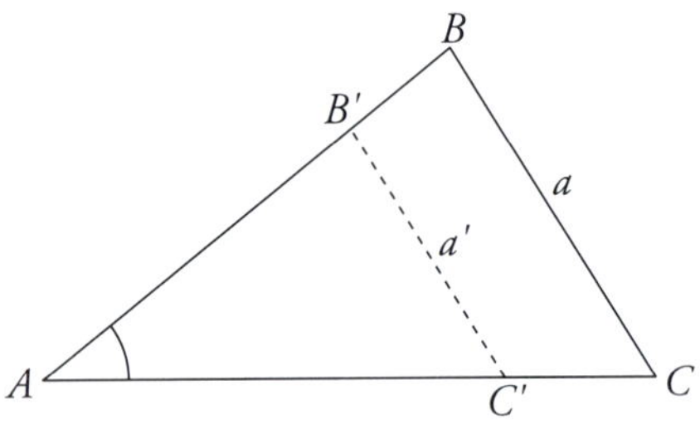


Los triángulos $ABC$ y $AB'C'$ que ves a la izquierda tienen un ángulo común, $\hat{A}$. Es decir, el triángulo pequeño está *encajado* en el grande.

Además, los lados opuestos a $A$ son paralelos.

Decimos que esos dos triángulos están en **posición de Tales.**

Dos triángulos en posición de Tales son semejantes.

Este resultado es muy importante, porque permite reducir las condiciones que se exigen para tener la seguridad de que dos triángulos son semejantes.

Y es posible ampliarlo más aún:

Dos triángulos son semejantes *si se pueden* poner en posición de Tales.

**En la web**
Ampliación teórica: teorema de Tales.

Vamos a usar este criterio para probar que si dos triángulos tienen dos ángulos respectivamente iguales ($\hat{A} = \hat{A}'$, $\hat{B} = \hat{B}'$), podemos encajar el pequeño en el grande, haciendo coincidir uno de los ángulos comunes ($\hat{A} = \hat{A}'$).

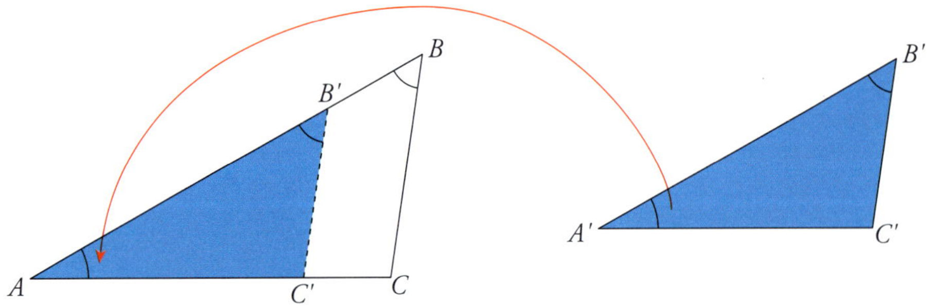


Al tener el otro ángulo también igual ($\hat{B} = \hat{B}'$), los lados opuestos a $A$ serán paralelos.

Por tanto, los dos triángulos estarán en posición de Tales y podemos asegurar que son semejantes.

**En la web**
- Presentación del teorema de Tales.
- Practica con triángulos en posición de Tales.
- Semejanza de triángulos y la proporción áurea.

**En la web**

Ampliación teórica: criterios de semejanza de triángulos.

**En la web**

Criterios de semejanza.

### Criterio de semejanza

Si $\hat{A} = \hat{A}'$ y $\hat{B} = \hat{B}'$, entonces:

$$\hat{C} = \hat{C}' \text{ y } \frac{a}{a'} = \frac{b}{b'} = \frac{c}{c'}$$

## Criterio de semejanza de triángulos

Dos triángulos son semejantes si tienen dos ángulos respectivamente iguales, pues, según hemos visto, se pueden poner en posición de Tales.

Si comprobamos que dos triángulos tienen dos ángulos respectivamente iguales ($\hat{A} = \hat{A}'$ y $\hat{B} = \hat{B}'$), sabremos que son semejantes; es decir:

— También son iguales los otros ángulos: $\hat{C} = \hat{C}'$

— Sus lados son proporcionales: $\frac{a}{a'} = \frac{b}{b'} = \frac{c}{c'}$

## Ejercicio resuelto

***Utilizar la semejanza de los triángulos ACD y AFE para obtener la relación entre la diagonal, d, y el lado, l, de un pentágono regular.***

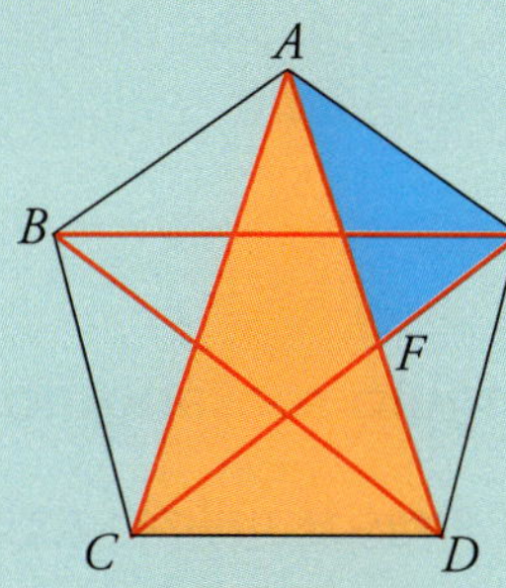


- Comprobación de que los triángulos naranja y azul son semejantes.

Vamos a probar que los triángulos tienen dos pares de ángulos iguales. Para ello, inscribimos la figura en una circunferencia. Por ser el pentágono regular, los cinco arcos entre sus vértices son iguales.

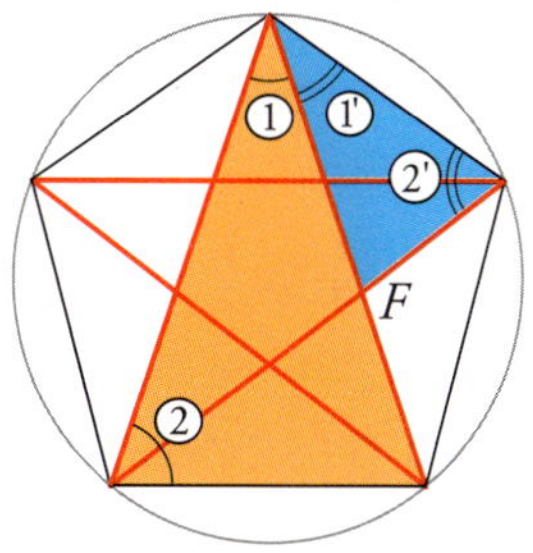


①' = ① porque están inscritos en la circunferencia y abarcan arcos iguales.

②' = ② por el mismo motivo.

- Cálculo de la relación entre el lado, $l$, y la diagonal, $d$.

Como los dos triángulos son semejantes, sus lados son proporcionales. Tomemos como unidad el lado del pentágono, $l = 1$. De donde $\overline{CF} = \overline{AF} = \overline{AE} = 1$. Y, por tanto, $\overline{FE} = d - 1$.

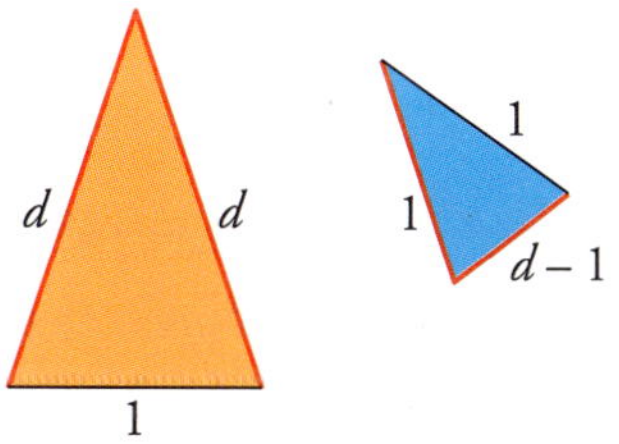


$$\frac{d}{1} = \frac{1}{d-1} \rightarrow d^2 - d = 1 \rightarrow d^2 - d - 1 = 0$$

$$d = \frac{1 \pm \sqrt{1+4}}{2} = \frac{1 \pm \sqrt{5}}{2}$$

Solo tiene sentido la solución positiva.

La relación pedida es: $\frac{d}{l} = \frac{d}{1} = d = \frac{1+\sqrt{5}}{2} \approx 1{,}618\ldots$

A este número, $\frac{1+\sqrt{5}}{2}$, que relaciona la diagonal de un pentágono con su lado, se le llama *número áureo* y se designa por la letra griega $\Phi$ (fi).

## Piensa y practica

**1.** Repite el razonamiento del ejercicio resuelto, pero suponiendo ahora que el lado del pentágono mide 12 cm. ¿Cuánto mide su diagonal?

**2.** Prueba que los triángulos $ABC$ y $EFD$ del pentágono de arriba son semejantes. A partir de esa semejanza, vuelve a obtener la relación entre $d$ y $l$.

**En la web** Resuelve el problema "Pirámide de Keops".

# 3 Teorema de Pitágoras. Aplicaciones

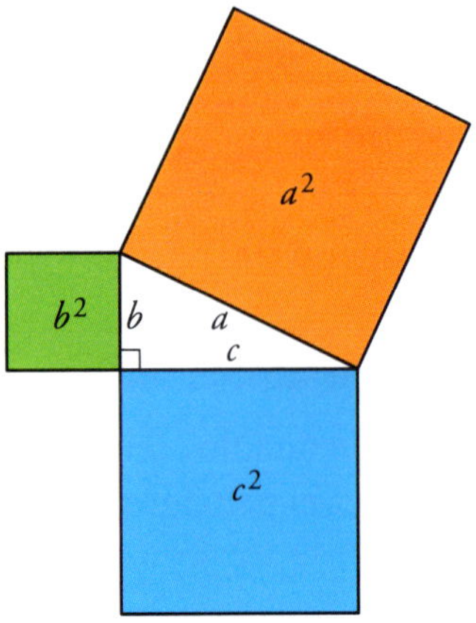


**Teorema de Pitágoras**

En un triángulo rectángulo cualquiera, la suma de los cuadrados de los catetos es igual al cuadrado de la hipotenusa.

$$b^2 + c^2 = a^2$$

La demostración se puede hacer comparando estas dos descomposiciones del cuadrado de lado $b + c$:

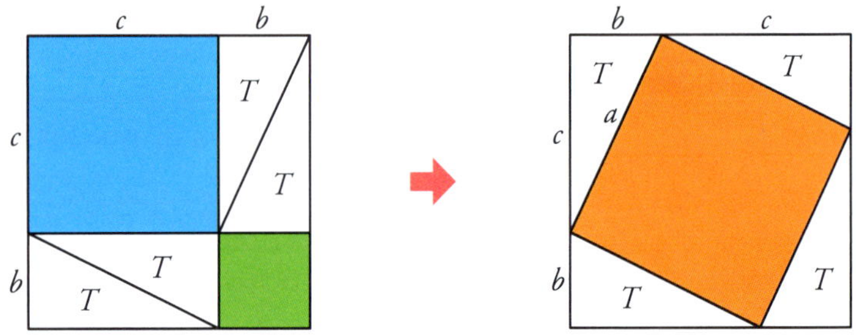


A partir de estas figuras se deduce que:

$$a^2 = b^2 + c^2$$

Veamos algunas **aplicaciones del teorema de Pitágoras.**

**En la web**

- Presentación del teorema de Pitágoras.
- Practica la aplicación del teorema de Pitágoras.

## Cálculo del lado desconocido en un triángulo rectángulo

Aunque el teorema de Pitágoras es una igualdad entre áreas, se utiliza sobre todo para relacionar los lados de un triángulo rectángulo:

$$a = \sqrt{b^2 + c^2} \qquad b = \sqrt{a^2 - c^2} \qquad c = \sqrt{a^2 - b^2}$$

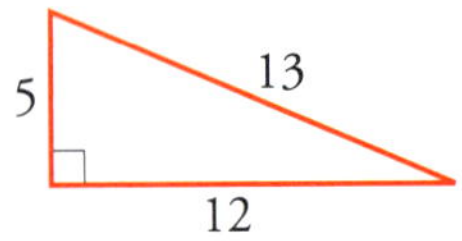


$5^2 + 12^2 = 13^2$

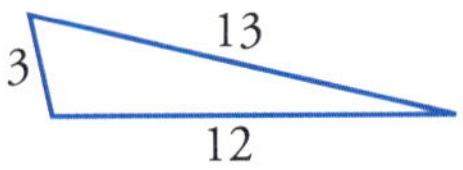


$3^2 + 12^2 < 13^2$

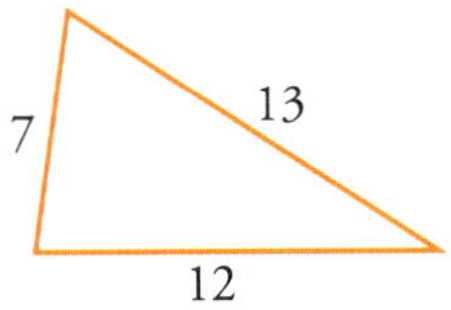


$7^2 + 12^2 > 13^2$

## Cómo saber si un triángulo es rectángulo

$a$, $b$, $c$ son los lados de un triángulo, y $a$ es el mayor.

— Si $b^2 + c^2 = a^2$, el triángulo es rectángulo.

— Si $b^2 + c^2 < a^2$, el triángulo es obtusángulo.

— Si $b^2 + c^2 > a^2$, el triángulo es acutángulo.

### Piensa y practica

**1.** En los siguientes triángulos rectángulos, se dan dos catetos y se pide la hipotenusa (si su medida no es exacta, dala con una cifra decimal):

a) 37 cm y 45 cm  b) 16 cm y 30 cm

**2.** En los siguientes triángulos rectángulos, se da la hipotenusa y un cateto, y se pide el otro cateto (exactamente o con una cifra decimal):

a) 45 cm y 37 cm  b) 39 cm y 15 cm

**3.** Averigua cómo son los triángulos de lados:

a) 7 cm, 8 cm, 11 cm  b) 11 cm, 17 cm, 15 cm

c) 34 m, 16 m, 30 m  d) 65 m, 72 m, 97 m

e) 12 cm, 13 cm, 20 cm  f) 15 m, 36 m, 39 m

**4.** Demuestra el teorema de Pitágoras a partir de las dos descomposiciones del cuadrado de lado $b + c$ que aparecen arriba. Para ello, empieza probando que el cuadrilátero naranja es un cuadrado de lado $a$.

## Ejercicios resueltos

**1.** ***Hallar $\overline{AB}$ dados los siguientes datos:***

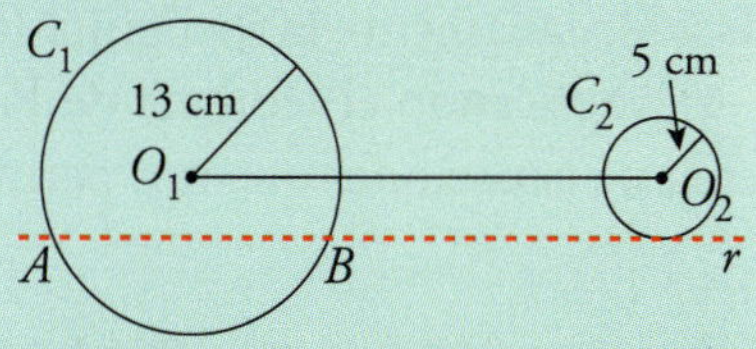


***$r \parallel O_1O_2$; r tangente a $C_2$.***

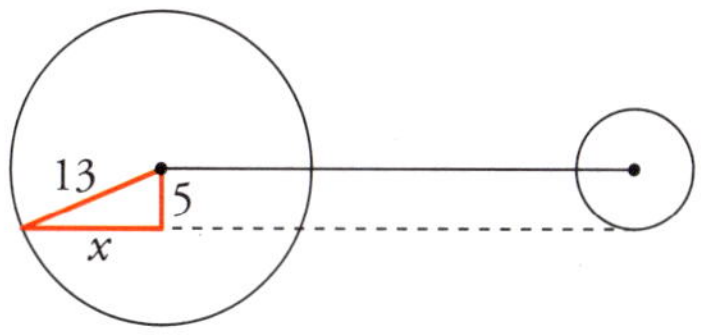


$x = \sqrt{13^2 - 5^2} = \sqrt{169 - 25} = \sqrt{144} = 12$

$\overline{AB} = 2 \cdot x = 24$ cm

**2.** ***Una circunferencia de centro O tiene un radio de 80 cm. Desde un punto P que dista 130 cm de O trazamos una tangente. ¿Cuál es la longitud del segmento tangente, PT?***

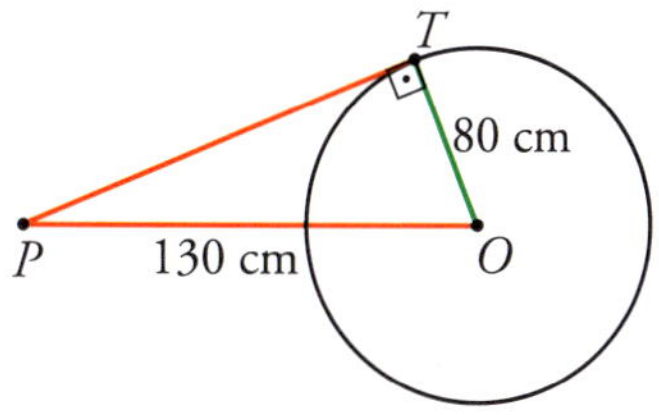


El segmento tangente, $PT$, es perpendicular al radio, $OT$.

$PT$ y $OT$ son catetos del triángulo $PTO$. $PO$ es la hipotenusa. Por tanto:

$\overline{PT} = \sqrt{130^2 - 80^2} = \sqrt{10\,500} = 102,47$ cm

**3.** ***Dos circunferencias de centros O y O′ y radios 9 cm y 5 cm tienen sus centros a 20 cm. Hallar la longitud del segmento tangente exterior común.***

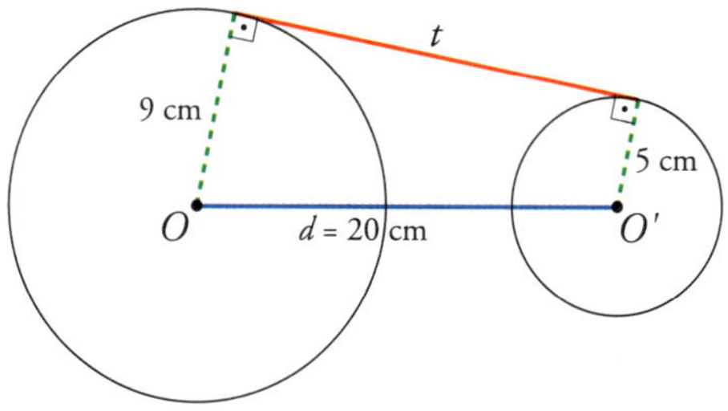


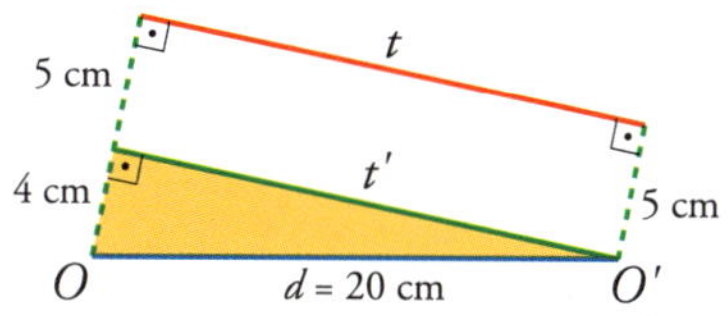


$t' = \sqrt{20^2 - 4^2} = 19,6$ cm

El segmento tangente exterior común mide 19,6 cm.

**4.** ***Dos circunferencias de radios 14 cm y 7 cm tienen sus centros a 29 cm.***

***Calcular la longitud del segmento de tangente interior común.***

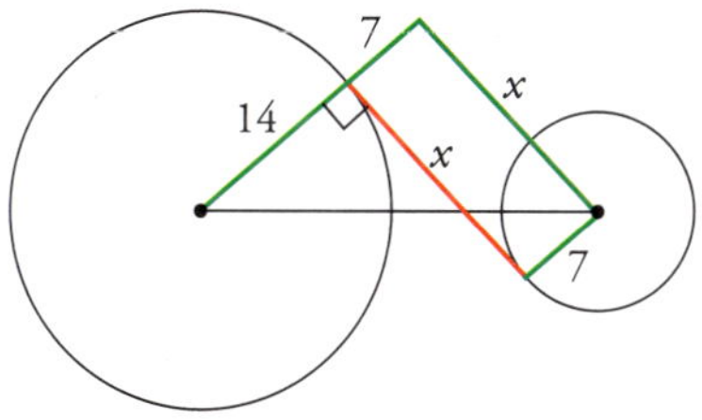


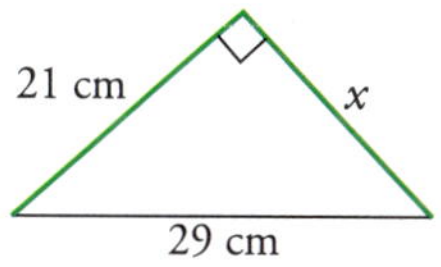


$x = \sqrt{29^2 - 21^2} = \sqrt{400} = 20$ cm

**En la web** Ampliación teórica: rectas tangentes a circunferencias.

## Piensa y practica

**5.** Una circunferencia tiene un radio de 15 cm. Una recta, $r$, corta a la circunferencia en dos puntos, $A$ y $B$. La distancia entre $A$ y $B$ es de 18 cm. ¿Cuál es la distancia del centro de la circunferencia a la recta?

**6.** Halla el radio de la circunferencia sabiendo que:

$\overline{OP} = 39$ cm

$\overline{PT} = 36$ cm

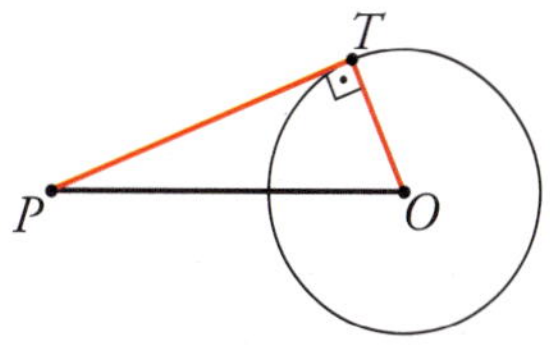


**7.** De un rombo conocemos una diagonal, 24 cm, y el lado, 13 cm. Halla la otra diagonal.

**8.** $r_1 = 15$ cm, $r_2 = 6$ cm, $\overline{O_1O_2} = 41$ cm

Halla la longitud del segmento $T_1T_2$.

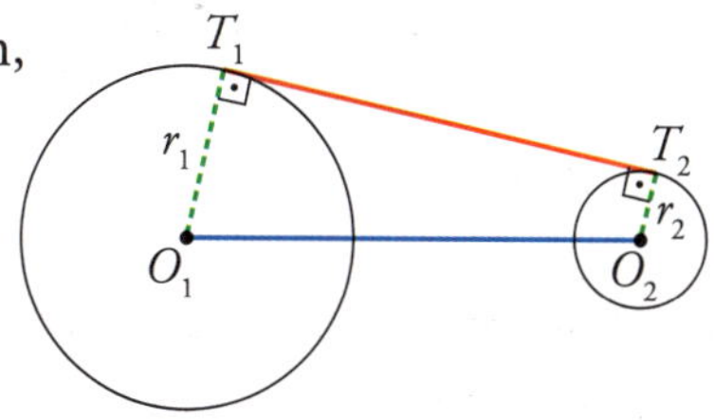


**9.** Halla la longitud del segmento tangente interior común a las dos circunferencias del ejercicio anterior.

# 4 Aplicación algebraica del teorema de Pitágoras

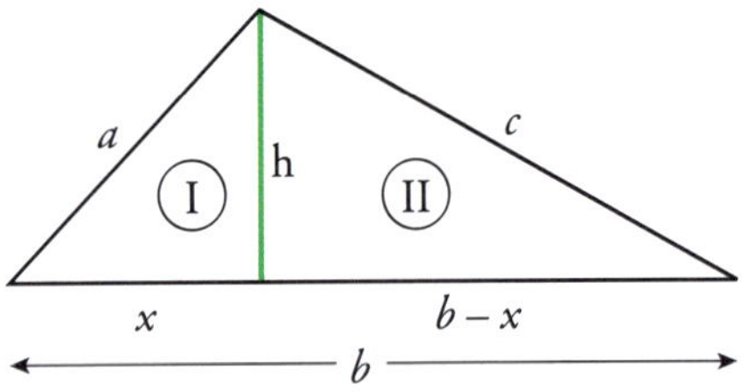


La altura del triángulo grande determina dos triángulos rectángulos. En ninguno de ellos conocemos dos lados. Pero si elegimos adecuadamente la incógnita (hemos llamado $x$ a la proyección de $a$ sobre $b$), aplicando el teorema de Pitágoras a los triángulos I y II, se plantea un sistema de ecuaciones que nos permite obtener h, además de $x$.

Esta utilización algebraica del teorema de Pitágoras se presenta en otras figuras geométricas. Veamos algunos ejemplos.

## Ejercicios resueltos

**1.** ***En un triángulo de lados 4 cm, 6 cm y 8 cm, calcular la altura sobre el lado mayor.***

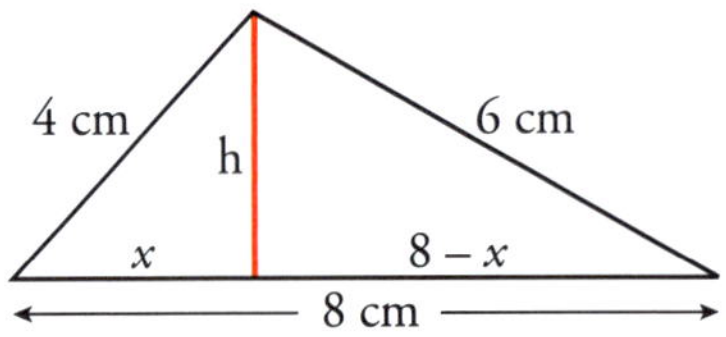


La altura h divide al triángulo original en dos triángulos rectángulos.

Aplicamos el teorema de Pitágoras a cada uno de ellos:

$$\left.\begin{array}{r} x^2 + h^2 = 4^2 \\ h^2 + (8 - x)^2 = 6^2 \end{array}\right\} \left.\begin{array}{l} h^2 = 16 - x^2 \\ (16 - x^2) + (x^2 - 16x + 64) = 36 \end{array}\right\}$$

$$16 - x^2 + x^2 - 16x + 64 = 36 \;\rightarrow\; 16x = 64 + 16 - 36 \;\rightarrow\; x = 2{,}75$$

Conocido $x$, calculamos h:

$$h^2 = 16 - 2{,}75^2 \;\rightarrow\; h = \sqrt{16 - 2{,}75^2} \;\rightarrow\; h = 2{,}9 \text{ cm}$$

Este procedimiento permite calcular la superficie de un triángulo conociendo la medida de sus lados, pues, al conocer la base y la altura, el cálculo del área resulta obvio.

**2.** ***Los lados paralelos de un trapecio miden 17 m y 38 m. Los otros dos, 13 m y 20 m. Hallar su altura.***

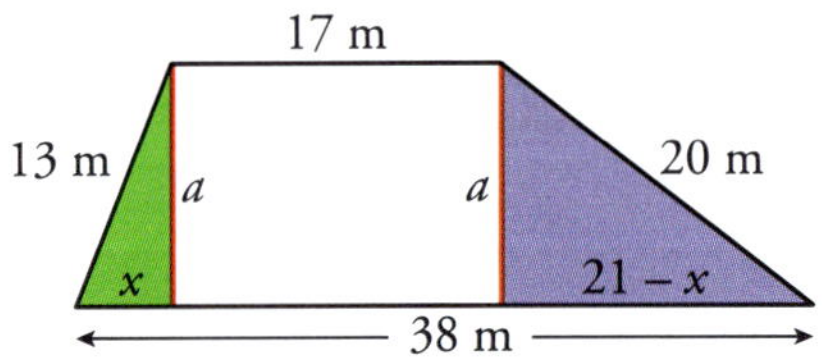


La altura $a$ es cateto de los dos triángulos señalados. La suma de los otros dos catetos es 38 – 17 = 21 m.

Aplicamos el teorema de Pitágoras en los dos triángulos rectángulos:

$$\left.\begin{array}{r} x^2 + a^2 = 13^2 \\ (21 - x)^2 + a^2 = 20^2 \end{array}\right\} \text{Restando: } x^2 - (21 - x)^2 = 13^2 - 20^2 \;\rightarrow$$

$$\rightarrow\; x^2 - (441 - 42x + x^2) = 169 - 400 \;\rightarrow\; 42x - 441 = -231 \;\rightarrow$$

$$\rightarrow\; 42x = 210 \;\rightarrow\; x = 5$$

$$5^2 + a^2 = 13^2 \;\rightarrow\; a^2 = 13^2 - 5^2 = 144 \;\rightarrow\; a = 12 \text{ m}$$

La altura pedida mide 12 m.

## Piensa y practica

**1.** Averigua si el triángulo de lados 29 cm, 35 cm y 48 cm es rectángulo, acutángulo u obtusángulo. Halla la longitud de la altura sobre el lado mayor.

**2.** Los lados de un trapecio miden 13 m, 20 m, 19 m y 40 m. Los dos últimos son paralelos. Halla la altura del trapecio.

# 5 Lugares geométricos

Se llama **lugar geométrico** a un conjunto de puntos que cumplen una cierta propiedad.

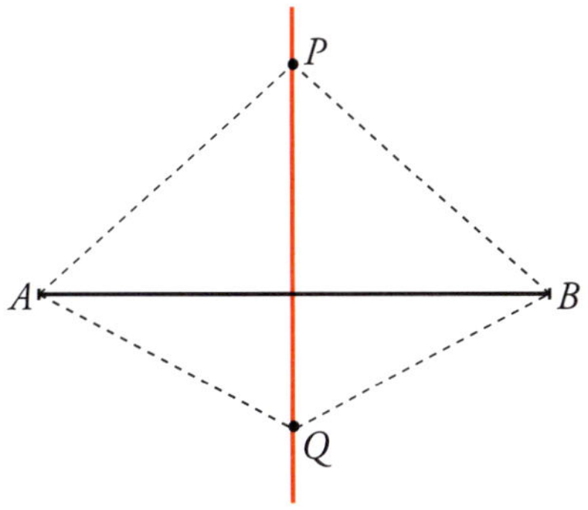


Recuerda que la **mediatriz** de un segmento es la recta perpendicular al segmento en su punto medio.

Los puntos de la mediatriz **equidistan** de los extremos del segmento. Es decir, si $P$ es un punto cualquiera de la meditariz de $AB$, se cumple que $\overline{PA} = \overline{PB}$. Además, los puntos de la mediatriz son los únicos que cumplen esta propiedad.

La **mediatriz** de un segmento es el lugar geométrico de los puntos que equidistan de sus extremos.

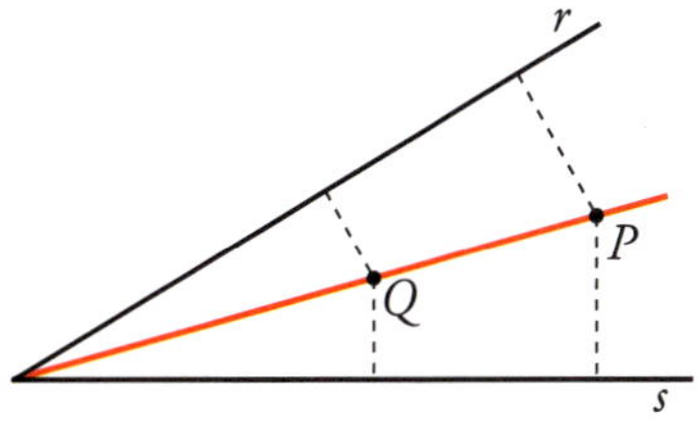


Análogamente:

La **bisectriz** de un ángulo es el lugar geométrico de los puntos que equidistan de sus lados, pues los puntos $P$ de la bisectriz cumplen lo siguiente:

$$dist\,(P, r) = dist\,(P, s)$$

## Arco capaz

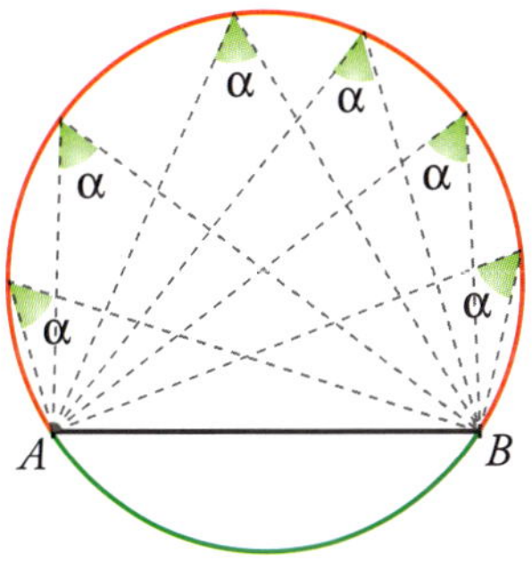


Todos los ángulos dibujados a la izquierda están inscritos en la circunferencia y abarcan el mismo arco (verde). Por tanto, son iguales. Los vértices de estos ángulos están situados sobre el arco rojo, que se define del siguiente modo:

Se llama **arco capaz** del ángulo $\alpha$ para el segmento $AB$ al lugar geométrico de los puntos desde los cuales **se ve** el segmento $AB$ bajo un ángulo $\alpha$.

## Ejercicio resuelto

***Definir una circunferencia de centro O y radio r como lugar geométrico.***

Los puntos $P$ de la circunferencia cumplen la propiedad de que su distancia a $O$ es igual a $r$. Por tanto: la circunferencia de centro $O$ y radio $r$ es el lugar geométrico de los puntos $P$ cuya distancia a $O$ es $r$: $\overline{OP} = r$.

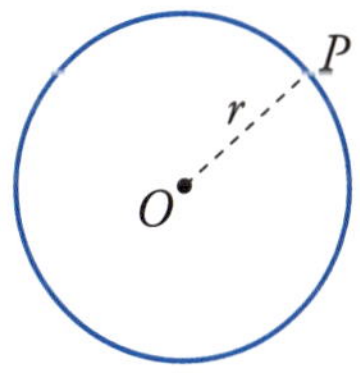


## Piensa y practica

1. Define como lugar geométrico una circunferencia de centro $C$ y radio 8 cm.
2. Dadas dos rectas paralelas, $r$ y $s$, ¿cuál es el lugar geométrico de los puntos que equidistan de ambas? Dibújalo en tu cuaderno.
3. Dibuja en negro una recta $r$. Dibuja en rojo el lugar geométrico de los puntos cuya distancia a $r$ es 1 cm. (ATENCIÓN: son dos rectas).
4. Dibuja una circunferencia de diámetro $AB$. Defínela como lugar geométrico (arco capaz de 90°).

# 6 Las cónicas como lugares geométricos

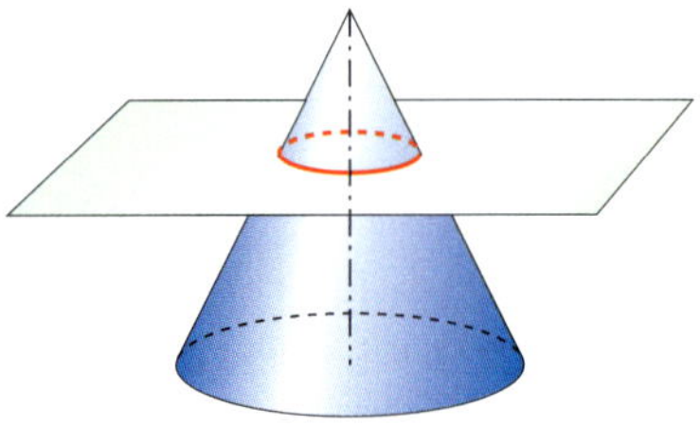

Si cortamos un cono por un plano perpendicular a su eje, la línea de corte es una **circunferencia.**

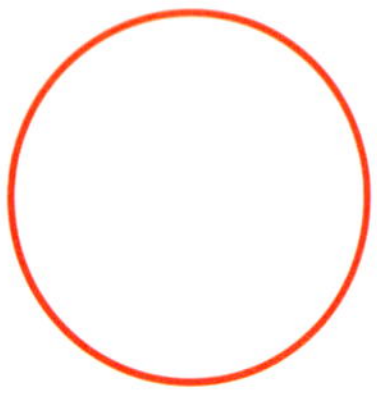

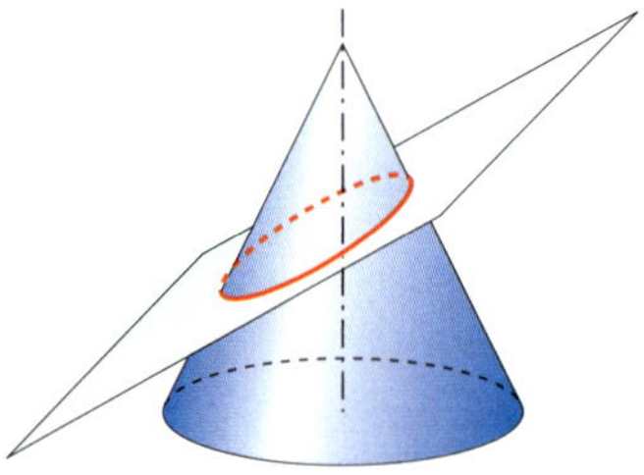

Si el plano que corta al cono tiene una cierta inclinación respecto a su eje, la línea de corte es una **elipse.**

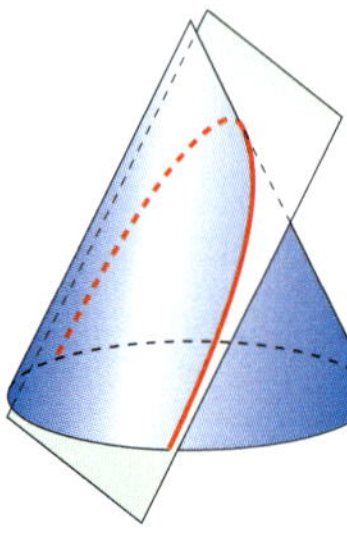

Si el plano que corta al cono es paralelo a una de sus generatrices, se obtiene una curva abierta llamada **parábola.**

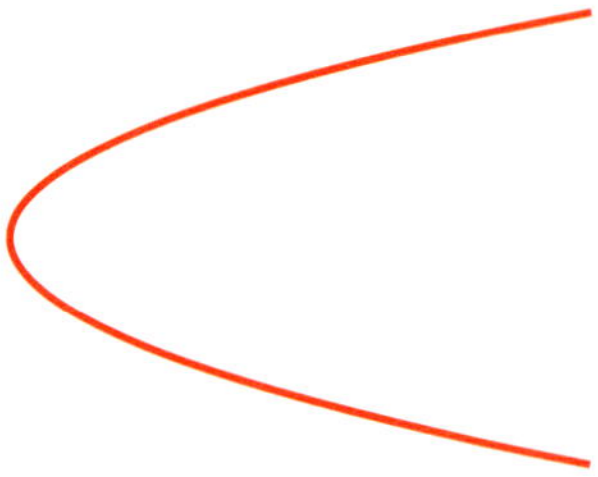

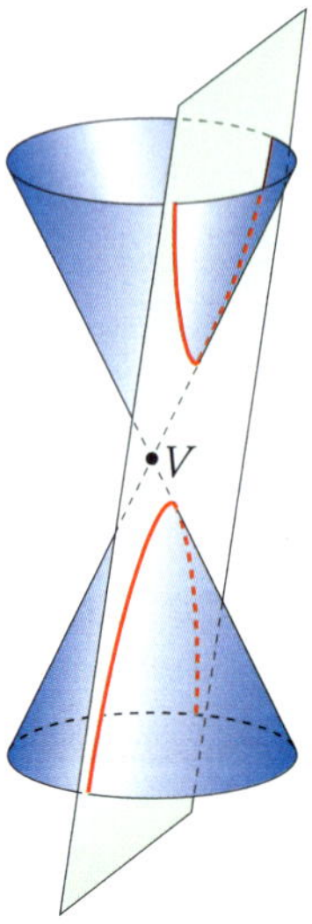


Si tomamos dos conos "opuestos por el vértice" y los cortamos por un plano, la línea de corte es una curva con dos ramas llamada **hipérbola.**

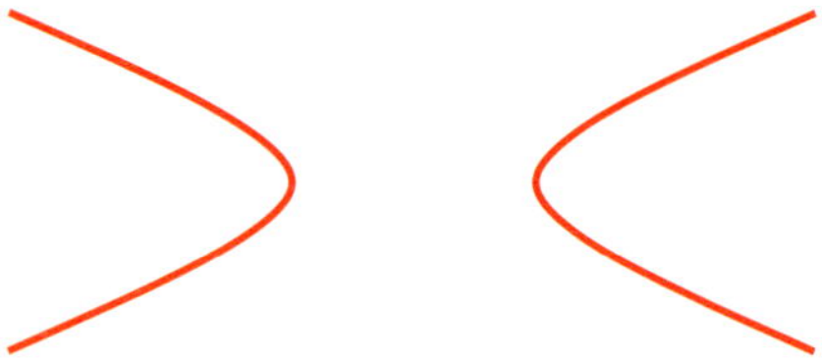

Estas cuatro curvas se llaman **cónicas.** Todas ellas pueden definirse como lugares geométricos. Ya hemos visto cómo se hace con la circunferencia. Veámoslo con las demás.

## Elipse

Tenemos dos puntos fijos, llamados **focos,** $F$ y $F'$, y una distancia constante, $d$. La elipse es el lugar geométrico de los puntos $P$ cuya suma de distancias a $F$ y a $F'$ es igual a $d$:

$$\overline{PF} + \overline{PF'} = d$$

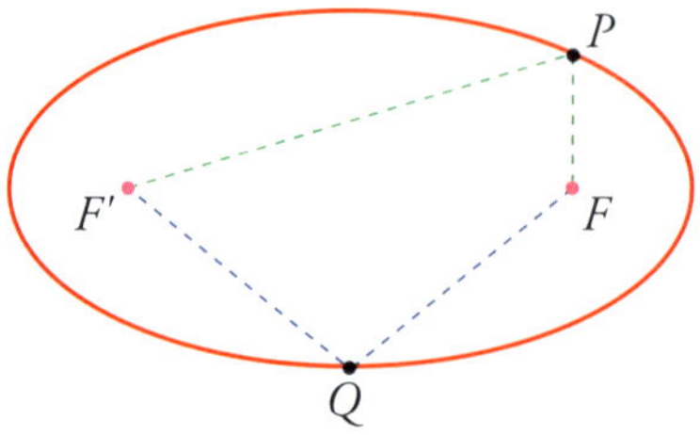

Observa cómo dibuja elipses un jardinero: clava dos estacas en el suelo y ata a ellas una cuerda suficientemente larga. Luego, marca con un punzón sobre la tierra la línea que resulta de moverse manteniendo la cuerda tensa. Esto podrías hacerlo tú con dos chinchetas, un hilo y un lápiz en un papel sobre una madera.

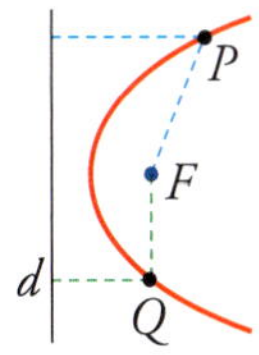


## Parábola

Tenemos un punto, *F*, llamado **foco,** y una recta, *d*, **directriz. Parábola** es el lugar geométrico de los puntos, *P*, que equidistan de *F* y de *d*: $\overline{PF} = dist(P, d)$.

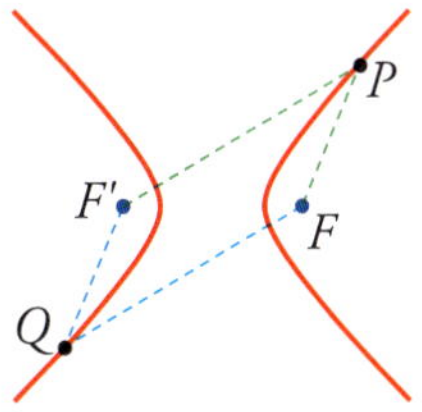


## Hipérbola

Tenemos dos puntos fijos, llamados **focos,** *F* y *F'*, y una distancia constante, *d*. La **hipérbola** es el lugar geométrico de los puntos, *P*, cuya diferencia de distancias a los focos (en valor absoluto) es *d*: $|\overline{PF} - \overline{PF'}| = d$.

## Ejercicios resueltos

**1.** ***Utilizar la trama adjunta para dibujar:***

***a) Una elipse de focos F y F' y constante d = 18 (tomamos como unidad la distancia entre dos circunferencias consecutivas).***

***b) Una hipérbola de focos F y F' y constante d = 6.***

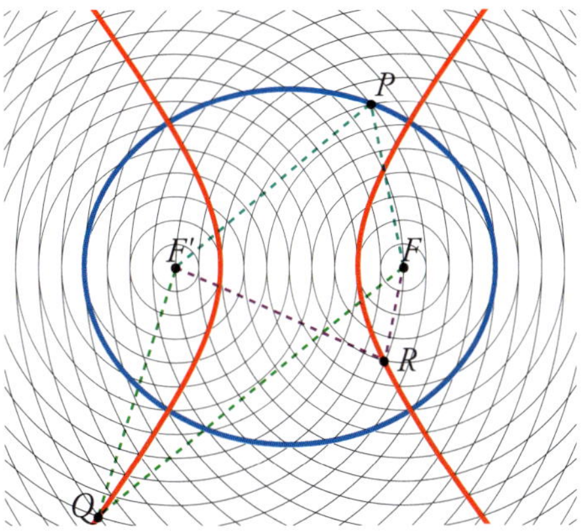


a) $\left.\begin{array}{l}\overline{PF} = 7\\ \overline{PF'} = 11\end{array}\right\}\ \overline{PF} + \overline{PF'} = 7 + 11 = 18$

Podemos comprobar que cualquier punto de la elipse dibujada cumple esa condición.

b) $\left.\begin{array}{l}\overline{QF} = 17\\ \overline{QF'} = 11\end{array}\right\}\ \overline{QF} - \overline{QF'} = 17 - 11 = 6$

$\left.\begin{array}{l}\overline{RF'} = 10\\ \overline{RF} = 4\end{array}\right\}\ \overline{RF'} - \overline{RF} = 10 - 4 = 6$

Podemos comprobar que los puntos *P* de la rama izquierda de la hipérbola cumplen que $\overline{PF} - \overline{PF'} = 6$ y los de la rama derecha $\overline{PF'} - \overline{PF} = 6$. Por tanto, cualquier punto de la hipérbola cumple $|\overline{PF} - \overline{PF'}| = 6$.

**2.** ***Utilizar la trama adjunta para dibujar una parábola de foco F y directriz $d_1$.***

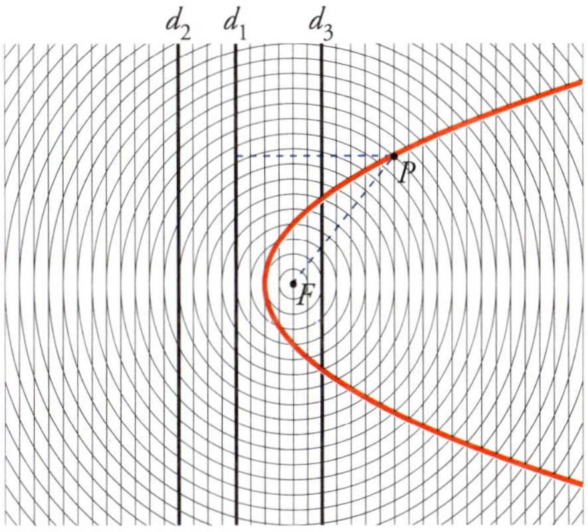


$\left.\begin{array}{l}dist(P, d_1) = 11\\ \overline{PF} = 11\end{array}\right\}\ \overline{PF} = dist(P, d_1)$

Podemos comprobar que cualquier punto de la parábola dibujada está a la misma distancia del foco *F* que de la directriz $d_1$.

**En la web**
Tramas de circunferencias.

## Piensa y practica

**1.** Toma una trama como la del ejercicio resuelto 1 y dibuja en ella:

a) Dos elipses con $d = 14$ y $d = 24$.

b) Dos hipérbolas con $d = 8$ y $d = 4$.

**2.** Toma una trama como la del ejercicio resuelto 2 y dibuja en ella:

a) Una parábola de foco *F* y directriz $d_2$.

b) Una parábola de foco *F* y directriz $d_3$.

# 7 Áreas de los polígonos

## Apotema del pentágono regular

Calcular el área de un polígono regular del que solo conocemos el lado es tarea fácil en algunos casos (triángulo, cuadrado, hexágono, octógono). Pero en el pentágono es difícil obtener la apotema conociendo el lado. Por eso, te damos aquí, sin más, el resultado:

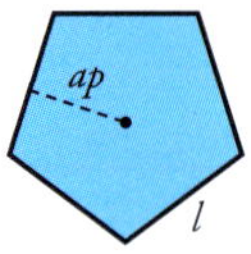


$$ap = l \cdot \frac{\sqrt{25+10\sqrt{5}}}{10} \approx 0{,}6882\ l$$

## Áreas conocidas

RECTÁNGULO

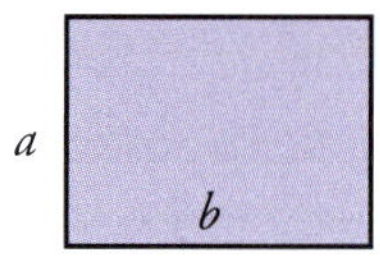


$A = b \cdot a$

CUADRADO

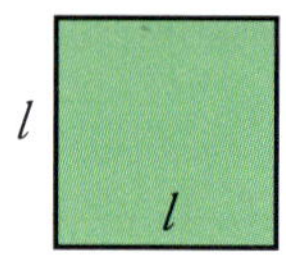


$A = l^2$

PARALELOGRAMO

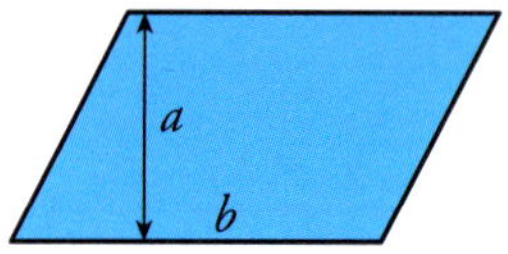


$A = b \cdot a$

ROMBO

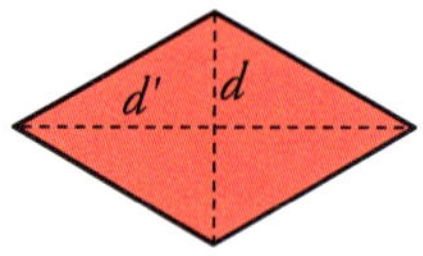


$A = \dfrac{d \cdot d'}{2}$

TRIÁNGULO

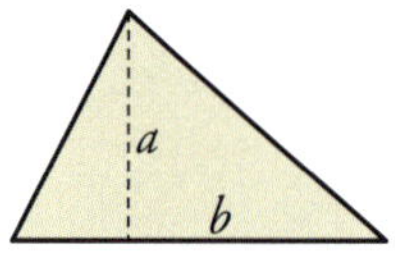


$A = \dfrac{b \cdot a}{2}$

TRIÁNGULO RECTÁNGULO

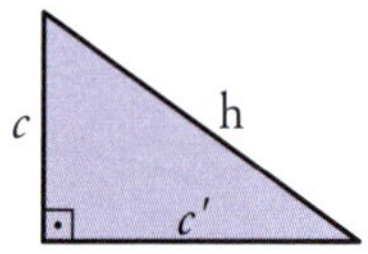


$A = \dfrac{c \cdot c'}{2}$

TRAPECIO

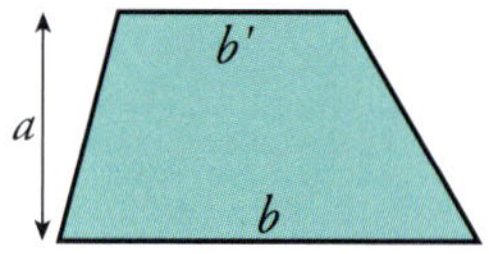


$A = \dfrac{b + b'}{2} \cdot a$

POLÍGONO REGULAR

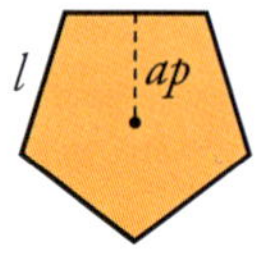


$A = \dfrac{\text{perímetro} \cdot ap}{2}$

## Área de un triángulo en función de sus lados

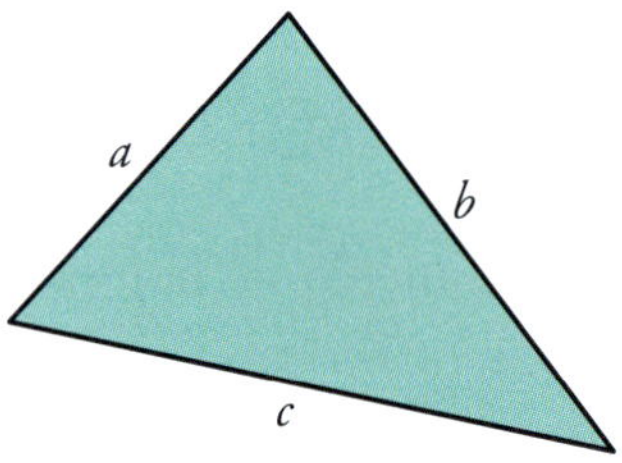


La fórmula siguiente es muy útil, pues para aplicarla basta con conocer la longitud de los lados del triángulo.

Perímetro: $p = a + b + c$

Semiperímetro: $s = \dfrac{p}{2}$

$\rightarrow$ $A_{\text{TRIÁNGULO}} = \sqrt{s \cdot (s - a) \cdot (s - b) \cdot (s - c)}$

Se llama FÓRMULA DE HERÓN.

## Ejercicios resueltos

**1.** ***Calcular el área del triángulo de lados 11 cm, 13 cm y 20 cm.***

Aplicaremos la fórmula de Herón:

Perímetro: $p = 11 + 13 + 20 = 44$ cm $\rightarrow$ $s = 22$ cm

$$A = \sqrt{s \cdot (s - a) \cdot (s - b) \cdot (s - c)} = \sqrt{22 \cdot 11 \cdot 9 \cdot 2} = \sqrt{4\,356} = 66 \text{ cm}^2$$

**2.** ***Hallar el área de un trapecio isósceles cuyas bases miden 37 cm y 55 cm, y el lado oblicuo, 14 cm.***

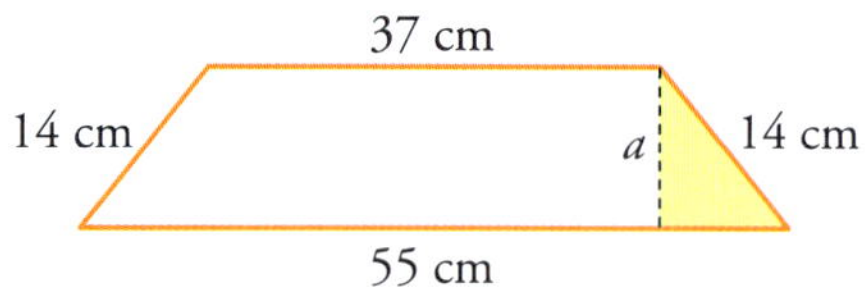


$(55 - 37) : 2 = 9$ cm

$a = \sqrt{14^2 - 9^2} = \sqrt{115} = 10{,}7$ cm

$A = \dfrac{37 + 55}{2} \cdot 10{,}7 = 492{,}2 \text{ cm}^2$

## Piensa y practica

1. Halla el área de un triángulo cuyos lados miden 10 m, 17 m y 21 m.
2. Halla el área del hexágono regular en el que cada uno de sus lados mide 10 cm.
3. Halla el área de un rombo de lado 3 dm, sabiendo que una diagonal mide 46 cm.
4. Dos de los lados de un triángulo isósceles miden 30 cm y 13 cm. Halla su área.

En la web Practica el cálculo de áreas de polígonos.

# 8 Áreas de figuras curvas

**En la web**

Practica el cálculo de áreas de figuras curvas.

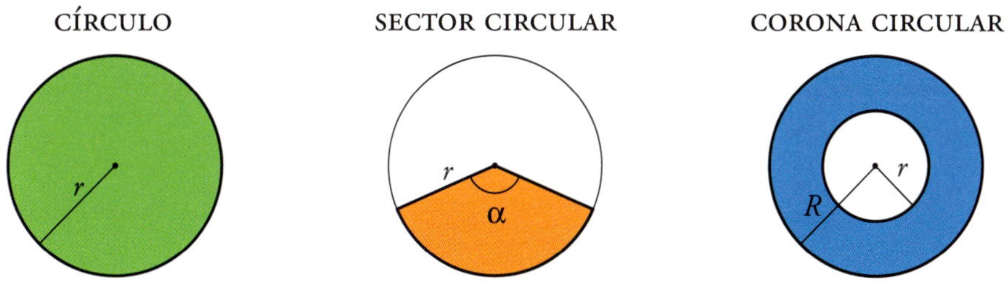


$A = \pi r^2$ $\qquad A = \pi r^2 \cdot \dfrac{\alpha}{360}$ $\qquad A = \pi(R^2 - r^2)$

## Área de la elipse

La **elipse** queda caracterizada por sus ejes, cuyas longitudes llamamos $2a$ y $2b$.

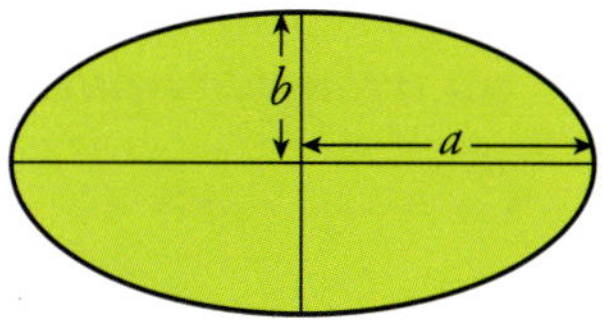


$$A_{\text{ELIPSE}} = \pi ab$$

Observa:

El círculo ocupa $\pi/4$ del cuadrado que lo contiene. La misma proporción que la elipse respecto al rectángulo que la circunscribe:

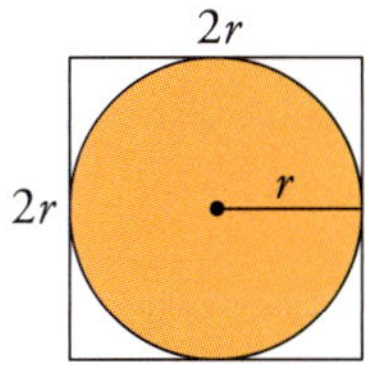


$A_{\text{CÍRC.}} = \pi r^2$

$A_{\text{CUAD.}} = 4r^2$

$\dfrac{A_{\text{CÍRC.}}}{A_{\text{CUAD.}}} = \dfrac{\pi}{4}$

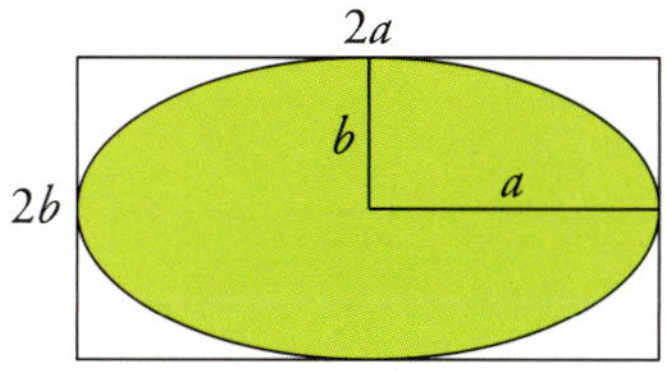


$A_{\text{ELIPSE}} = \pi ab$

$A_{\text{RECT.}} = 4ab$

$\dfrac{A_{\text{ELIPSE}}}{A_{\text{RECT.}}} = \dfrac{\pi}{4}$

Es como si, al estirar el cuadrado para que se convierta en rectángulo, el círculo se convirtiera en elipse.

## Área de un segmento de parábola

El área de un **segmento de parábola** es igual a 2/3 del rectángulo que lo contiene.

$$A_{\text{SEGM. DE PARÁBOLA}} = \frac{2}{3}ab$$

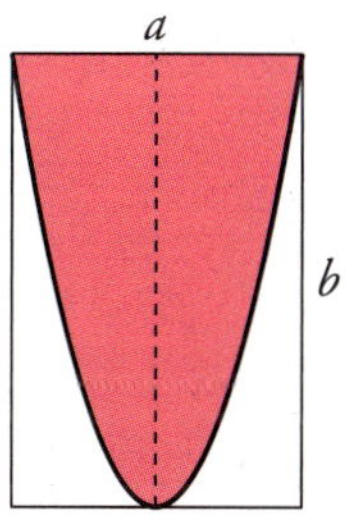


SEGMENTO DE PARÁBOLA

### Piensa y practica

**1.** Halla el área de la parte coloreada en las figuras siguientes:

a) 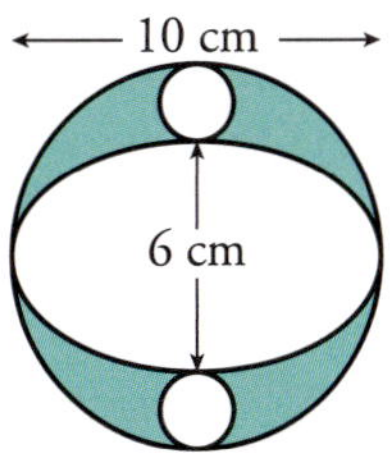


b) 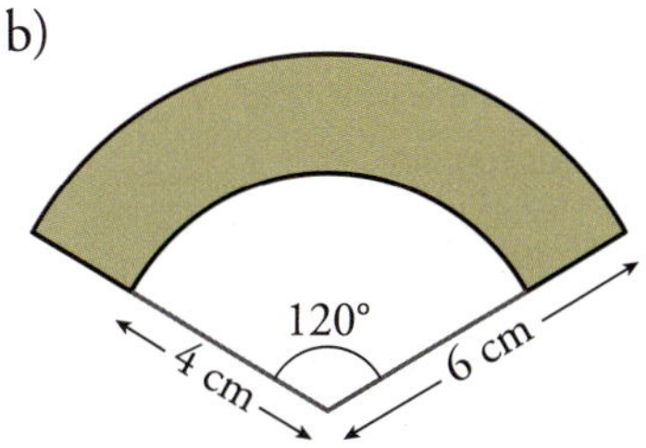


c) 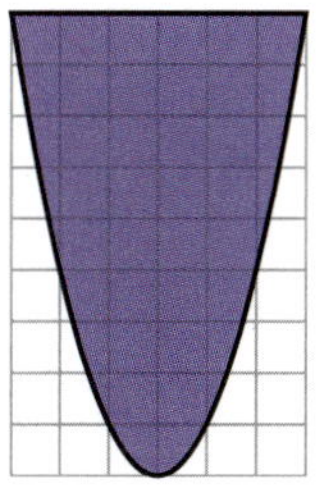

d) 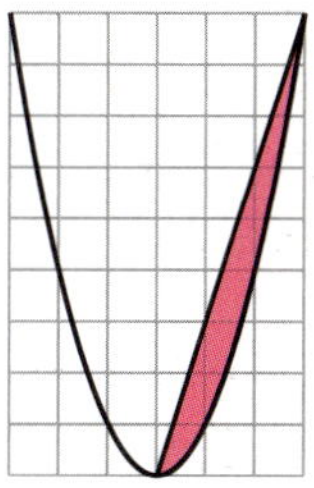

# Ejercicios y problemas resueltos

## 1. Aplicación del teorema de Pitágoras en polígonos regulares

***Expresa, en cada polígono regular, los elementos pedidos en función del lado:***

***a) Diagonal de un cuadrado.***

Para los cálculos, en todos los casos vamos a tomar como unidad el lado del polígono regular. Al final, generalizaremos para un polígono de lado $l$.

a)

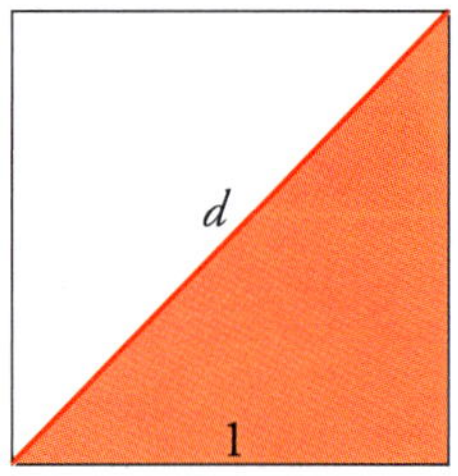


$$d = \sqrt{1^2 + 1^2} = \sqrt{2}$$

$$\boxed{d = \sqrt{2}\, l \qquad l = \frac{1}{\sqrt{2}}\, d = \frac{\sqrt{2}}{2}\, d}$$

***b) Altura, radio y apotema de un triángulo equilátero.***

b)

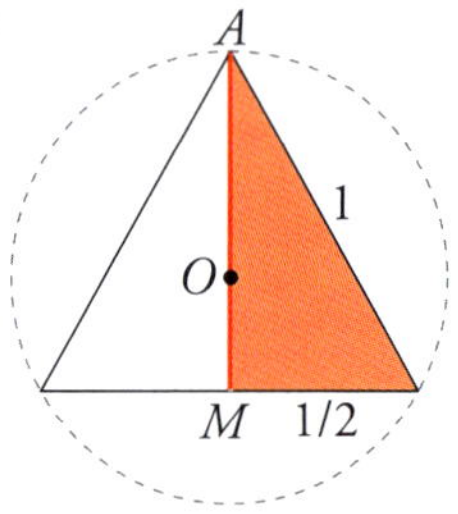


$$h = \overline{AM} = \sqrt{1^2 - \left(\frac{1}{2}\right)^2} = \sqrt{\frac{3}{4}} = \frac{\sqrt{3}}{2}$$

La apotema, $OM$, es la tercera parte de la altura.

El radio de la circunferencia circunscrita, $OA$, es el doble que la apotema.

$$\boxed{h = \frac{\sqrt{3}}{2}\, l \qquad a = \frac{\sqrt{3}}{6}\, l \qquad r = \frac{\sqrt{3}}{3}\, l}$$

***c) Apotema de un hexágono regular.***

c)

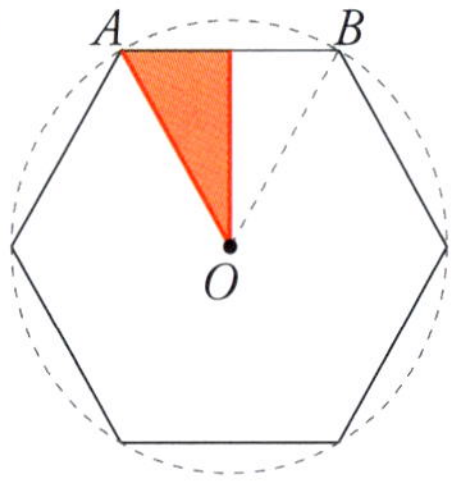


El radio es igual al lado.

La apotema es la altura del triángulo equilátero $ABO$.

$$\boxed{r = l \qquad a = \frac{\sqrt{3}}{2}\, l}$$

***d) Apotema y radio de un pentágono regular.***

d)

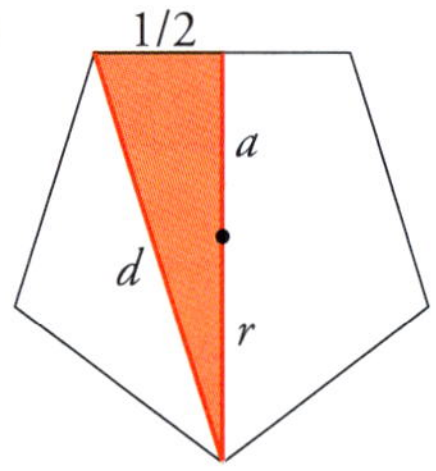


Sabemos que la diagonal del pentágono regular es igual a $\Phi l$, siendo $\Phi$ el número áureo: $\Phi = \dfrac{1+\sqrt{5}}{2} = 1{,}618$

$$r + a = \sqrt{d^2 - \left(\frac{1}{2}\right)^2} = \sqrt{1{,}618^2 - 0{,}5^2} = \sqrt{2{,}3679} =$$
$$= 1{,}5388$$

En este otro triángulo, obtenemos otra relación entre $r$ y $a$:

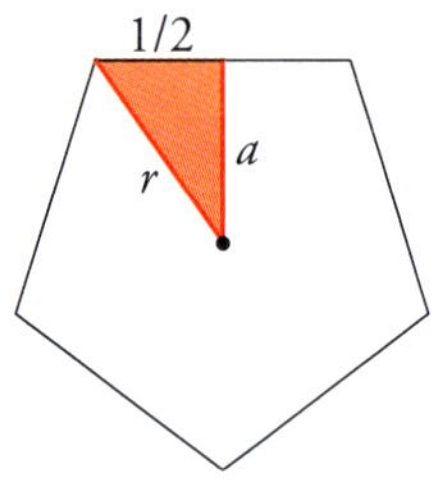


$$\left.\begin{array}{l} r^2 - a^2 = \left(\dfrac{1}{2}\right)^2 = 0{,}25 \\ r^2 - a^2 = (r+a)(r-a) \end{array}\right\} \; r - a = \frac{0{,}25}{r+a} = \frac{0{,}25}{1{,}5388} =$$
$$= 0{,}1625$$

Podemos calcular $r$ y $a$ con las dos ecuaciones que las relacionan:

$$\left.\begin{array}{l} r + a = 1{,}5388 \\ r - a = 0{,}1625 \end{array}\right\} \text{ Se obtiene } \left\{\begin{array}{l} r = 0{,}8507 \\ a = 0{,}6882 \end{array}\right.$$

$$\boxed{a = 0{,}6882\, l \qquad r = 0{,}8507\, l}$$

***e) Apotema y radio de un octógono regular.***

e) 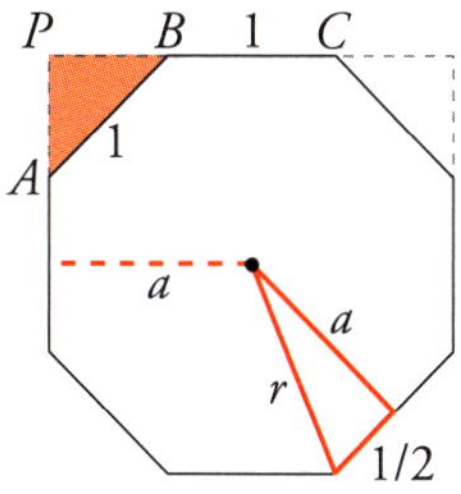


$\overline{PB} = \frac{\sqrt{2}}{2}$ (el lado de un cuadrado cuya diagonal mide 1)

La apotema es $\overline{PB} + \frac{1}{2}$. Es decir: $a = \frac{\sqrt{2}}{2} + \frac{1}{2} = 1{,}2071$

Obtenemos el radio:

$$r = \sqrt{a^2 + \left(\frac{1}{2}\right)^2} = \sqrt{1{,}2071^2 + 0{,}5^2} = 1{,}3066$$

$$\boxed{a = 1{,}2071\ l \qquad r = 1{,}3066\ l}$$

## 2. De cuadrado a octógono regular

***Tenemos un cuadrado de lado 12 cm. Le cortamos las cuatro esquinas para que quede un octógono regular. ¿Dónde haremos los cortes?***

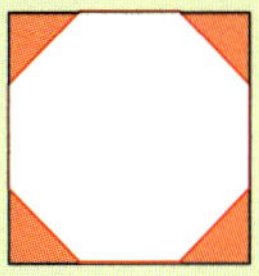

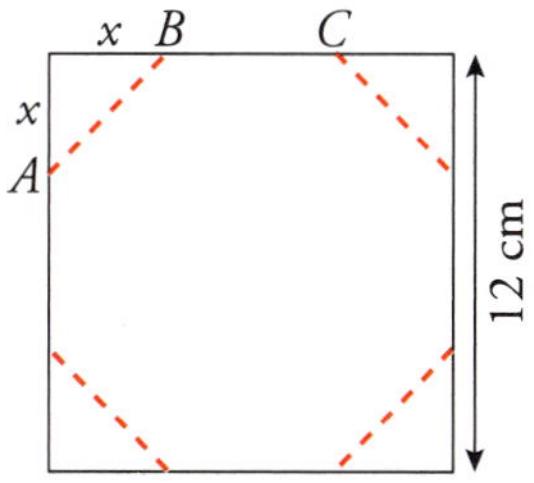


$\overline{AB}$ debe ser igual a $\overline{BC}$.

$$\left.\begin{array}{l}\overline{AB} = \sqrt{2}x \\ \overline{BC} = 12 - 2x\end{array}\right\} \sqrt{2}x = 12 - 2x \rightarrow (\sqrt{2} + 2)x = 12 \rightarrow$$

$$\rightarrow x = \frac{12}{\sqrt{2} + 2} = 3{,}5147 \text{ cm}$$

Hemos de cortar cuatro triángulos rectángulos isósceles de catetos ligeramente mayores que 3,5 cm.

## 3. De triángulo equilátero a hexágono regular

***Tenemos un triángulo equilátero de 12 cm de lado. ¿Cómo hemos de cortar las esquinas para obtener un hexágono regular?***

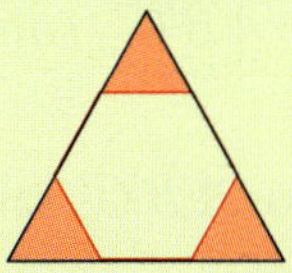

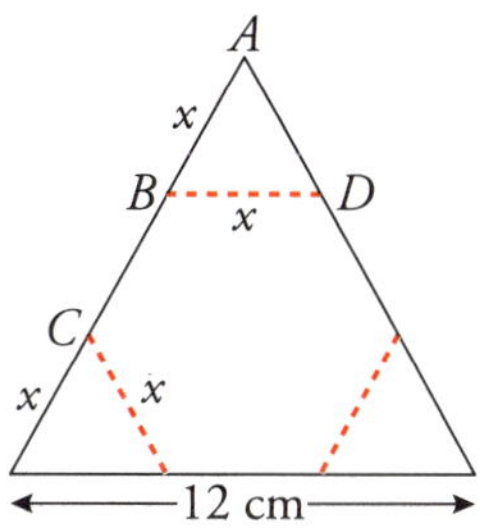


$\overline{BC}$ debe ser igual a $\overline{BD}$.

$$\left.\begin{array}{l}\overline{BC} = 12 - 2x \\ \overline{BD} = x\end{array}\right\} 12 - 2x = x \rightarrow x = 4$$

Hemos de cortar tres triángulos equiláteros de 4 cm de lado. Es decir, hemos de dividir los lados en tres trozos iguales y, así, cortar por las esquinas.

## 4. Construcción de un octógono regular

***Comprobar que el octógono que se obtiene del siguiente modo es regular:***

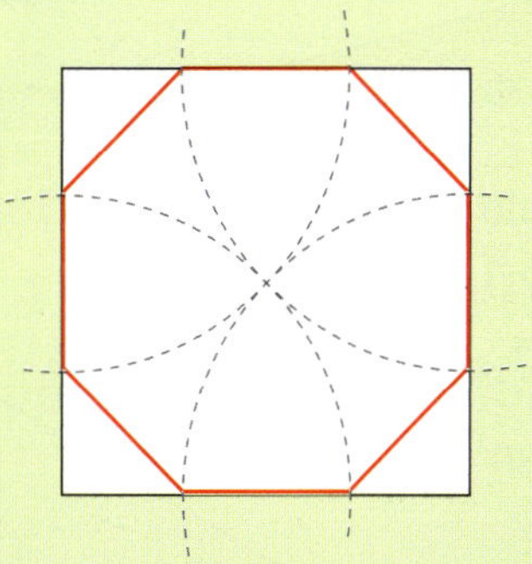

Los ángulos de este octógono son, evidentemente, iguales a 90° + 45° = 135°.

Para probar que es regular, hemos de ver que también sus lados son iguales. Si el lado del cuadrado inicial es 1, su diagonal es $\sqrt{2}$. Por tanto, el radio con el que se trazan los arcos es $\sqrt{2}/2$.

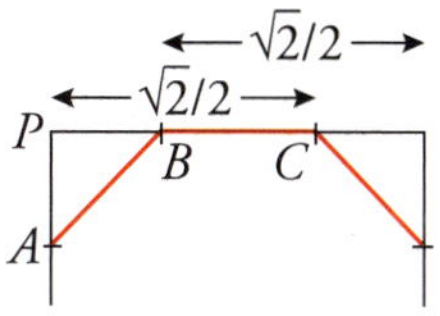


$\overline{BC} = \frac{\sqrt{2}}{2} + \frac{\sqrt{2}}{2} - 1 = \sqrt{2} - 1$ es un lado.

$\overline{PB} = 1 - \frac{\sqrt{2}}{2}$

$\overline{AB} = \overline{PB} \cdot \sqrt{2} = \left(1 - \frac{\sqrt{2}}{2}\right) \cdot \sqrt{2} = \sqrt{2} - \sqrt{2}\frac{\sqrt{2}}{2} = \sqrt{2} - 1$ es otro lado.

Hemos visto que $\overline{AB} = \overline{BC} = \sqrt{2} - 1$. Todos los lados del octógno son iguales. Por tanto, el octógono es regular.

# Ejercicios y problemas

## Practica

### Ángulos

**1.** Halla el valor del ángulo $\alpha$ en cada uno de estos casos:

a) 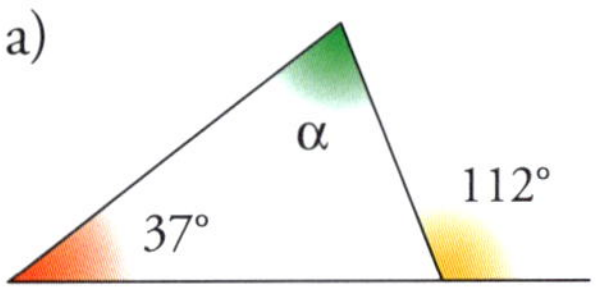


b) 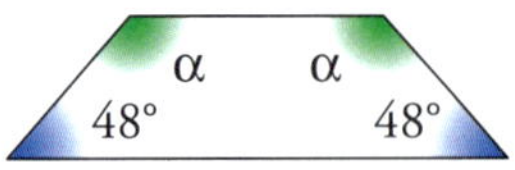


c) 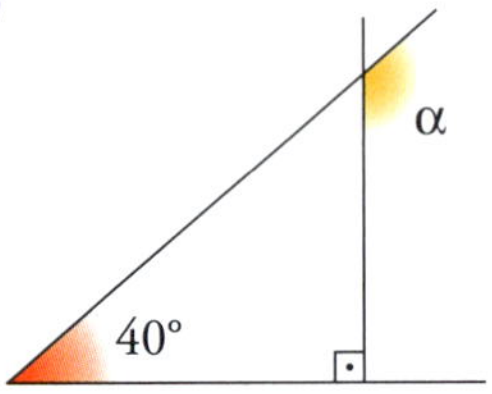


d) 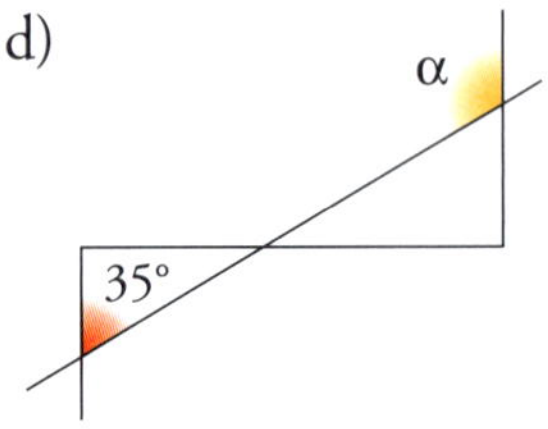


**2.** Calcula la medida de $\hat{X}$ en cada caso:

a) 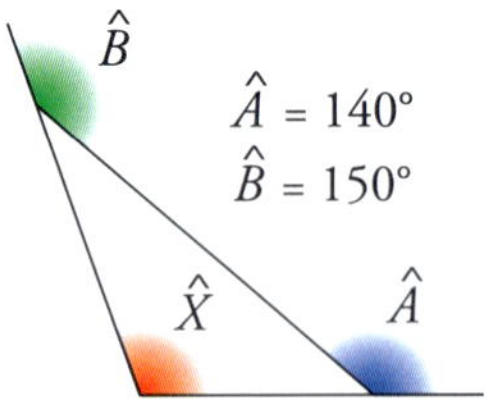


$\hat{A} = 140°$
$\hat{B} = 150°$

b) 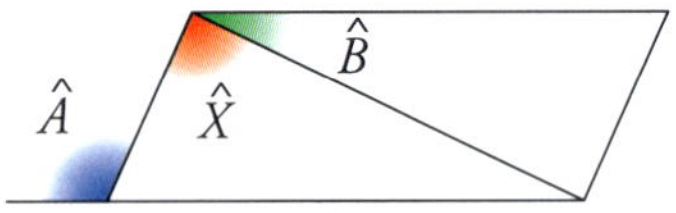


$\hat{A} = 115°$
$\hat{B} = 25°$

c) 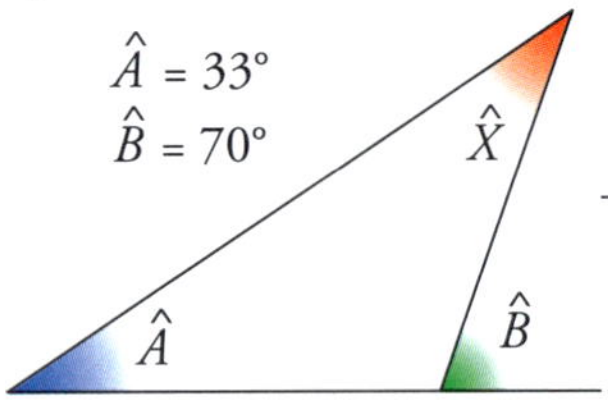


$\hat{A} = 33°$
$\hat{B} = 70°$

d) 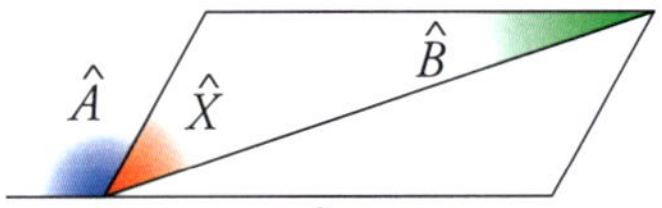


$\hat{A} = 120°$
$\hat{B} = 18°$

**3.** Calcula los ángulos $\hat{X}$, $\hat{Y}$, $\hat{Z}$ en los siguientes polígonos regulares:

a) 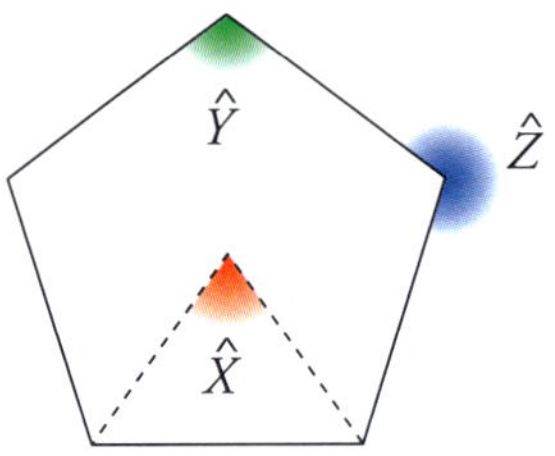


b) 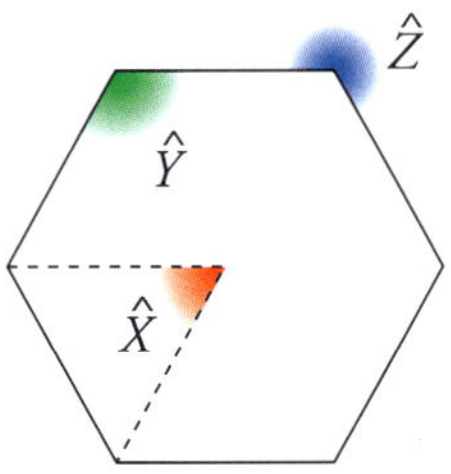


c) 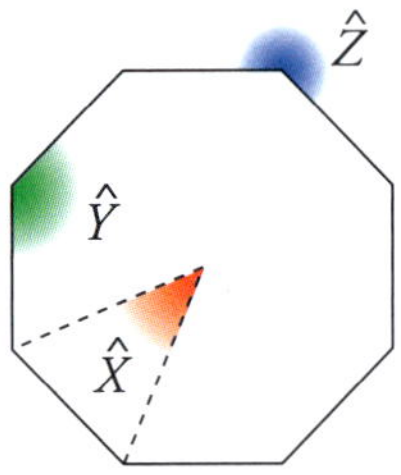


d) 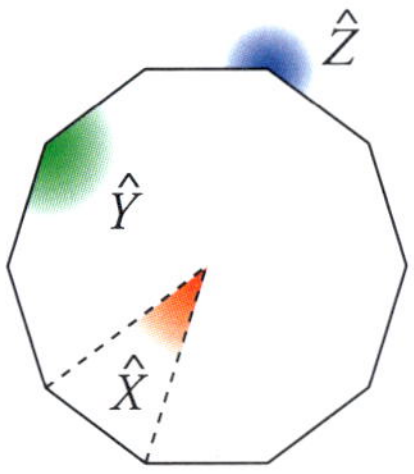


**4.** Indica cuánto miden los ángulos $\hat{P}$ y $\hat{Q}$, sabiendo que $\widehat{AOB} = 70°$.

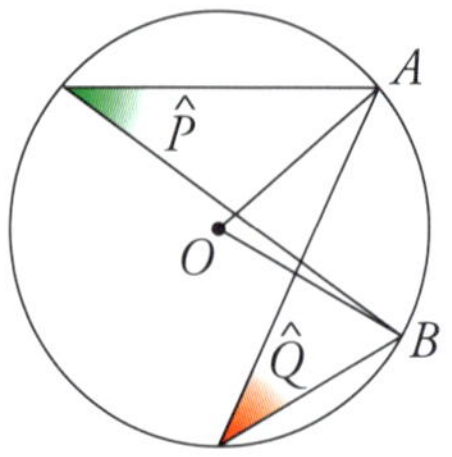


**5.** El triángulo $ABC$ es isósceles. ¿Cuánto miden sus ángulos?

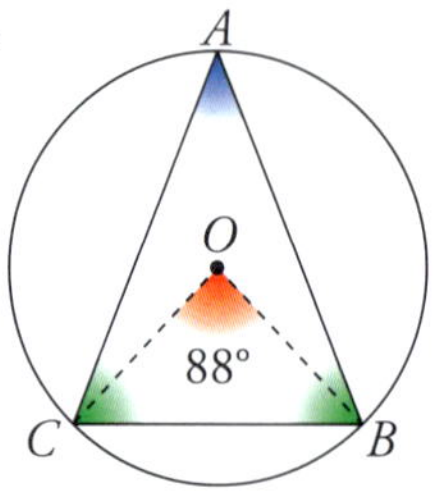


**6.** Sabiendo que $\overline{PA} = \overline{AC} = \overline{BC}$, $\hat{B} = 70°$, halla el ángulo $\widehat{PCB}$ en el siguiente triángulo:

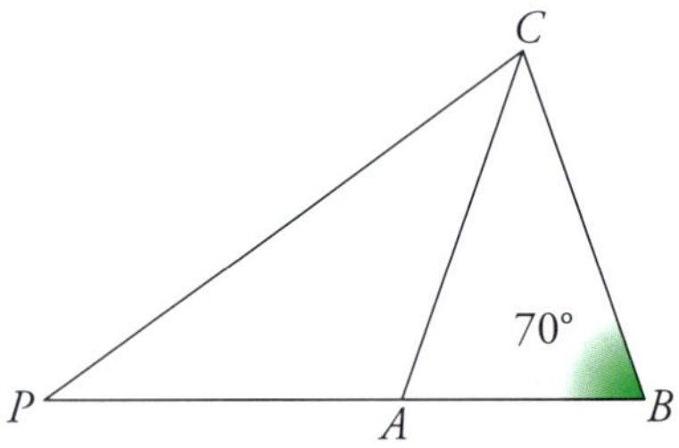


### Semejanza

**7.** Dos triángulos $ABC$ y $A'B'C'$ son semejantes con razón de semejanza 1,2.

Calcula los lados del triángulo $A'B'C'$ sabiendo que:

$\overline{AB} = 16$ cm  $\overline{BC} = 25$ cm  $\overline{AC} = 39$ cm

**8.** Halla las longitudes de los lados $a$ y $b$ sabiendo que estos dos triángulos tienen sus lados paralelos:

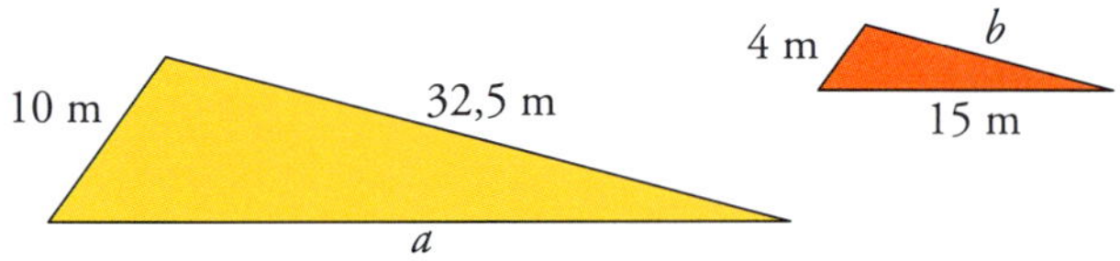


**9.** Si $BD$ es paralelo a $AE$, y $\overline{AC} = 15$ cm, $\overline{CE} = 11$ cm, $\overline{BD} = 6{,}4$ cm, $\overline{AE} = 18$ cm:

a) Calcula $\overline{CD}$ y $\overline{BC}$.

b) Si $\hat{A} = 37°$ y $\hat{C} = 80°$, halla $\hat{E}$, $\hat{B}$ y $\hat{D}$.

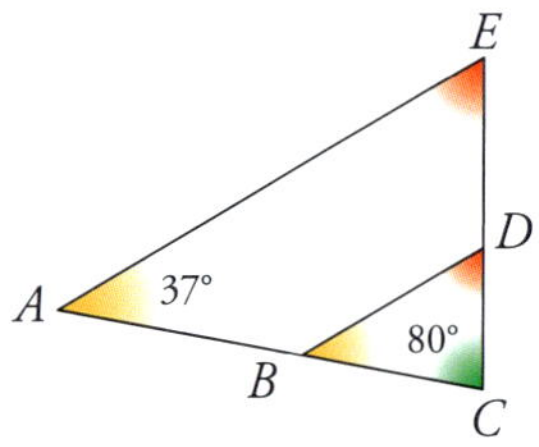

## Teorema de Pitágoras

**10.** Calcula el valor de $x$ en cada caso:

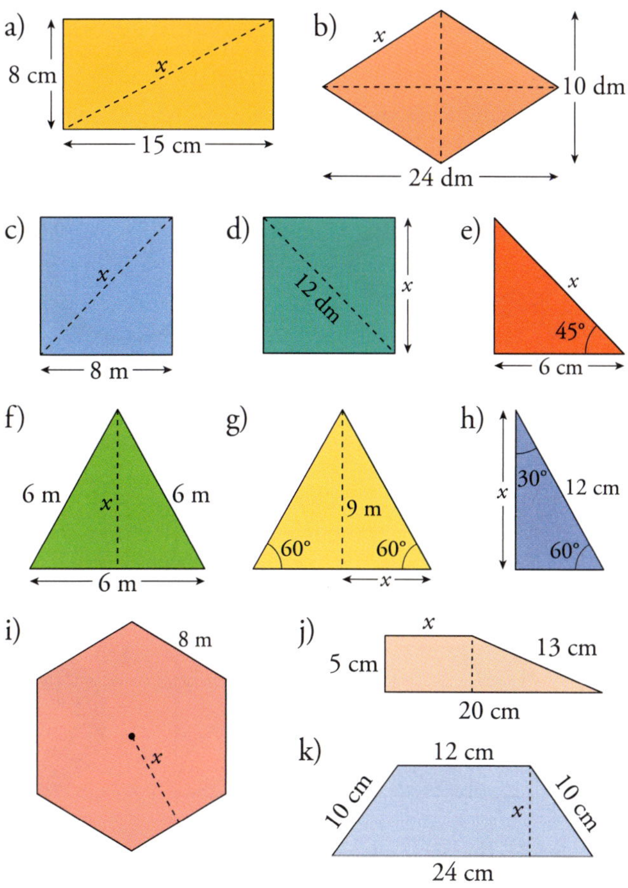


**11.** La diagonal de un rectángulo mide 37 cm, y uno de sus lados, 12 cm. Calcula su perímetro.

**12.** La diagonal de un rectángulo de lados 7 cm y 24 cm mide igual que el lado de un cuadrado. Halla la diagonal de ese cuadrado.

**13.** Halla, con la ayuda de un sistema de ecuaciones, los valores de h, $x$ e $y$.

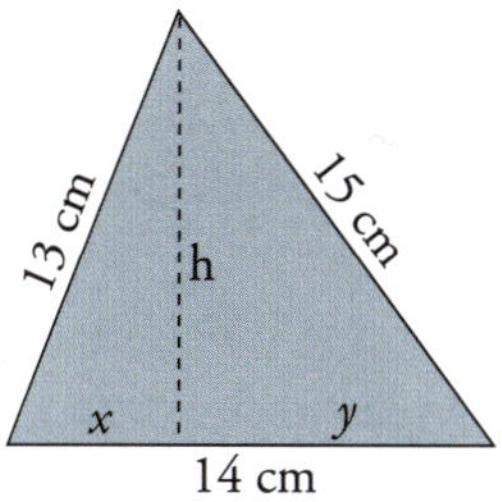


**14.** Clasifica en rectángulos, acutángulos u obtusángulos los triángulos de lados:

a) 11 m, 13 m, 20 m.

b) 20 m, 21 m, 29 m.

c) 25 m, 29 m, 36 m.

d) 7 m, 24 m, 25 m.

## Lugares geométricos y cónicas

**15.** ¿Cuál es el lugar geométrico de los puntos cuya distancia a una recta $r$ es de 2 cm? Dibújalo.

**16.** ¿Cuál es el lugar geométrico de los puntos $P$ del plano tales que el ángulo $\widehat{APB}$ es recto?

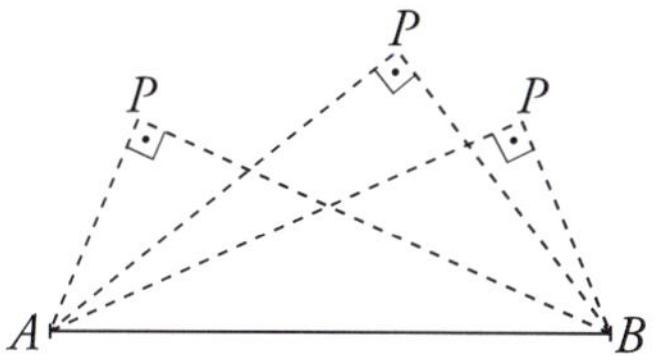


**17.** Define como lugar geométrico el circuncentro y el incentro de un triángulo.

**18.** Utiliza una trama como la siguiente para dibujar dos elipses de focos $F$ y $F'$ y constantes $d_1 = 16$ y $d_2 = 20$, (tomando como unidad la distancia entre dos circunferencias consecutivas).

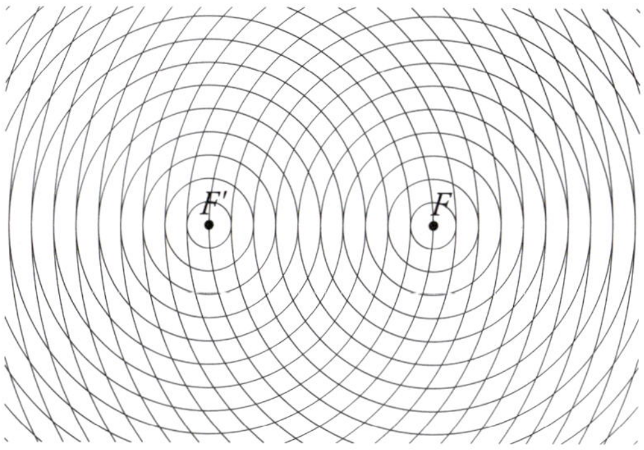


**19.** En una trama como la del ejercicio anterior, dibuja dos hipérbolas de focos $F$ y $F'$ y constantes $d_1 = 2$ y $d_2 = 7$.

**20.** Utiliza esta trama para dibujar dos parábolas de foco $F$ y de directrices $d_1$ y $d_2$.

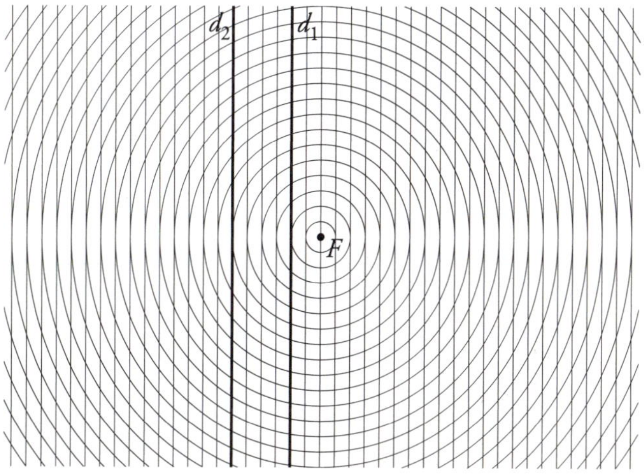

# Ejercicios y problemas

## Áreas

**21.** Halla el área de la parte coloreada:

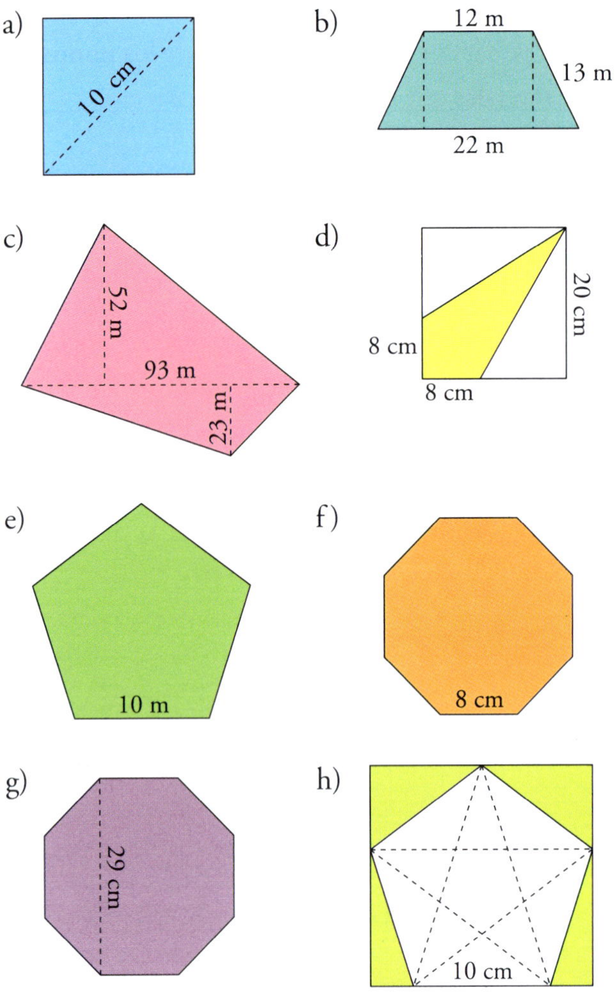


**22.** Halla las áreas de las siguientes figuras coloreadas:

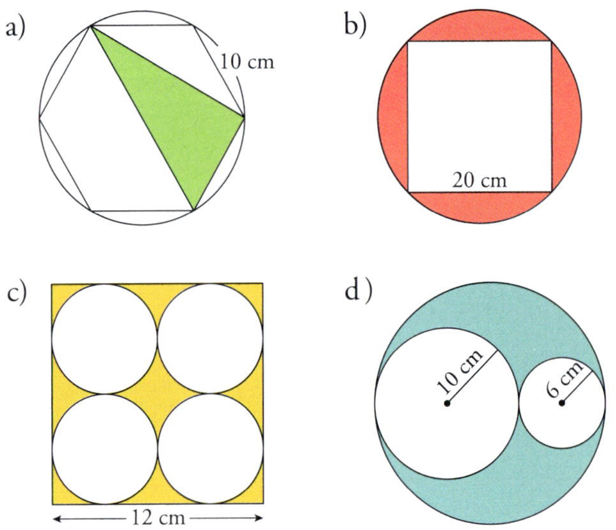


**23.** Halla el área de cada una de las siguientes figuras coloreadas:

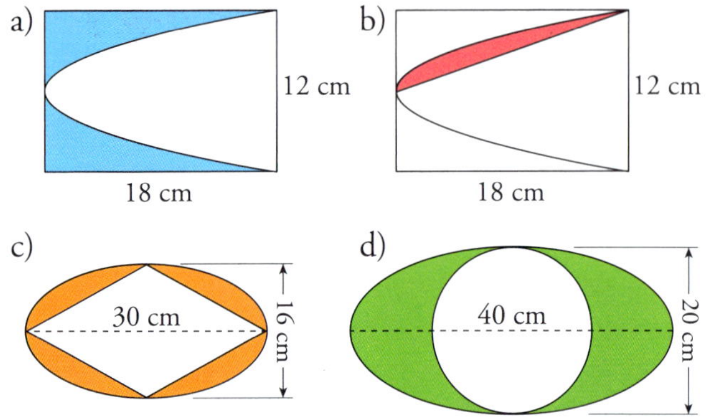


**24.** Estos cuadrados tienen 1 m de lado. Calcula (en $cm^2$) el área de la parte coloreada:

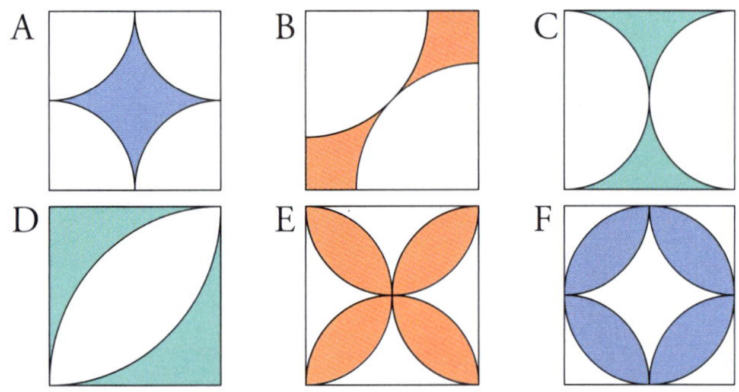


**25.** Halla, en cada caso, el área y el perímetro de un sector circular de un círculo de 15 cm de radio y cuya amplitud es:

a) 90° b) 120° c) 65° d) 140°

**26.** Calcula el área de los siguientes segmentos circulares:

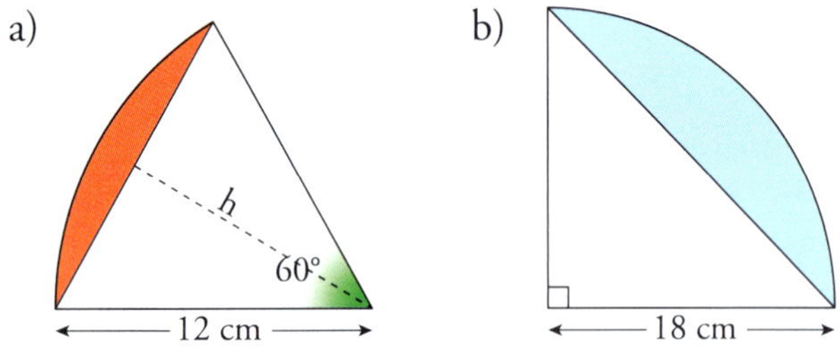


**27.** Comprueba que los siguientes triángulos son rectángulos y calcula sus áreas de dos formas: a partir de sus catetos y aplicando la fórmula de Herón.

a) 51 cm, 68 cm y 85 cm.

b) 110 m, 264 m y 286 m.

c) 72 dam, 135 dam y 153 dam.

d) 48 m, 140 m y 148 m.

## Piensa y resuelve

**28.** Dibuja un triángulo $ABC$ inscrito en una circunferencia, de modo que los vértices $A$ y $B$ sean extremos de un diámetro y el arco $\overset{\frown}{AC}$ sea la sexta parte de la circunferencia.

¿Cuánto miden sus ángulos?

**29.** Se llama **triángulo heroniano** al que tiene lados enteros y área entera. Triángulos rectángulos con lados y área enteros ya se conocían mucho antes de la época de Herón, pero a él se atribuye el descubrimiento del triángulo de lados 13, 14, 15 y área 84 (no es rectángulo, pero tiene lados y área enteros). El nombre de triángulos heronianos es un homenaje a Herón por este descubrimiento.

Aplica la fórmula de Herón para hallar el área de cada uno de estos triángulos de los que conocemos sus lados:

a) 13 cm, 14 cm, 15 cm (comprueba que es 84 cm$^2$).

b) 5 m, 5 m, 6 m.

c) 13 dm, 20 dm, 21 dm.

d) 25 cm, 34 cm, 39 cm.

**30.** El triángulo $ABC$ es un triángulo rectángulo, y $AH$ es la altura sobre la hipotenusa.

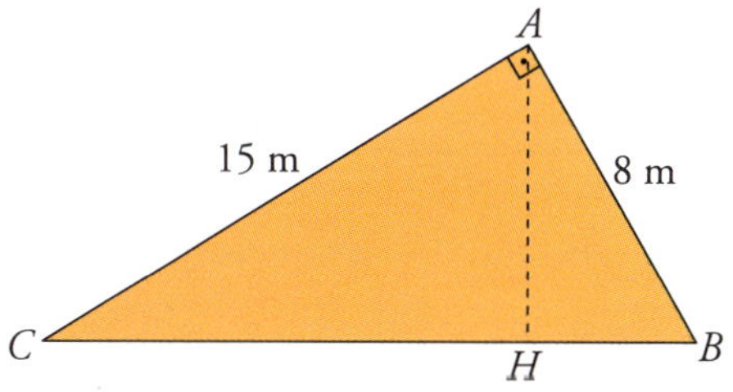


a) Demuestra que los triángulos $ABH$ y $AHC$ son semejantes.

b) Calcula las longitudes $\overline{BH}$ y $\overline{HC}$.

**31.** a) ¿Por qué son semejantes los triángulos $APQ$ y $ACB$?

b) Calcula $x = \overline{BQ}$.

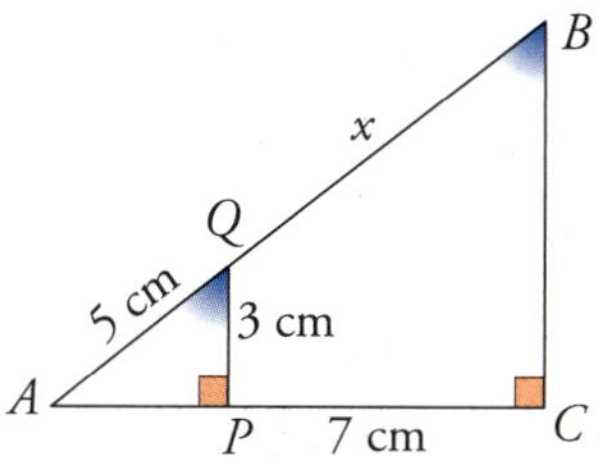


**32.** Calcula la altura de este triángulo, aplicando el teorema de Pitágoras a los dos triángulos rectángulos que aparecen. Después, halla su área.

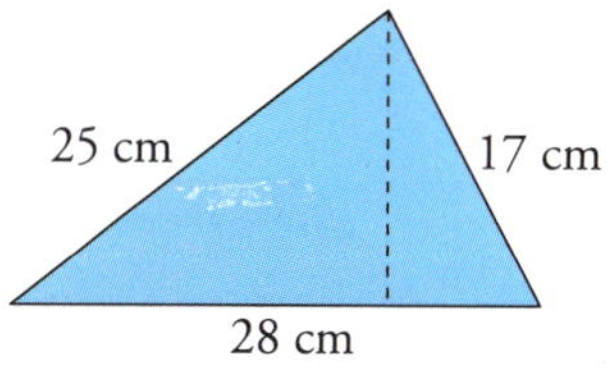


**33.** Halla la altura del trapecio siguiente. Después, calcula su área.

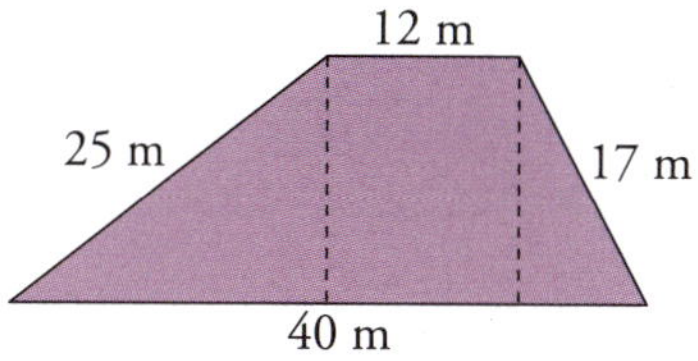


**34.** Halla el radio de un arco de 100,48 m de longitud y 72° de apertura ($\pi = 3,14$).

**35.** Calcula la medida, en grados, de un arco que mide 31,4 cm correspondiente a una circunferencia de 471 cm de longitud ($\pi = 3,14$).

**36.** a) Calcula el radio de esta circunferencia.

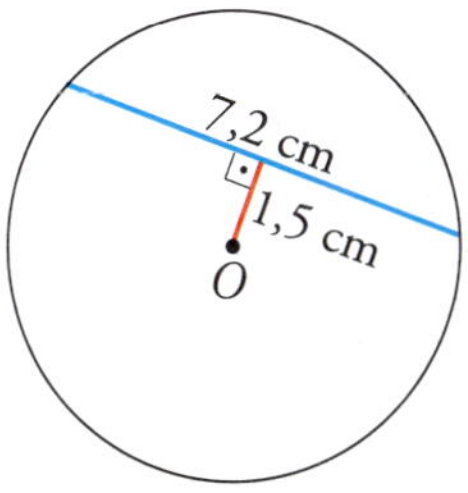


b) ¿Cuál será la longitud de una cuerda cuya distancia al centro es 2,9 cm?

**37.** En un círculo de 52 cm de diámetro se traza una cuerda a 10 cm del centro. Halla el área del cuadrilátero que se forma uniendo los extremos de la cuerda con los del diámetro paralelo a ella.

**38.** Calcula:

a) La longitud de $PT$.

b) El área de la parte coloreada.

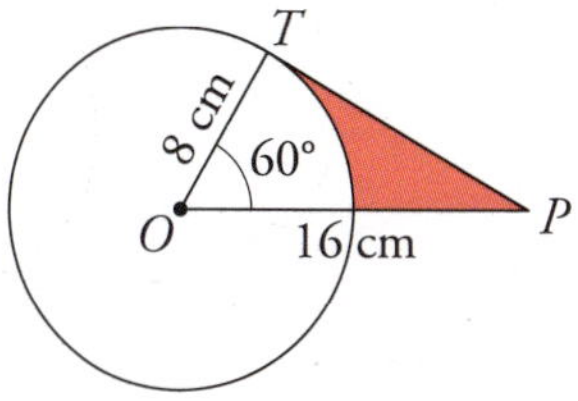

## Resuelve problemas

**39.** Una finca tiene la forma y las dimensiones indicadas en la figura. Calcula su área.

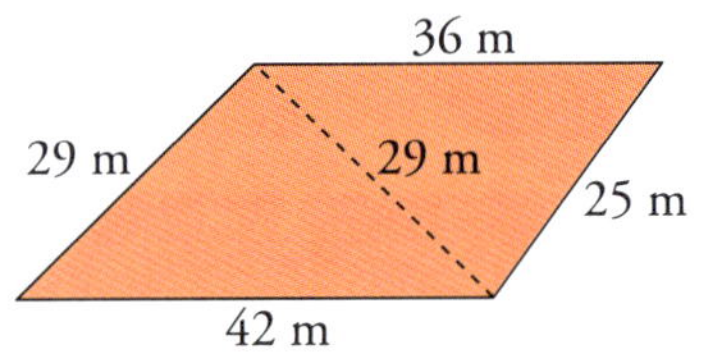


**40.** Calcula el área del recinto que tiene Sara para sembrar, es el que está entre los tres depósitos de agua cilíndricos de 5 m de radio que ha puesto su padre en el jardín.

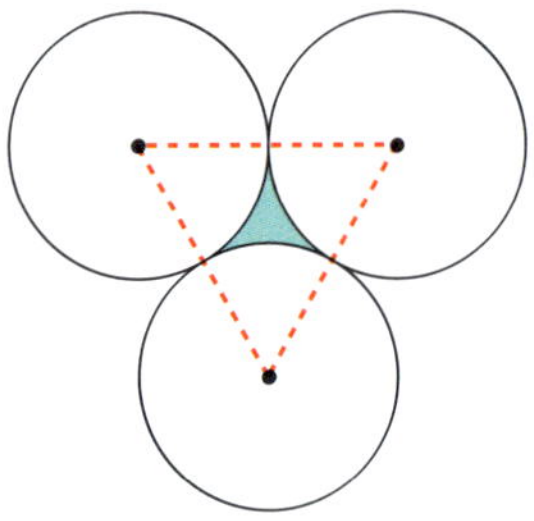

**41.** Para calcular la altura de un árbol, Eduardo ve la copa reflejada en un charco y toma las medidas que indica el dibujo. ¿Cuál es la altura del árbol?

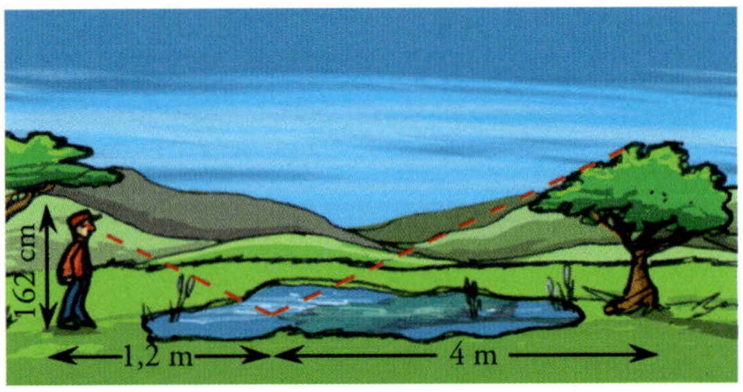


**42.** ¿Cuál es la profundidad de un pozo, si su anchura es 1,5 m y alejándote 0,5 m del borde, desde una altura de 1,7 m, observas que la visual une el borde del pozo con la línea del fondo?

**43.** Se quiere renovar con material sintético, que cuesta 15 €/m$^2$, el piso de una pista de atletismo como la que ves en la figura, compuesta por 8 calles de 1 m de anchura.

¿A cuánto ascenderá el presupuesto para la compra del material?

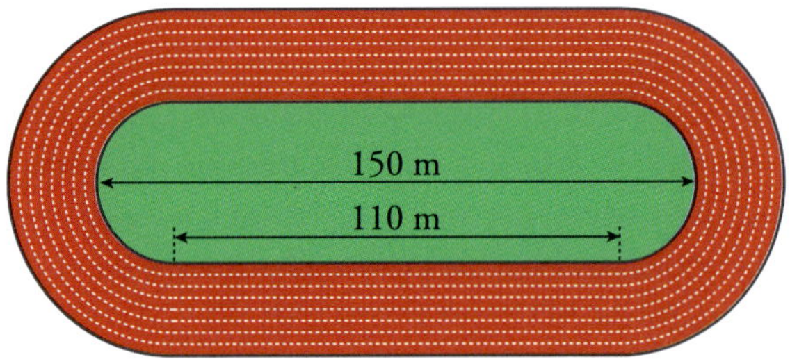


**44.** ¿Cuál es el diámetro de la tubería más gruesa que se puede introducir por el agujero cuya sección es un triángulo equilátero de 6 cm de lado?

**45.** Se va a perforar un túnel semicircular por el que circulará una vagoneta de 1,5 m de ancho por 0,8 m de alto.

¿Qué diámetro, como mínimo, debe tener la sección del túnel?

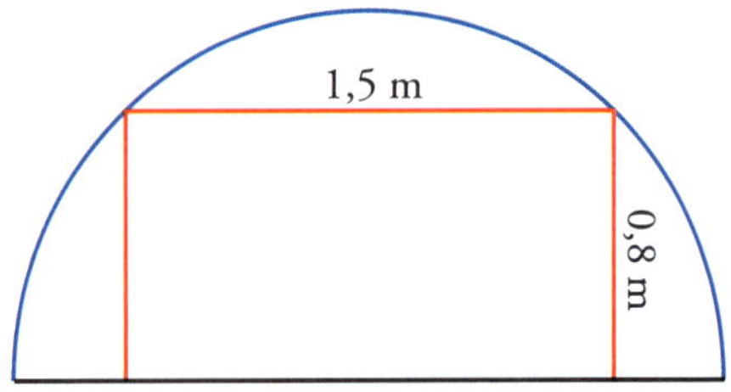


**46.** Una antena de telecomunicaciones está sujeta por 4 tirantes de cable. El extremo superior de cada tirante se sujeta a la antena a una altura de 40 m. El extremo inferior está amarrado al suelo a una distancia de 30 m de la base de la antena. ¿Cuántos metros de cable se han utilizado?

**47.** Calcula la superficie que ocupa, cerrado, el sobre que ves en la figura, sabiendo que la solapa es un triángulo equilátero y que si lo cierras, el vértice $V$ coincide exactamente con el centro, $C$, del lado opuesto.

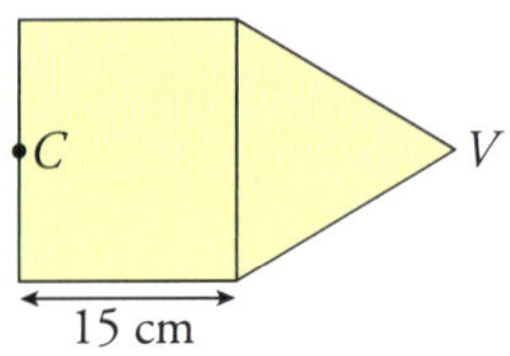

# Problemas "+"

**48.** Halla los radios, $x$ e $y$, de los dos semicírculos de la figura naranja para que su superficie total sea el 80 % de la superficie de la azul (con los dos circulitos de 1 cm de diámetro incluidos en las dos figuras).

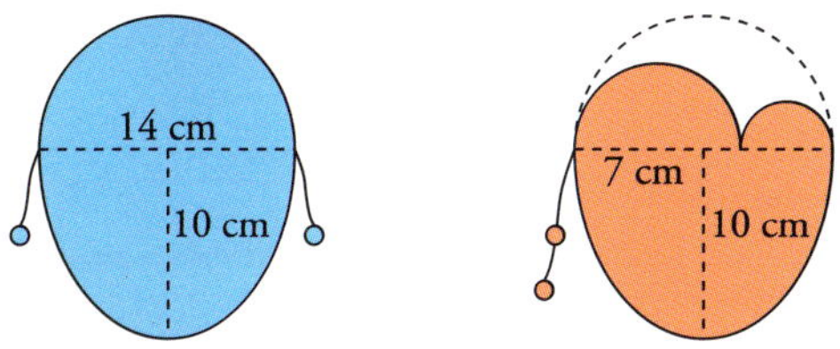


**49.** Calcula el área de cada uno de los tres triángulos en que se ha dividido un pentágono regular de 10 cm de lado por las dos diagonales que salen de un vértice.

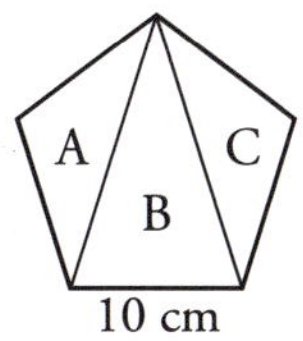


**50.** Observando esta figura, halla:

a) El área del triángulo $ABC$.

b) La longitud del segmento $BF$ (altura sobre la hipotenusa del triángulo $ABC$).

c) La longitud del segmento $EF$.

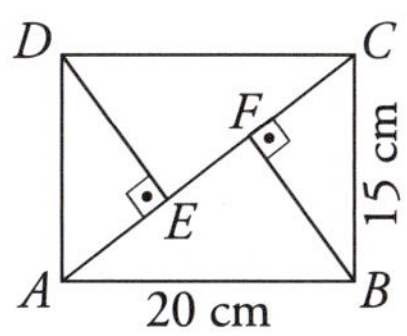


**51.** El perímetro de este rectángulo es 96 m, y la base mide 12 m más que la altura.

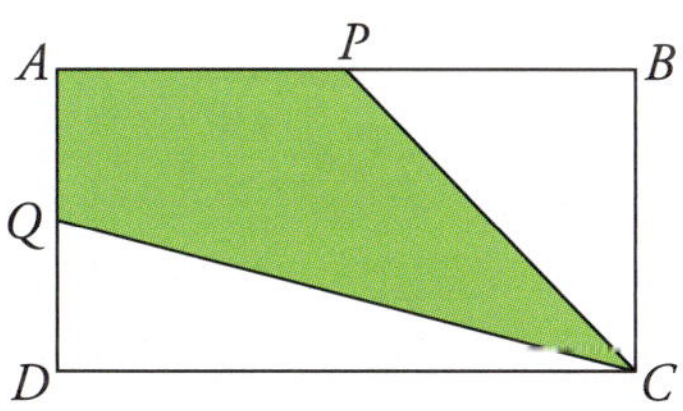


Halla el área de la parte coloreada. ($P$ y $Q$ son los puntos medios de los lados $AB$ y $AD$, respectivamente).

**52.** Calcula, en este triángulo rectángulo, el ángulo $\gamma$ que forman la altura, h, y la mediana, $m$, en función de $\alpha$ y $\beta$.

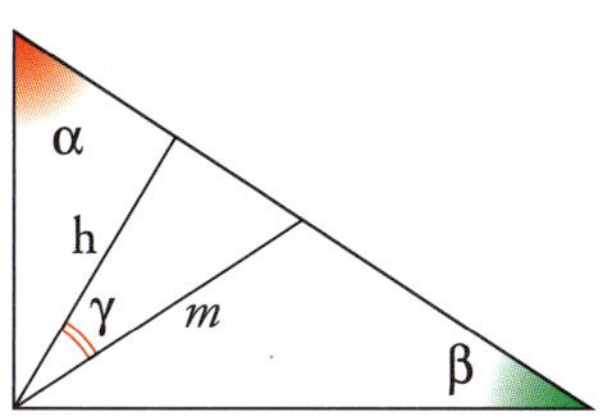


**53.** El cuadrilátero $ABCD$ está inscrito en una circunferencia. Observa este razonamiento:

$$\hat{C} = \frac{\widehat{BAD}}{2}, \quad \hat{A} = \frac{\widehat{BCD}}{2}$$

$$\hat{C} + \hat{A} = \frac{\widehat{BAD} + \widehat{BCD}}{2} = \frac{360°}{2} = 180°$$

Comprueba de igual forma que $\hat{B} + \hat{D} = 180°$.

Esta es la condición que debe cumplir un cuadrilátero para que pueda inscribirse en una circunferencia. Exprésala con palabras.

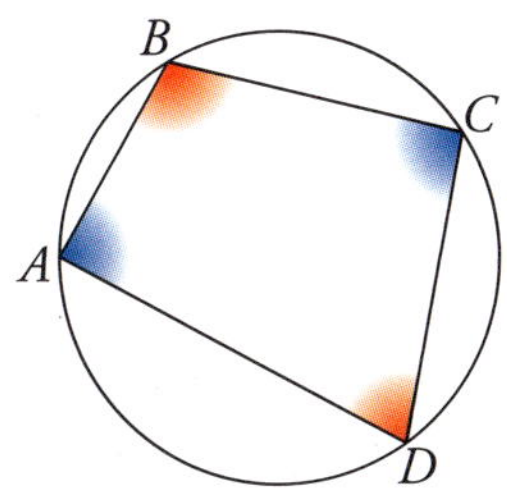


**54.** Calcula los ángulos $\hat{A}$ y $\hat{D}$.

(Ten en cuenta el problema anterior).

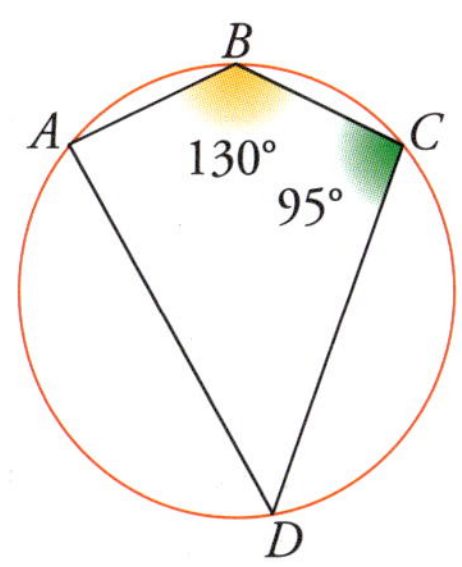


# Reflexiona sobre la teoría

**55.** ¿Qué puedes afirmar de un triángulo si uno de los lados coincide con el diámetro de su circunferencia circunscrita?

**56.** Define como lugar geométrico una circunferencia de centro $O$ y radio 5 cm.

**57.** ¿Cómo se llama el lugar geométrico de los puntos desde los cuales se ve un segmento $AB$ bajo un ángulo de 60°?

**58.** ¿Cuál es el lugar geométrico de los puntos cuya suma de distancias a dos puntos fijos es 26 cm? ¿Cómo se llaman los dos puntos fijos?

**59.** ¿Cuál es el lugar geométrico de los puntos cuya diferencia de distancias a otros dos puntos fijos es 4 cm? ¿Cómo se llaman los dos puntos fijos?

**60.** ¿Cuál es el lugar geométrico de los puntos que equidistan de un punto fijo y de una recta dada? ¿Cómo se llaman el punto fijo y la recta?

# Taller de matemáticas

## Infórmate

**Pitágoras** fue un famoso filósofo y matemático nacido en la isla griega de Samos el año 571 a. C. Durante su juventud completó su formación en Mesopotamia y Egipto. Se le atribuye la formalización del teorema que lleva su nombre. Fundó sucesivas escuelas que tenían carácter vivencial y religioso además del puramente instructivo, en las que admitía alumnos de todas las procedencias sociales, razas y religiones, ¡incluso mujeres!, lo que chocaba frontalmente con las costumbres de la época (y le acarreó no pocos problemas).

## Lee y comprende

### Una curiosa demostración del teorema de Pitágoras

**James Abram Garfield** (1831-1881), vigésimo presidente de Estados Unidos, fue profesor de Lenguas Clásicas, militar y político y, además, aficionado a las matemáticas, como puedes comprobar con esta demostración que publicó en el *New England Journal of Education:*

Se toma un triángulo rectángulo cualquiera apoyado sobre un cateto ($b$). Se repite el mismo triángulo apoyado sobre el otro cateto ($c$) y se construye un trapecio, como indica la figura.

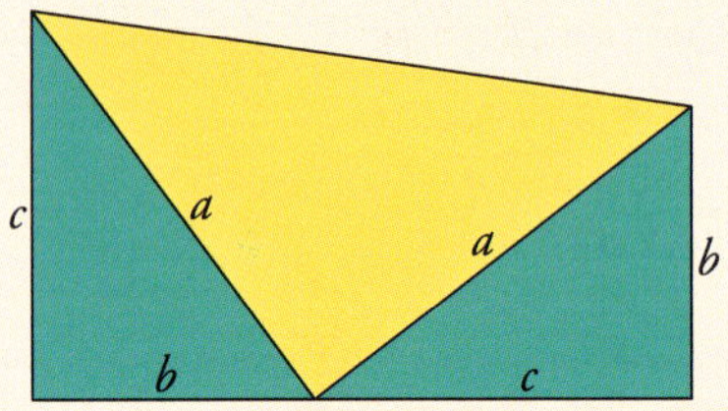


Área del trapecio $\rightarrow$ $A = \frac{b+c}{2} \cdot (b+c)$

Área del trapecio $\rightarrow$ $A = \frac{c \cdot b}{2} + \frac{c \cdot b}{2} + \frac{a \cdot a}{2}$

- Igualando ambas expresiones del área del trapecio se obtiene, simplificando, la expresión del teorema de Pitágoras. Intenta hacerlo tú.

emprender aprender

## Generaliza

Observa la siguiente serie de triángulos equiláteros:

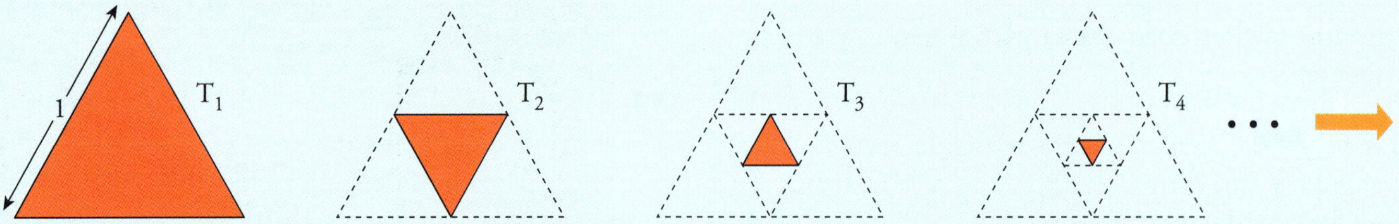


- ¿Cuál es la razón de semejanza entre dos triángulos consecutivos? ¿Y la razón de sus áreas?

Completa la tabla, resolviendo los primeros casos particulares y, después, generalizando:

| | $T_1$ | $T_2$ | $T_3$ | $T_4$ | ... | $T_{10}$ | ... | $T_n$ |
|---|---|---|---|---|---|---|---|---|
| LADO → $l$ | 1 | 1/2 | 1/4 | ? | ... | ? | ... | ? |
| ÁREA → $A$ | $\sqrt{3}/4$ | ? | ? | ? | ... | ? | ... | ? |

## Entrénate resolviendo problemas

- Un camionero presupuesta cierta cantidad de dinero para el gasto de carburante en un recorrido de 600 km. Sin embargo, una rebaja en el precio del gasóleo le supone un ahorro de 0,14 € por kilómetro, lo que le permite realizar un recorrido de 750 km con el mismo gasto.

¿Cuál fue la cantidad presupuestada para carburante?

- Ana y Begoña son las finalistas de un torneo de tenis. Gana el torneo quien venza en dos partidos consecutivos o en tres alternos.

Averigua todas las posibilidades que pueden darse.

¿Cuántos partidos, como máximo, tendrán que disputar para acabar el torneo?

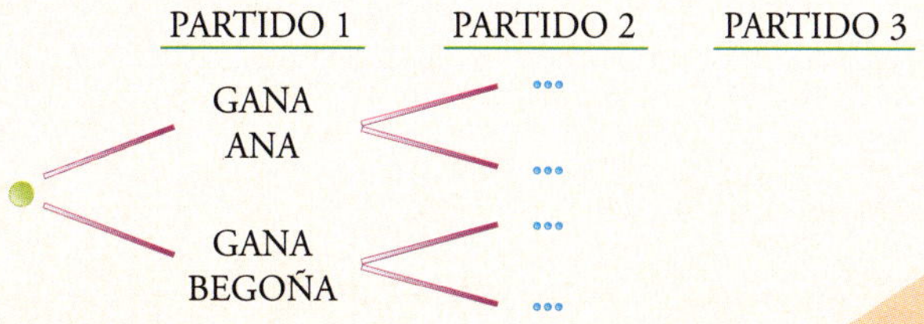


## Autoevaluación

En la web Resoluciones de estos ejercicios.

**1.** Calcula los ángulos desconocidos en estas figuras:

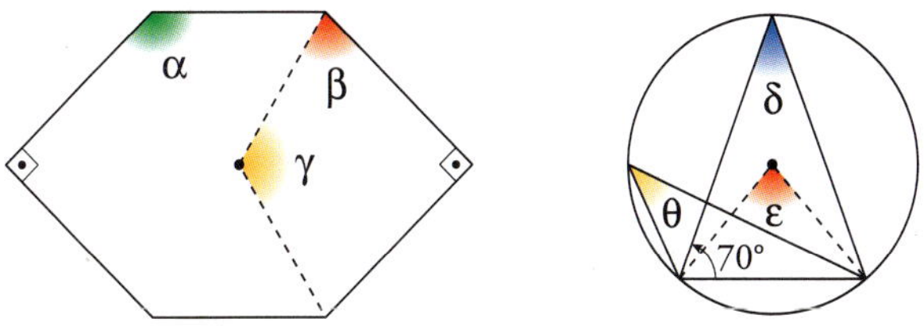


**2.** ¿A qué altura, $x$, hay que cortar el triángulo $ABC$ para que la hipotenusa se reduzca en siete centímetros?

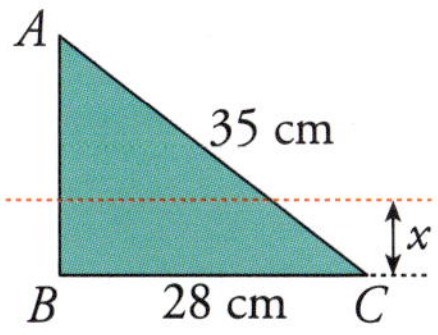


**3.** Si vas en avión a 10 000 m de altura y ves un punto en el horizonte, ¿a qué distancia de ti se encuentra el punto? (Radio de la Tierra: 6 371 km).

**4.** Calcula el valor de $x$ en cada caso:

a)

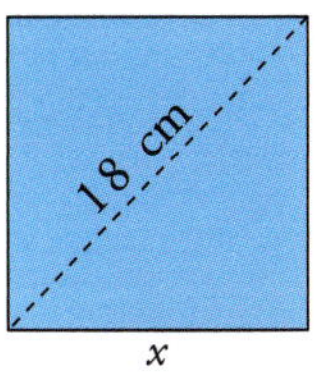


b)

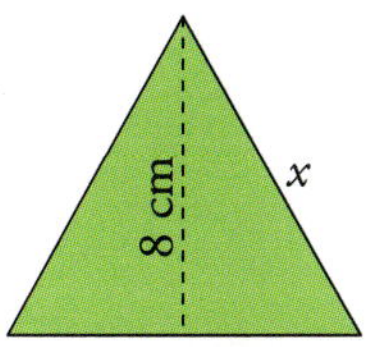


c)

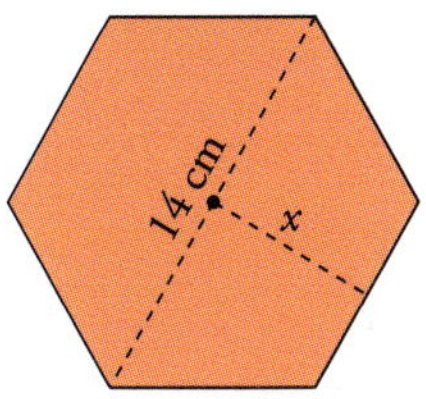


d)

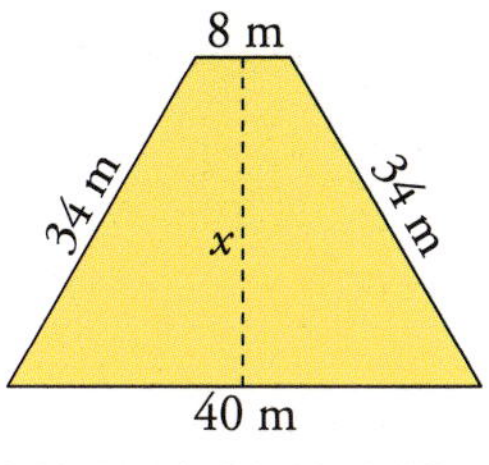


**5.** Calcula las alturas del triángulo y del trapecio:

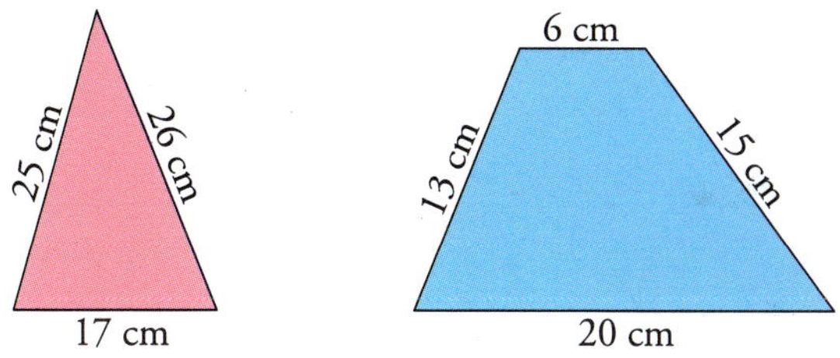


**6.** Dibuja dos puntos, $A$ y $B$, a 6 cm de distancia.

a) ¿Cuál es el lugar geométrico de los puntos que equidistan de $A$ y $B$? Dibújalo.

b) ¿Cuál es el lugar geométrico de los puntos cuya suma de distancias a $A$ y $B$ es 10 cm? Dibújalo aproximadamente.

**7.** Calcula el área de la zona coloreada en cada una de las siguientes figuras:

a)

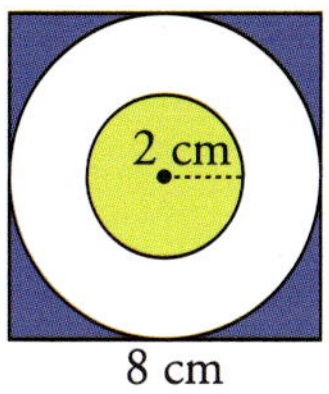


b)

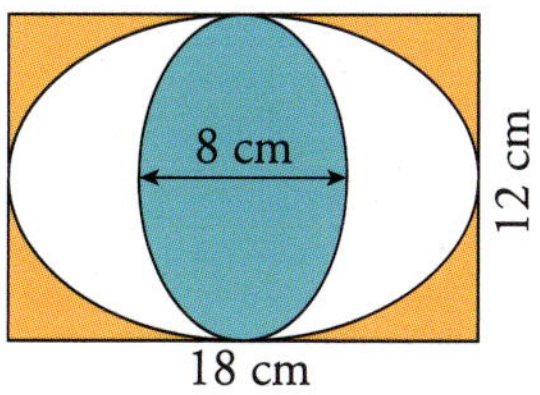


c)

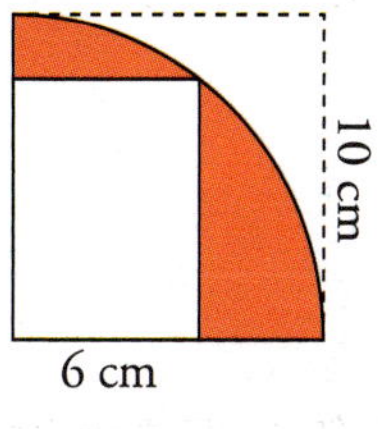


d)

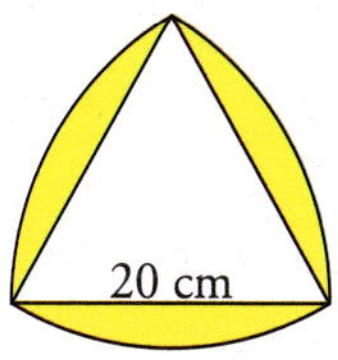

**APRENDER ES CRECER EN CONEXIÓN** es un proyecto educativo de Anaya Educación para el tercer curso de la ESO.

En la realización de este libro han intervenido:

- **Coordinación editorial:** Mercedes García-Prieto
- **Edición:** Carlos Vallejo, Vicente Vallejo
- **Diseño:** Dirección de arte: Javier Serrano. Cubierta: Patricia Gómez Serrano. Interiores: Marta Gómez Peso y Paco Martín. Desarrollo gráfico de cubierta: Juan Carlos Quignon
- **Ilustraciones:** David Guirao
- **Maquetación:** José Luis Román
- **Gráficos:** José Luis Román
- **Corrección:** Departamento de correctores de Anaya
- **Edición gráfica:** Olga Sayans
- **Fotografías:**
  Age Fotostock, Album Archivo Fotográfico, Archivo Anaya (Candel, C., Canto, M., Cosano, P., Cruz, M., García Pelayo, Á., Leiva, Á. De, Lezama, D., Martin, J., Martín, J. A., Moreno, C., Moya, B., Osuna, J., Ortega, A., Peñuela-Py, E., Redondo, M., Ruiz, J.B., Ruiz Pastor, L., Steel, M., Valls, R., Zuazo, A.H.), ESA y NASA, Getty Images, Thinkstock/Getty Images, 123RF.

**Agradecemos** su colaboración a Francisco Javier González Ortiz por la elaboración de las actividades con GeoGebra que aparecen en este libro y a Ana Isabel Busto Caballero y a Ángel Félix Hernández Mora su colaboración en la elaboración del Generador de Evaluaciones para esta materia.

Las normas ortográficas seguidas en este libro son las establecidas por la Real Academia Española en la *Ortografía de la lengua española,* publicada en el año 2010.

Nuestras publicaciones mantienen el rigor en el uso y en la selección de los contenidos, en las imágenes y en el lenguaje, para cumplir con la **no discriminación** por razón de género, cultura u opinión.

**IMPORTANTE.** Las actividades propuestas en este libro deben ser realizadas en cuadernos u hojas sueltas; **nunca en el propio libro.**


ISBN: 978-84-678-5213-4 - Depósito Legal: M-10690-2015 - Printed in Spain.



ET019711/1E12I - 8440058